U0437842

DISTRICTS

AND

GROUPS

〔意〕魏正中　著

區段與組合

龟兹石窟寺院遗址的考古学探索

An Archaeological
Investigation of
the Rock Monasteries of Kucha

上海古籍出版社

图书在版编目（CIP）数据

区段与组合：龟兹石窟寺院遗址的考古学探索 /
（意）魏正中著. -- 上海：上海古籍出版社，2024.9.
ISBN 978-7-5732-1264-1

Ⅰ. K879.2

中国国家版本馆CIP数据核字第2024TZ0529号

责任编辑　缪　丹
封面设计　王楠莹
技术编辑　耿莹祎

区段与组合
龟兹石窟寺院遗址的考古学探索

［意］魏正中　著

上海古籍出版社出版发行

（上海市闵行区号景路 159 弄 1-5 号 A 座 5F　邮政编码 201101）

（1）网址：www.guji.com.cn

（2）E-mail：guji1@guji.com.cn

（3）易文网网址：www.ewen.co

上海展强印刷有限公司印刷

开本 787×1092　1/16　印张 12.25　插页 6　字数 195,000

2024 年 9 月第 1 版　2024 年 9 月第 1 次印刷

ISBN 978-7-5732-1264-1

K·3659　定价：98.00 元

如有质量问题，请与承印公司联系

电话：021-66366565

序 一

古代印度佛教的北传过程中，中亚和龟兹是很重要的地区，在这些地区发现了大量的佛教遗迹，而且保存较好、类型丰富。历史上的龟兹石窟寺院曾对中原地区的佛教石窟产生过重大影响，是许多装饰纹样和设计布局的源头和传播的中转地，因而龟兹石窟寺院也是佛教东传之路上的研究重镇。

在龟兹佛教石窟的调查与研究中，二十世纪初德国探险队调查所得的文物和资料需要得到足够的重视。当时被盗割的洞窟中的若干精美壁画或塑像需要逐步还原到洞窟中的原始位置，当时拍摄的大量能反映洞窟原始风貌和彼此关系的照片也是深入研究的基本参考，在当前洞窟面貌已经有较大改变的情况下，这些图像资料显得尤为珍贵。

长期以来，魏正中对龟兹石窟中的代表性洞窟进行了扎实的考古学调查，积累了大量的第一手资料。在调查过程中，他从考古学角度入手，发现了洞窟的分布存在着区段性，不同类型的洞窟之间存在着组合关系，显然这样的考古学调查所得出的对石窟寺遗址的认识要更客观、更科学，有助于分析石窟遗迹的宗教内涵，也有助于其他学科更加正确合理地使用龟兹石窟资料。在这些认识的基础上，他完成了博士论文：《克孜尔洞窟组合调查与研究——对龟兹佛教的新探索》，这是北京大学考古系和龟兹石窟文物研究保护单位长期合作的重要阶段性成果。

2005年博士毕业留校之后，魏正中继续从事龟兹石窟寺考古的研究工作，本书则是他多年研究成果的部分总结。书中充分利用了德国探险队遗留下来的图像资料，既有宏观的方法论的思考，又有在这种方法论指导下的个案分析，并涵盖了以往研究中较少涉及的洞窟类型和久为学界所忽视的木构建筑遗迹。最为重要的是，书中的各类研究都在尝试从考古学角度入手讨论龟兹石窟寺研究中的各个方面，而这正是以往研究所欠缺的。

从20世纪龟兹石窟寺遗迹借德国探险队之手为国际学术界所熟知直到现在，龟兹佛教研究已经走过了一百年的路。一百年间人事有代谢，沧海变桑田，但作为一个领域，龟兹石窟寺院的考古学研究才刚刚开始，还大有可为。衷心希望魏正中能以本书的出版为契机，用自己倡导的研究方法和理念，为龟兹石窟寺院的考古学研究作出更大的贡献。

马世长

序　二

　　龟兹石窟寺因为其所处的地理位置和丰富的内涵，素为学界所瞩目。对于龟兹石窟寺的研究，应当建立在全面勘测、记录，进而形成翔实的考古报告的基础上。1979—1984 年，北京大学考古学系与克孜尔文物保管所等单位合作，开展了部分洞窟的调查，并出版了《新疆克孜尔石窟考古报告》，当时洞窟的选择和该报告的编写，有一个很重要的考虑，就是给整个克孜尔石窟寺的考古报告积累经验。此后，龟兹地区石窟寺的记录工作虽然不断在进行，但考古报告的编写和出版尚待时日。

　　石窟寺的调查应当在考古地层学和类型学的方法下，对寺院的所有遗迹进行全面的勘察和记录。近年来对于敦煌莫高窟北区洞窟的清理，和云冈山顶寺院遗迹的考古发掘，都揭示石窟寺作为一个寺院，关注的重点不能仅仅是有造像和壁画的窟龛。魏正中的书中反复强调了对石窟寺遗迹整体调查的重要性，强调这一点无疑是十分正确和必要的。

　　虽然是在地层学和类型学的方法下工作，但是由于工作对象的不同，各个石窟寺在做具体的调查研究时，所观察的本体和视角依然需要有所区别。比如，云冈石窟由于开凿在砂岩体上，保存至今的题记已经很少，在这种情况下，洞窟立面和洞窟内部的打破关系、补凿遗迹和未完成的窟龛遗迹，都为我们提供了进一步深入研究的宝贵信息。但是，龙门石窟有很多题记，在调查和研究龙门石窟的时候，这些题记则是我们必须予以认真对待的。总之，虽然都是运用考古学的方法，但是时代的不同、地区的差异、教派的区别、工匠来源和文化交流的影响等因素我们都应当考虑在内，这些差异正是石窟寺研究引人入胜的地方。魏正中对龟兹地区石窟寺院遗址的调查和研究关注到了这些差别，比如他提出洞窟组合是构成龟兹地区石窟寺的基本单元，强调了"区段"在理解克孜尔石窟内涵当中的重要意义。宿白先生早已强调洞窟立面与组合关系在石

i

窟寺调查与研究当中的重要性，魏正中的研究为此做出了重要的实例。魏正中对格伦威德尔首倡的三种风格论进行了重新的解析，魏正中的解析与重构，避免了单纯类型学"逻辑"上的排比所带来的简单化的解释，对于类型学在石窟寺研究中复杂性的认识也有重要的启示。

魏正中的有关研究是在上述理念下，通过自己的实地勘察而做出的。同时，外国学者重视方法论的探讨，和利用国外相关研究成果的优势，在此书中都有体现。故此特为推荐此书的出版。

杭　侃

凡　　例

本书所讨论的龟兹石窟寺院遗址主要包括新疆库车、拜城、新和县一带的克孜尔石窟、克孜尔尕哈石窟、玛扎伯哈石窟、森木塞姆石窟、库木吐喇石窟、温巴什石窟、托乎拉克艾肯石窟、台台尔石窟等。

书中采用新疆龟兹研究院现行的洞窟编号，改建洞窟除外。为说明洞窟经过改建，在原编号后附加[1]、[2]等表示改建前后的情况，如80[1]表示80窟最初为僧房窟，80[2]表示被改建成了中心柱窟。另外，若一个洞窟有两个编号，为避免混淆，用＋号将两个编号连接以表示同一洞窟，如克孜尔尕哈27+28窟。

关于风格问题，本书不做深入讨论，仍沿用格伦威德尔（A. Grünwedel）所划分的三种绘画风格。但正文中用风格A、风格B和风格C来分别指代这三种风格，以表明不采纳格氏三种绘画风格前后相继的观点及其年代含义。

除特别说明外，书中插图均为笔者实地测绘和拍摄。手绘线图的比例尺长度单位均为米。

前　言

　　19世纪末20世纪初，受当时特殊的国内国际局势影响，来自瑞典、德国、俄国、英国、法国、日本等国家的学者、探险家和僧侣们陆续走进中国新疆地区，如远古商队中复活的幽灵一般穿行于高山与荒漠间的古代丝绸之路上。在这些幽灵驻足过的遗址上，那些被漫漫黄沙长久掩埋的艺术珍品，被悠悠岁月无情蚀刻的纪念建筑，以及当时人们精致多彩的生活细节连同早已被时间遗忘的凄凉往事，都在缓缓醒来，不管它们愿不愿意，新的时代来了。

　　如果选择一个事件作为龟兹石窟寺院现代学术研究的起点，1905年至1914年间德国学者和探险家们组成的吐鲁番探险队对龟兹王国古代遗址的调查无疑是当仁不让的最佳选择。这次探险对该地区的早期研究产生了无可取代的影响，在近一个世纪的时间里，海外学者研究龟兹石窟的第一手材料大多数源自德国探险者的调查工作。被带回德国的材料包括田野笔记、绘图、照片、文书残片、大量壁画以及其他遗物，它们本身的性质决定了早期龟兹研究的领域主要是艺术史和语言学。

　　在中国，20世纪50年代以前几乎没有对西部地区进行田野工作。早期调查的记述过于简洁，无法支撑具体研究的开展。解放后最初几十年的调查旨在统计西部地区遗址和文物的数量，学术文章少之又少，而且这些文章的作者多是考察队的成员。1979—1984年，北京大学考古学系与克孜尔千佛洞文物保管所合作，对克孜尔2—6、14—16、18—19、20—23窟进行了系统的考古调查，并最终于1997年出版《新疆克孜尔石窟考古报告》。这部报告首次将考古学方法运用于克孜尔石窟的调查研究中，成为龟兹石窟研究的重要转折点。之后，克孜尔石窟的考古调查和后续报告的编纂工作由克孜尔千佛洞文物保管所继续进行，但迄今为止再未出版报告。1989—1990年在对克孜尔谷西区的一些洞窟进行修复之前，新疆文物考古研究所开展了一次小规模的清理发掘，相关成果发表于两篇考古简报中。

在过去的30年间，有关龟兹石窟的专著和论文数量陡增，但鲜有从考古学角度出发并运用考古学方法进行的研究。龟兹地区大中型石窟寺院总录及简略报告是目前唯一可用的资料。遗憾的是，虽然这些资料可以使我们对单个洞窟有所了解，但却无法得知石窟寺院的整体情况。而且，小型遗址资料的缺失，具体情况也很不明朗。

第一手可靠材料的匮乏显然为研究带来了诸多问题，甚至由北京大学开创的考古学传统也有被迫中断的危险。这主要由于，一方面，当地工作者还很难彻底调查石窟并完成考古报告的编写工作；另一方面，国内外其他学者和研究机构的合作意向一直没有得到应有的重视。可用的基础材料的不足，极大地妨碍了研究的深入，甚至使研究走上歧途。例如大多数石窟寺院都没有实测的洞窟联合平面图、立面分布图，从而导致人们逐渐对龟兹石窟寺院产生了误解，即大部分学者没有意识到在龟兹极少有孤立开凿的洞窟，绝大多数洞窟都从属于各自的组合。此外，单体洞窟中精美壁画的强烈吸引力，实地考察这些遗址的各种困难以及对学者来说难以负担的开销，进一步致使人们忽视了在设计和开凿之初的洞窟组合的存在，而更倾向于单体洞窟研究。因此若不仔细考察洞窟所属的考古学语境，我们将无法真正理解龟兹石窟寺院，更不用说栖身其中的龟兹佛教了。

石窟寺院的年代问题一直是研究热点，同时争议也最大。龟兹石窟中尚未发现与开窟同时的纪年题记，历史文献中也缺少直接记述，所以为洞窟断代成为考古学的重要任务。宿白曾在一篇介绍北京大学石窟考古工作的文章中提出过一种方法，即对主要洞窟类型中的典型实例进行类型学分析，得出分期结果和相对年代，最后参考碳十四测年数据确定绝对年代。文中虽然提到了洞窟组合这一概念，但是并没有深入讨论。洞窟组合可以为相对年代体系的确立提供丰富的信息，但这需要大量详尽的考古记录。如前所述，调查和考古报告编写的中止无疑妨碍了这个有意义的年代学体系的构建，这类研究也逐渐沉寂。后来的断代研究主要依靠风格比对以及由碳十四提供的绝对年代数据。然而，世界各国不断进行的碳十四测年却刊布出一系列时代不同甚至有时相互矛盾的年代数据，给其他领域的学者带来了一种无所适从的茫然。在这种情况下，深入探索具体适用于石窟寺院这类特殊遗存的合理测年方法显得尤为关键。

而且，鉴于龟兹大多洞窟未经装饰，测年研究的关注点也需从绘有壁画的洞窟转向整个遗址。

在2000年至2006年的田野调查以及其后的研究过程中，将克孜尔遗址视为一个整体一直是我所有研究开展的前提。龟兹地区的洞窟通常毗邻而建形成组合，组合是构成遗址的基本单元。通过仔细甄别，发现克孜尔石窟遗址内存在两类主要的洞窟组合，每类组合又可根据组合内洞窟的具体特征划分出不同的型式；组合独立发展，各成体系。组合的识别进一步深化了对龟兹石窟遗址的认识，即遗址由包含同类洞窟或洞窟组合的若干区段构成，这些区段根据寺院需求承担着各自不同但又互为补充的功能。

在这里我们还想特别讨论一下洞窟的装饰风格问题。格伦威德尔（A. Grünwedel）最先指出龟兹石窟存在三种艺术风格并且有序发展。三种风格的年代经瓦尔德施密特（E. Waldschmidt）校正（第一种风格为6世纪，第二种风格为7世纪，第三种风格为8到9世纪），成为后续研究的基础。尽管之后的学者从不同角度研究过这个问题，并为每种风格提出了不同的年代划分，但他们中的大多数依然认同这些绘画风格是前后相继的线性发展。不过实际情况可能更为复杂。格伦威德尔自己就注意到第一种绘画风格通常绘制在方形窟中，而第二种绘画风格则主要发现于中心柱窟内。如果我们将装饰洞窟视作它们所属的组合以及区段的一部分，就会发现大部分装饰有第一种绘画风格的洞窟属于第一类组合，并且集中于由第一类组合构成的区段中；装饰第二种绘画风格的洞窟则集中于由第二类组合构成的区段中。通过对石窟寺院的洞窟类型、组合以及区段的发展阶段研究，我发现最早出现的A种风格存在于第一类组合中，继而主要见于中心柱窟的B种风格出现于第二类组合中，两类洞窟组合和相关的装饰风格长期共存，直到最后一个阶段，第二类组合逐渐占据主要地位，第一类组合则逐渐消失。所以，将第二种绘画风格视为第一种绘画风格的承替发展是不准确的，它们更多是与不同类型的洞窟组合相关，位于不同区段的第一种绘画风格和第二种绘画风格，反映的很可能是佛教不同教义，这在壁画的叙事内容和装饰布局上也得以体现，所有的这些差异似乎都表明龟兹地区曾有不同的佛教背景长期共存。大部分装饰C种绘画风格的洞窟发现于时代较晚的库木吐喇窟群区；在其他石窟寺院中绘制C种风格的少数洞窟也均位于遗址边缘，同样显示较晚的时代属性。就宗教艺术而言，风格的更新往往意味着教义的改变。C种新画风中新装饰题材的出现暗示了龟兹佛教中新信仰传统的萌芽。

本书第一章主要介绍了我一直在探索并将在今后继续使用的龟兹石窟寺院研究方法。第二章和第三章概述了克孜尔和库木吐喇遗址。有关克孜尔的一章是我博士论文的浓缩,摘要已经用英文发表,但一直未用中文刊布。库木吐喇由若干石窟寺院和地面遗址组成,它们时而相互补充,时而独立发展。在研究克孜尔时探索出的方法也成为研究库木吐喇的重要参考。第四章分析克孜尔石窟谷西区的西段,讨论了这一区段的性质和发展历程,是理解贯穿全书的"区段"概念的典型范例。洞窟前大型木构建筑对于理解洞窟间的相互关系也至关重要。第五章除了重建克孜尔不同类型的窟前建筑之外,还考察了窟内的木结构,以便全面了解洞窟木材的使用。第六章和第七章分别探讨龟兹最大和最小的洞窟类型——大像窟和禅定窟。在以往研究中,大像窟虽然被经常提及,但论述并不充分。文中以三座大像窟为例,对龟兹佛教的这一创举做了几点初步的思考。对于禅定窟,前辈学者虽有阐述,但失之过简。禅定是龟兹古国佛教徒的日课,合适的禅修场所是石窟寺院设计和建造时考虑的重要内容。最后一章以克孜尔为例,重点讨论了年代研究的方法论问题。

本书收录了多年来我所撰写的有关龟兹石窟寺院研究的文章,多数都曾以中英文刊布于各类刊物上,如今把它们增删改补后集结在这部小书中,希望能抛砖引玉,对有志于研究同一课题的学者有所裨益。

目　录

序一 ……………………………………………………… 马世长　i

序二 ………………………………………………………… 杭　侃　i

凡例 ……………………………………………………………… i

前言 ……………………………………………………………… i

第一章　龟兹石窟寺院研究方法简论 ………………………… 1

第二章　克孜尔的洞窟组合、区段和年代 ……………… 23

第三章　库木吐喇石窟遗址 …………………………… 63

第四章　克孜尔谷西区的石窟寺院——兼谈"区段"概念在石窟寺院
　　　　研究中的应用 ……………………………… 84

第五章　克孜尔石窟的木结构建筑 ……………………… 99

第六章　龟兹大像窟 …………………………………… 121

第七章　龟兹禅定窟 …………………………………… 141

第八章　克孜尔石窟寺院年代探索 ……………………… 160

后记 …………………………………………………… 166

再版后记 ……………………………………………… 168

参考书目 ……………………………………………… 170

英文摘要 ……………………………………………… 175

i

Contents

Foreword 1 ⋯⋯⋯⋯⋯⋯⋯⋯⋯⋯⋯⋯⋯⋯⋯⋯⋯⋯⋯⋯⋯⋯⋯⋯ i

Foreword 2 ⋯⋯⋯⋯⋯⋯⋯⋯⋯⋯⋯⋯⋯⋯⋯⋯⋯⋯⋯⋯⋯⋯⋯⋯ i

Conventions ⋯⋯⋯⋯⋯⋯⋯⋯⋯⋯⋯⋯⋯⋯⋯⋯⋯⋯⋯⋯⋯⋯⋯ i

Preface ⋯⋯⋯⋯⋯⋯⋯⋯⋯⋯⋯⋯⋯⋯⋯⋯⋯⋯⋯⋯⋯⋯⋯⋯⋯ i

Chapter One   Notes towards a method for the study of the Buddhist rock monasteries of Kucha ⋯⋯⋯⋯⋯⋯⋯⋯⋯⋯⋯ 1

Chapter Two   Kizil: groups of caves, districts and relative chronology ⋯⋯⋯⋯⋯⋯⋯⋯⋯⋯⋯⋯⋯⋯⋯⋯⋯⋯⋯ 23

Chapter Three   The Buddhist sites of Kumtura ⋯⋯⋯⋯⋯ 63

Chapter Four   The concept of "district" and its application: the western end of Guxi in Kizil ⋯⋯⋯⋯⋯⋯⋯⋯⋯ 84

Chapter Five   Wooden structures inside and outside the caves of Kizil ⋯⋯⋯⋯⋯⋯⋯⋯⋯⋯⋯⋯⋯⋯⋯⋯⋯⋯ 99

Chapter Six   Monumental image caves in Kucha ⋯⋯⋯⋯ 121

Chapter Seven   Meditation cells in Kucha ⋯⋯⋯⋯⋯⋯⋯ 141

Chapter Eight   Kizil: the issue of chronology ⋯⋯⋯⋯⋯ 160

Postscript ⋯⋯⋯⋯⋯⋯⋯⋯⋯⋯⋯⋯⋯⋯⋯⋯⋯⋯⋯⋯⋯⋯⋯ 166

Republic Postscript ⋯⋯⋯⋯⋯⋯⋯⋯⋯⋯⋯⋯⋯⋯⋯⋯⋯⋯ 168

Bibliography ⋯⋯⋯⋯⋯⋯⋯⋯⋯⋯⋯⋯⋯⋯⋯⋯⋯⋯⋯⋯⋯ 170

English Abstract ⋯⋯⋯⋯⋯⋯⋯⋯⋯⋯⋯⋯⋯⋯⋯⋯⋯⋯⋯ 175

第一章　龟兹石窟寺院研究方法简论

本文是笔者在2000—2006年间田野工作所获资料的基础上以新的视角对龟兹佛教遗址的全新解读，以期更好地理解佛教在古代龟兹的流行和传布。

龟兹国大概是古代石窟寺院研究的最佳个案，其境内交通要道沿线广泛分布着由六百多座洞窟组成的将近二十所大小不一的石窟寺遗址。它们究竟是独立存在的孤岛，还是彼此联系、互相补充的有机整体？龟兹的石窟寺遗址无疑为我们提供了绝佳的观察机会（图1）。

但遗憾的是，时至今日有关这些石窟寺院的全面记录仍然没有出版。我们往往更容易忽视这样一个事实：尽管龟兹国的佛教寺院有诸多相似之处，但实际上它们仍差异巨大，并且这些差异多源于寺院设计，而非地形地貌。回溯一处多次改建的石窟寺院的最初营建设想异常艰难，但又不可回避，尤其在尝试判定单个洞窟的功能之前，十分有必要阐明整个寺院的原初设计与功用，而且这项工作最好是在所有洞窟的分期及相对年代均已明确的基础上进行，但同样遗憾的是，这个基础至今仍未完成[1]。

一、克孜尔尕哈、玛扎伯哈与森木塞姆石窟寺院的布局结构

本文在初步分期的基础上，通过一些典型例子重点讨论有效研究石窟寺

---

[1] 龟兹石窟寺遗址至今仍未能建立起一个可靠的、得到学术界普遍认同的年代序列，这或许可以归结于以下几点原因：缺乏纪年材料与直接的历史记载；资料收集不充分，不足以形成对遗址的正确认识；未能正确地将考古学方法应用到洞窟研究中，加之过分依赖碳十四技术，并经常依据有限数据随意解读遗存。可以预见的是，倘若没有方法论上的突破，严密的研究工作将永远无法展开。

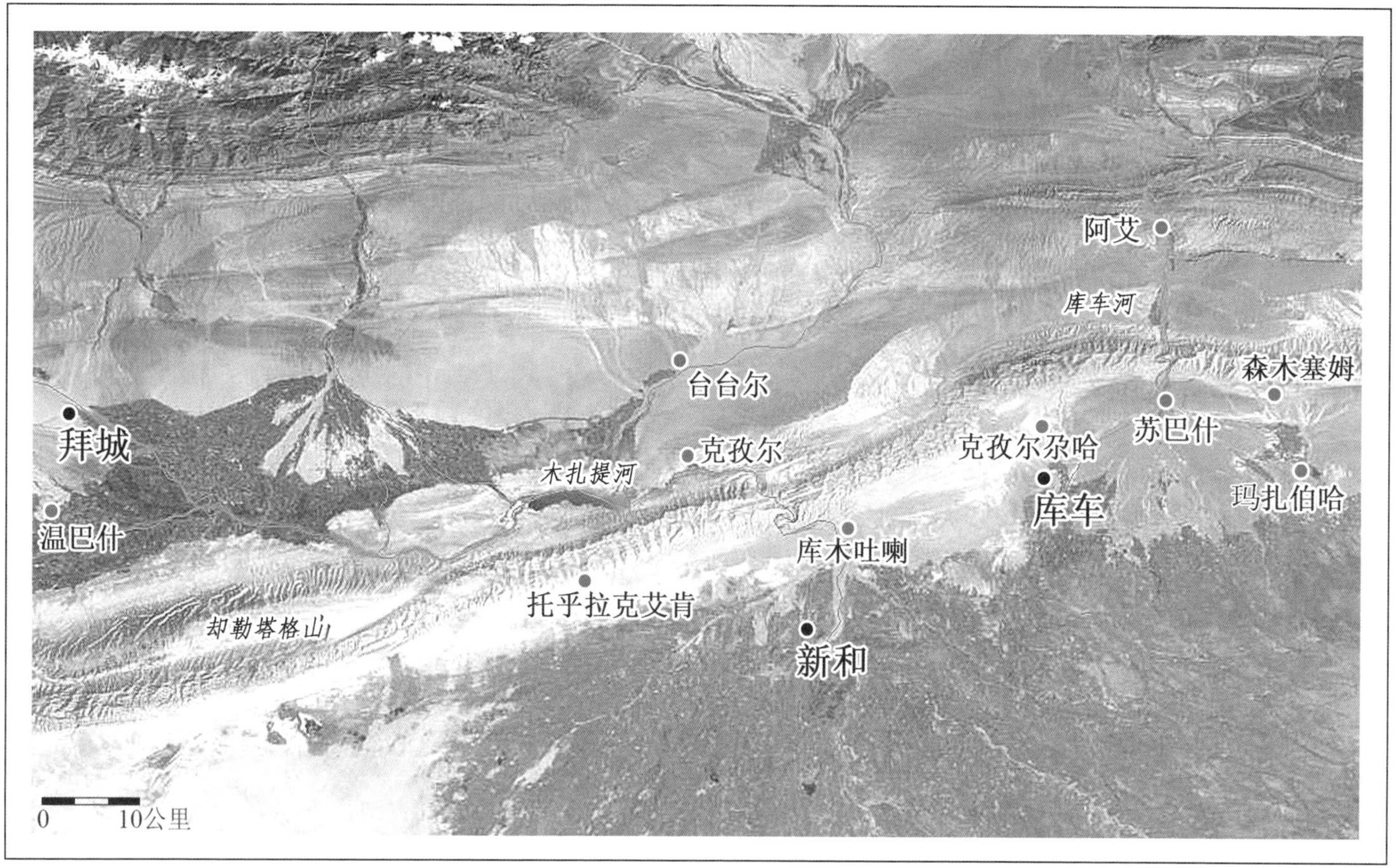

图1 龟兹主要石窟寺院遗址分布图（根据《天地图》制作）。

院的可行方法。首先分析克孜尔尕哈、玛扎伯哈与森木塞姆三处石窟寺院的布局结构；然后用实例阐释区段和洞窟组合的概念，最终以新的视角来理解龟兹国佛教组织架构中单个洞窟、洞窟组合、区段与石窟寺院之间的相互关系和功能。

1. 克孜尔尕哈

库车西北约10公里的克孜尔尕哈是一处邻近古代都城的石窟寺院遗址，该遗址位于低矮的山谷中，一条干涸的河床从中穿过。有序的布局，为数不多的修缮痕迹，与统一的绘画风格暗示该遗址应该是在较短的时间内集中开凿，而且后世改建并未改变其整体布局，因此现今的寺院布局应与其最初形态基本一致。

矗立在遗址的最大洞窟（即23号大像窟）中的大立佛，巧妙地利用了遗址的中部低地，俯视都城，守护着王宫，因而也庇佑着整个龟兹王国（图2）。之所以推测皇室赞助了这所寺院的修建，不单是由于遗址位置邻近都城，更因为洞窟中绘有衣饰华贵的供养人像，他们有的头部绘有光轮，有的脚下有地神承托。这些壁画都暗示着同其他遗址相比，这里的画工更富天分与创新精神（图3）。

克孜尔尕哈遗址可以分为三个主要区段（参看图2）。中区集中分布着专门用于举行仪式和公共活动的洞窟，这是克孜尔尕哈有别于龟兹其他石窟寺遗址的较为独特的一点。大多数僧房窟散布在东区的崖壁和山丘上，显然这一区的营建重点在于务必将洞窟开凿在坚实可靠的岩石上，同时彼此间又要保持一定距离，互不相连。禅定窟位于中区西南部的一段如圆形剧场般的山谷之中，既靠近宗教仪式中心，又有一定独立性。多数禅定窟面朝山谷内部，另有一些开凿在崖壁外立面上，面对着荒寂的沙漠，很可能是后期因为内部开凿空间不足的新发展。禅定窟受到了不同程度的破坏，总数不详，可以辨认出来的只有11座。

上述情况显示，虽然山丘低矮，石质不佳，可供开窟的崖面空间也有限，但克孜尔尕哈还是经过了周密的规划。不同的区段因寺院生活的不同需要而精心划分，包括可能向世俗信众开放的宗教仪式区、相对独立的居住区和专门的禅修区。

区段与组合——龟兹石窟寺院遗址的考古学探索

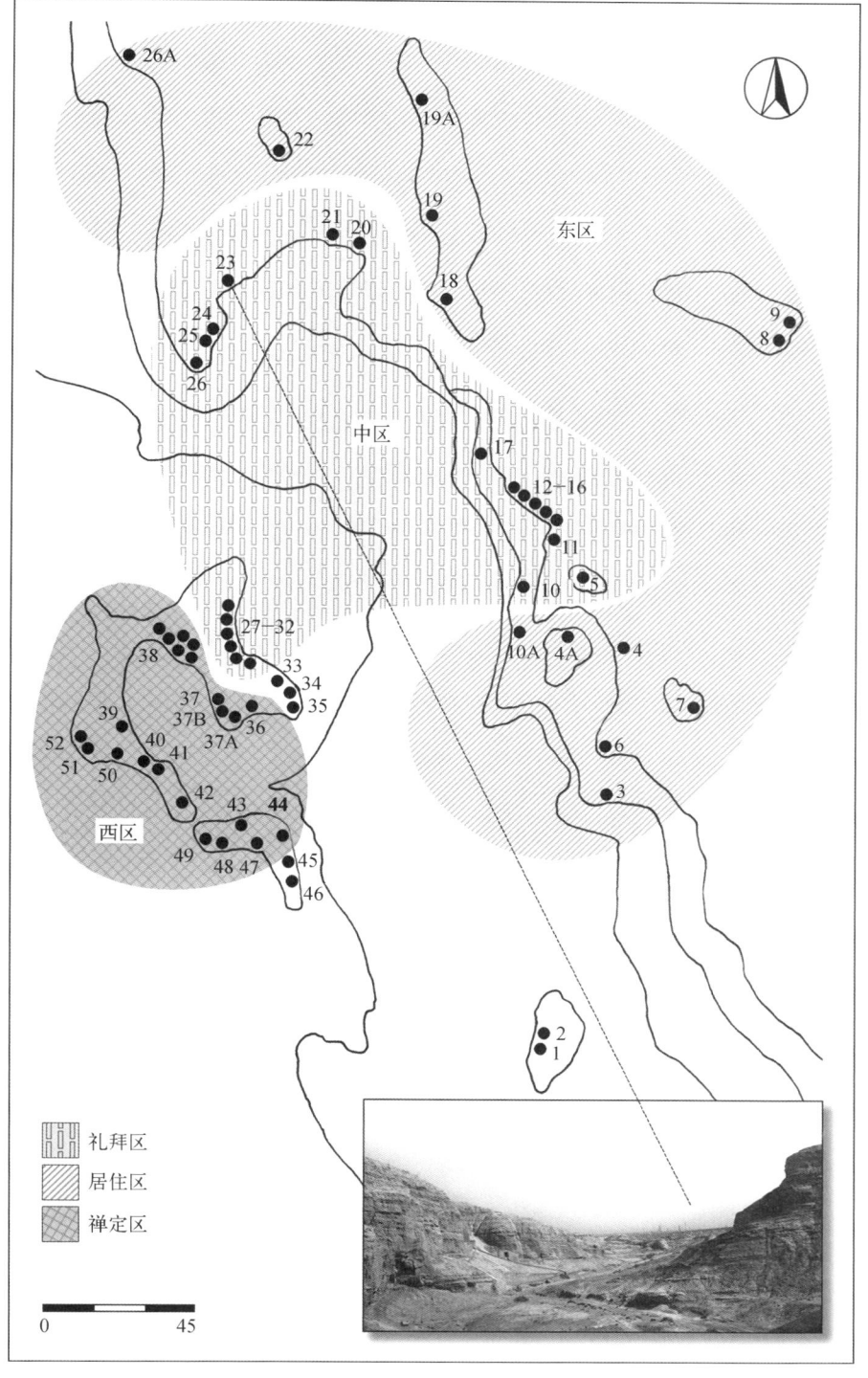

图2 克孜尔尕哈遗址洞窟分布示意图。注意克孜尔尕哈石窟寺院由三个不同的区段构成，中区用于礼拜仪式及其他公共活动，东区集中分布僧房窟，西区为禅定区。照片从遗址内最大的洞窟，即23号大像窟的前室角度拍摄，穿过遗址中部洼地，从该窟可望及龟兹古都（据新疆龟兹石窟研究所《克孜尔尕哈石窟内容总录》第18页修改而成）。

4

第一章 龟兹石窟寺院研究方法简论

图3 上：克孜尔尕哈14窟右甬道内侧壁所绘皇室供养人像（由郭峰线描） 下：克孜尔67窟王室供养人行列（格伦威德尔《新疆古佛寺：1905—1907年考察成果》,85）。

2. 玛扎伯哈

位于库车以东约40公里的玛扎伯哈石窟极有特色,本文仅介绍构成中央区段且最早开凿的24座核心洞窟(图4)[1]。

中央区段的洞窟开凿在低矮的山丘上,地理位置不佳。山丘上部是呈水平薄层状分布的致密砂岩,下部则是较厚的质脆易碎的砾岩层。匠人们在砾岩上凿出窟室,并用较大的泥坯和厚厚的草泥来加固脆弱的墙体,还巧妙地利用砂岩层凿出了窟顶。很显然,这里的开窟条件并不理想,因而这一特定的位置选择很可能源于其他原因。

长条形洞窟是该遗址最具代表性的洞窟类型:其深度都在10米以上,宽度却不足2米;墙壁与券顶上均施有薄层石灰,却未绘壁画,顶、壁连接处通常凿出很大的叠涩。僧房窟是另一种典型窟型,其结构与其他遗址的同类洞窟相似,仅在组成部分上呈现出独特变化,似乎是为了应对特殊的地理形态。

共用同一前室的一座长条形洞窟和一座僧房窟构成了玛扎伯哈的典型洞窟组合。2、3窟及其共用前室是一个保存很好的例子(图5)。大型前室的现存深度为12米,宽8.5米;沿侧壁凿有凹槽和凿孔,表明曾有轻质屋檐遮蔽前室。这虽然形成了一片较大的室内空间,但也限制了进入窟室的光线与空气,3号僧房窟侧壁上的明窗弥补了这一不足,但2窟的情况却无法得到根本改善,它的最里端距离前室入口有20米远。宽敞前室与较小洞窟之间体量上的不相称现象,暗示出这类组合中的大部

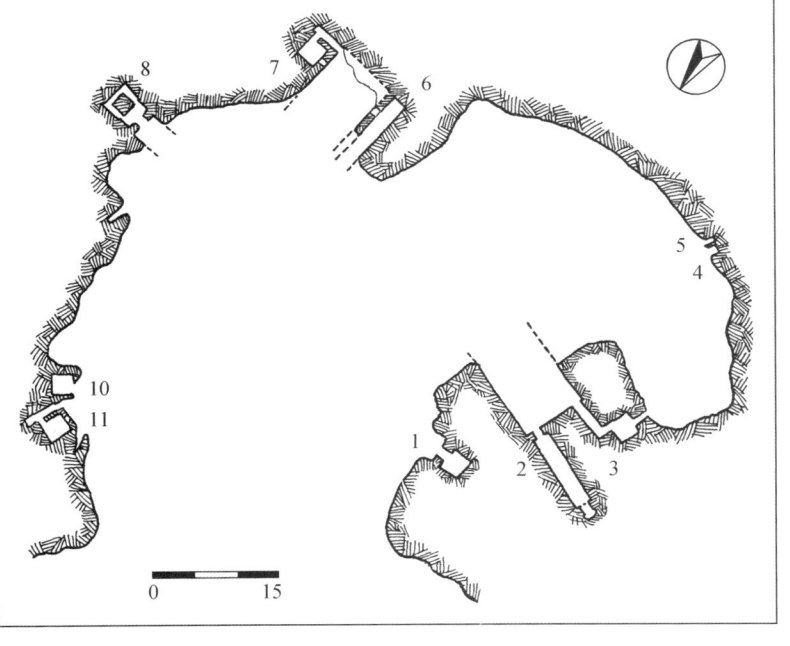

图4 玛扎伯哈遗址中央区段1—11窟联合平面分布图(据朱英荣、韩翔《龟兹石窟》,图版5修改而成)。

――――――――――

〔1〕 玛扎伯哈共有44个洞窟,本文讨论遗址最初营建的核心区段,即1-24窟。参见新疆龟兹研究院编《库车玛扎伯哈石窟调查简报》,21-36。

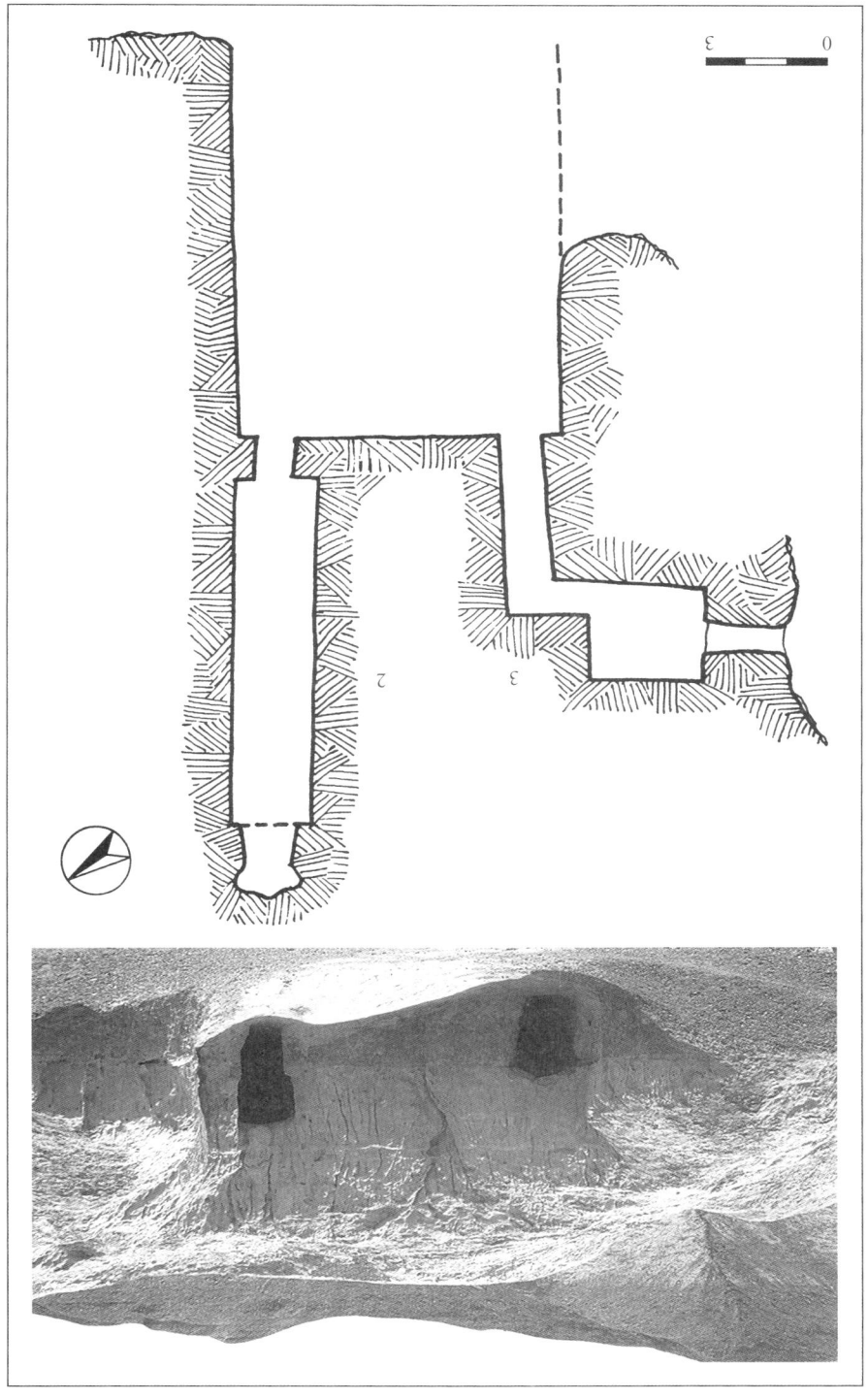

图 5 桩孔 3 仰视 2、3 号桩孔位置及其共用凹槽。照片中可以看出两凹槽连于北同壁的凹槽石中，两凹槽北壁均被剥蚀，甲乙间顶面的砂岩壁层。

区段与组合——龟兹石窟寺院遗址的考古学探索

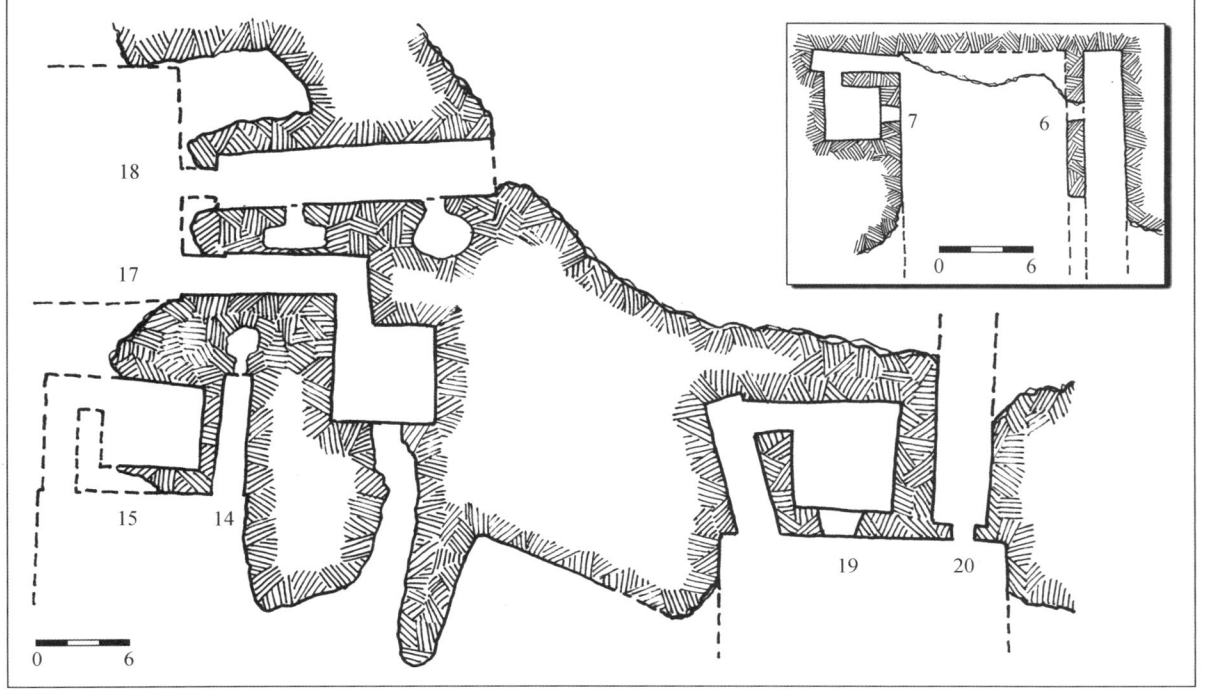

图6 玛扎伯哈中央区段的典型洞窟组合。

分日常活动可能是在前室中进行。6、7窟是另一组相似的洞窟组合,不过较为不同的一点是:受地形限制,深10.5、宽12米的宽大前室只能开凿在长条形洞窟与僧房窟之间,可见大型前室是此类组合必不可少的构成。其他类似的组合还包括14、15窟,17、18窟,19、20窟和22、23窟,它们为仅发现于玛扎伯哈的这一洞窟组合类型的存在提供了更多的证据支持(图6)。

需要注意的是,玛扎伯哈遗址现存44个洞窟中仅4个洞窟有绘塑装饰。根据洞窟类型、相对位置及绘塑题材内容判断,这些洞窟的开凿年代相对较晚,反映出该遗址在启用之后的较长时间内只使用未经装饰的洞窟,这也成为玛扎伯哈石窟寺院的一大特色。

3. 森木塞姆

森木塞姆坐落于却勒塔格山之中,是龟兹最大的石窟寺院之一。中央土丘上的建筑遗迹表明这里曾建有庙宇和大型佛塔,又因为森木塞姆未建僧房窟,所以僧人住所等地面建筑也应分布于该区。尽管空间有限,中央区段及其

8

第一章　龟兹石窟寺院研究方法简论

周围仍被精心规划：所有洞窟都呈正方向分布（东、南、西、北），大型佛塔则正对11号大像窟，这一刻意安排的意义还有待进一步研究（图7）。

森木塞姆的洞窟保存较好，除极个别在完工前即被废弃的洞窟以及东崖上的一座讲堂窟和一些储藏窟之外，其余均有绘塑装饰。1—16窟集中分布于南区（图8），17—33窟散布在西区小山谷及地面建筑附近，34—47窟凿建于北区

图7　森木塞姆遗址洞窟分布示意图。该石窟寺院的一大特点为众多地面建筑毗邻中央的一座大型佛塔，佛塔现仅保留部分塔基（图中方形框内加圆点的符号代表塔基）。洞窟开凿于周围的小山丘上，大部分有绘塑装饰。东崖上的一个讲堂窟与一座中心柱窟形成一个组合，被无装饰洞窟围绕（据新疆龟兹石窟研究所《森木塞姆石窟内容总录》，由第26和27页之间的附图修改而成）。

9

区段与组合——龟兹石窟寺院遗址的考古学探索

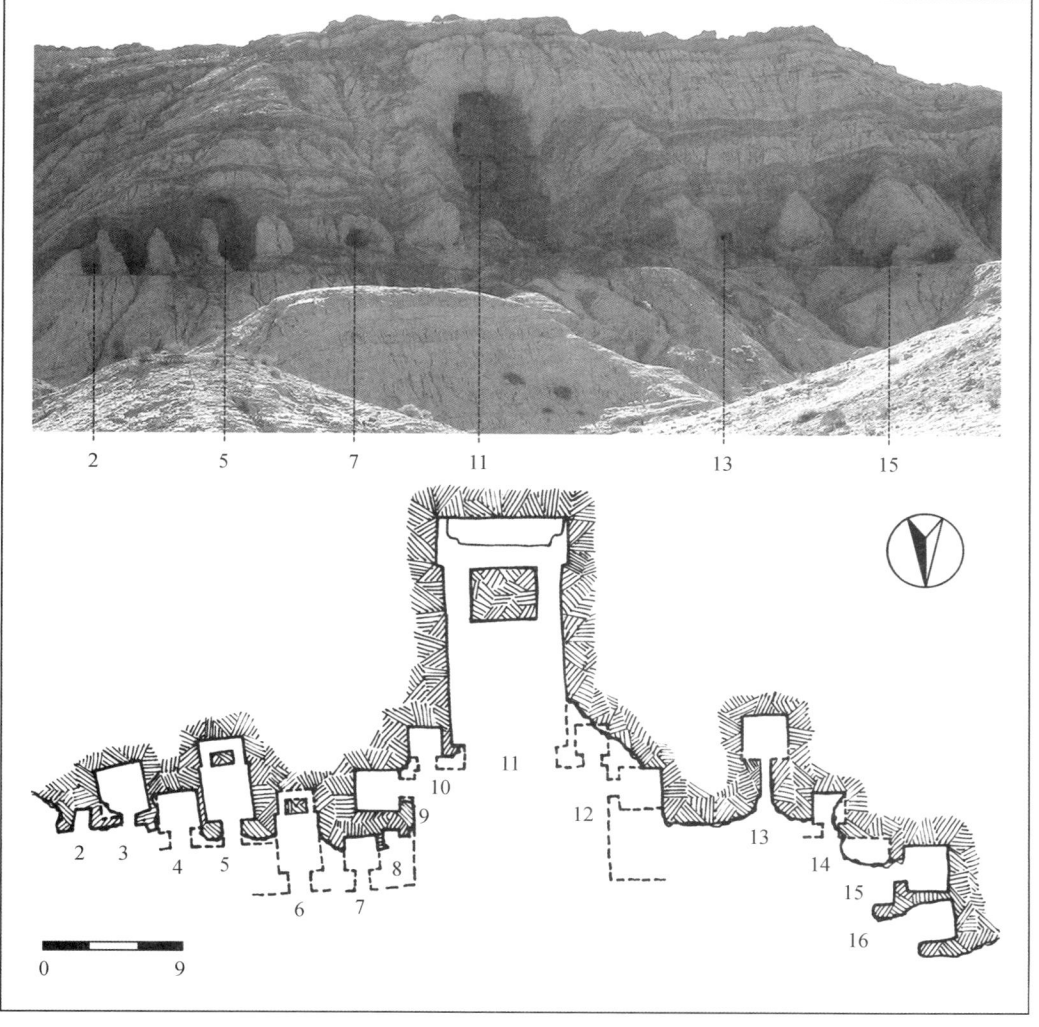

图8 森木塞姆遗址2至16窟立面分布图与联合平面图。据笔者所知这是目前发表的关于南区段洞窟分布情况的第一张联合平面图，该图清晰地展示出洞窟之间的相对位置。若对坍塌部分进行复原，该区段洞窟发展的不同阶段将一目了然。11号大像窟开凿于崖壁上的最佳位置，年代应为最早，该窟前还附有一个大型前室。前室的两侧壁和正壁尚保存三个小型洞窟，根据龟兹洞窟的对称分布特点，推测还应有一个小洞窟，可能已经被堆积掩埋。11窟以东有6、7窟，分别为中心柱窟和方形窟，现损毁严重。若按遗址内洞窟的平均规模复原6、7窟，则5、4、3、2窟为后期增建的事实便显而易见，而且5窟内的确保存有C种风格的壁画。另外，13窟凿于崖壁深处，表明该窟修建于一次严重的坍塌之后。此图旨在阐明通过分析洞窟的相对位置可获取彼此之间的年代关系。

10

可利用的崖面,48—54窟分布于东部垂直崖面的不同高度上。其中可以识别出一些洞窟组合:一种由中心柱窟和方形窟组成,如20、21窟组合,39、40窟组合;另一种则由讲堂窟和中心柱窟组成,如48、49窟组合,后者在龟兹其他遗址中也有发现。

森木塞姆石窟寺院以一座大型佛塔为中心,礼拜洞窟分布在周围,这种独特的布局不见于龟兹其他石窟寺院,而且在森木塞姆石窟寺院至今没有发现僧房窟和禅定窟。

以上三处遗址的概况显示出它们在布局、内容以及功能上的差异。而对龟兹所有石窟遗址的一次全面调查将证实,虽然遗址均由基本单元即洞窟和洞窟组合组成,但不同遗址的规划营建确实源于不同的设想。然而至今,石窟寺院的布局研究仍是冷门课题。因为这项研究需要通盘考察所有洞窟,包括它们的分布、分期以及年代序列,而传统的图像题材及艺术风格演变研究仅对后两项有所贡献[1]。

二、"区段"的考察

根据笔者的初步判断,古代龟兹的每处石窟寺院都有其独特的规划,并通过有特定职能的区域清楚地展示出来,不妨把这些区域称为"区段"。

"区段"是指遗址中同类型洞窟或洞窟组合集中分布的区域。区段有时较易识别,有时则需要更为仔细的观察分析,因为它们通常都经历了几个世纪的漫长演变,有的已经偏离了其最初的营造意图。一个典型的区段仅包含一种类型的洞窟或洞窟组合,其他类型洞窟或洞窟组合的出现多来自于后世的续凿和改建。

─────────────

〔1〕 许多研究者对龟兹遗址目前的情况仍不清楚,包括曾经调查过这些遗址的学者。因为多数情况下,他们的调查时间较短,且仅限于有壁画装饰的洞窟,而这些洞窟在龟兹仅占洞窟总数的四分之一至三分之一。未经装饰的洞窟,包括僧房窟、禅定窟以及大部分方形窟,与有装饰的洞窟一样,同样为窟群必不可少的组成部分。遗址的分期与年代研究仅靠分析少数有装饰洞窟的内容和风格特征是无法得到解决的,唯有在完整记录的基础上才能完成。

图9 克孜尔谷西三区段洞窟分布示意图（据新疆龟兹石窟研究所《克孜尔石窟内容总录》插页修改而成）。

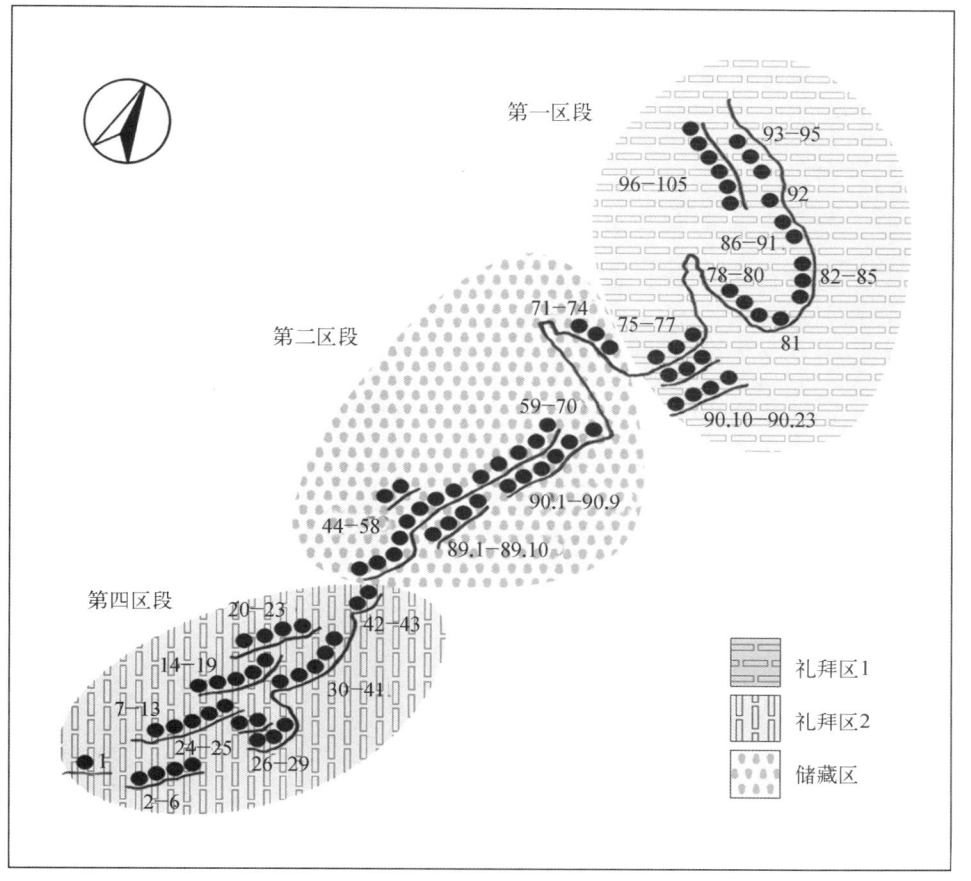

1. 克孜尔石窟谷西三区段

　　以克孜尔石窟谷西的三个区段为例（图9），克孜尔最早的洞窟开凿在第一区段，即90-10至90-24窟以及75至81窟（图10）[1]。它们分布在面朝木札提河崖面的不同高度，应该属于不同时期。靠近地面的僧房窟与未经装饰的方形窟年代最早，崖面中上部的僧房窟和方形窟组合年代稍晚，这种组合形成后在克孜尔石窟寺院中长期流行。年代更晚的洞窟，如77号大像窟，由于所剩空间有限，加之可利用岩石的石质较差，只能凿建于并不理想的位置。

---

〔1〕　1990年的窟前考古发掘清理出一批洞窟，编号为90-10至90-24，参见新疆文物考古研究所《1990年克孜尔石窟窟前清理报告》，13-60。依笔者之见，克孜尔最早的洞窟开凿于这一区段，并且没有壁画装饰，体现出了中亚地区类似洞窟的某些特征，这对于理解龟兹地区与中亚的交流往来十分关键。

第一章　龟兹石窟寺院研究方法简论

图10　克孜尔第一区段90-12至90-24窟以及75至77窟立面分布图与联合平面图。这些洞窟为第一区段的中心部分，位置较低的洞窟于1990年被清理，主要为僧房窟，也有未经装饰的方形窟（照片由柏林亚洲艺术博物馆提供，编号为MIK B 0610）。

区段与组合——龟兹石窟寺院遗址的考古学探索

图11 克孜尔第二区段44至70窟立面分布图与联合平面图。该区段最初用于储藏寺院物资,因此集中了不同规模和形制的未经装饰的储藏窟,有绘塑装饰的47窟及其左侧的48窟系后期增建(照片由柏林亚洲艺术博物馆提供,编号为MIK B 1416)。

第二区段的44至74窟最初都是储藏窟。这些洞窟开凿于不同高度,暗示出其发展演变经历了较长的时间跨度,而在规格和构造上的差异则表明这些洞窟应用来储存不同种类的物品(图11)。我们从毗奈耶中可以获得一些专门用于物资储藏的洞窟的信息,律文指出仓库应修建于寺院之外[1]。第二区段最早的储藏窟与第一区段最早的洞窟属于同一时期,但在后期因礼拜窟和僧房窟的陆续增凿,这一建于寺院之外、专门用于储藏的区段违背了营建初衷[2]。

谷西西段1至43窟构成的第四区段集中分布着由中心柱窟、方形窟和僧房窟组成的典型洞窟组合(图12)[3]。同第一区段的洞窟组合最显著的区别

〔1〕 Rhys Davids, T.W. and H. Oldenberg, trans. *Vinaya Texts Translated from the Pāli, Part III, The Kullavagga*, VI, 4, 10; Rhys Davids, T.W. and H. Oldenberg, trans. *Vinaya Texts Translated from the Pāli, Part II, The Mahavagga*, VI, 33, 2.

〔2〕 在某一特定历史时期,克孜尔的开窟空间紧张。开凿于第二区段的礼拜窟与僧房窟大多年代较晚,关于这些洞窟的研究将有助于认识遗址中晚期洞窟的特点,与此同时,这一新发展也意味着毗奈耶律条的松弛或者说是限制放宽。

〔3〕 为与全书区段编号保持一致,将谷西西段命名为第四区段。

第一章　龟兹石窟寺院研究方法简论

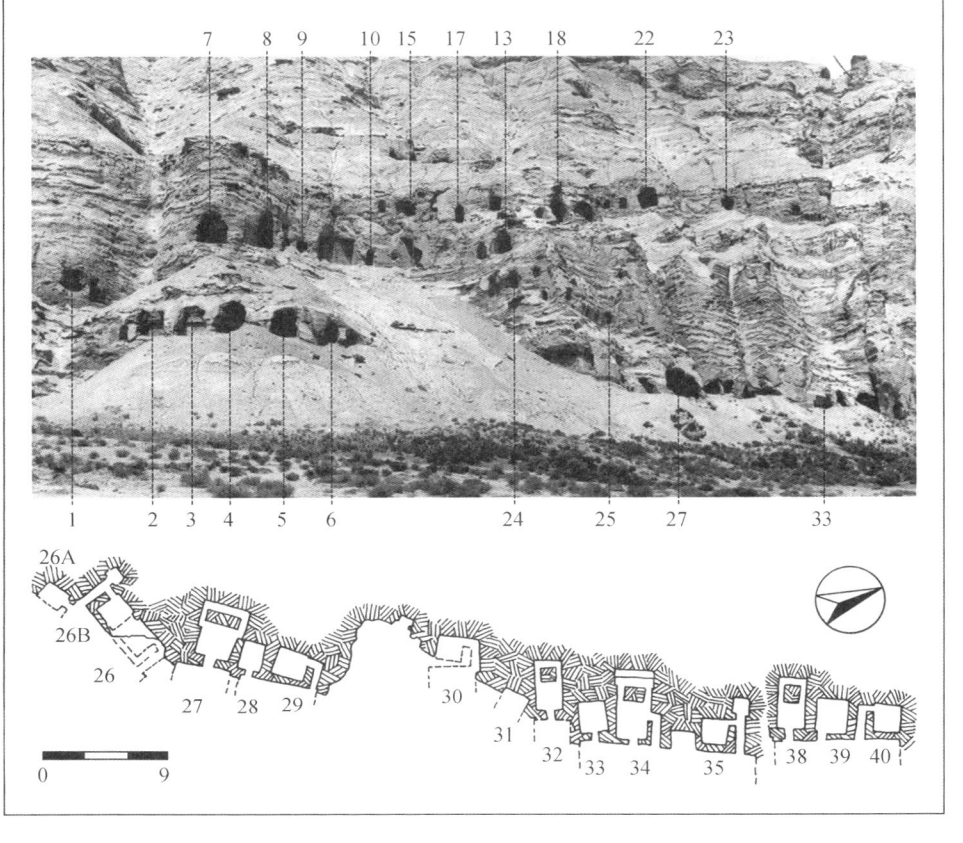

图12　克孜尔第四区段1至40窟立面分布图与联合平面图。该区段内的洞窟组合大多由一个中心柱窟、一个方形窟、一个或三个僧房窟构成（照片由柏林亚洲艺术博物馆提供，编号为MIK B 1248）。

是，第四区段的每个组合中都有一座中心柱窟。从时间序列上看，可将这种组合类型划入该区段的中期。该区段最初是由两个相似的组合构成，即33、34[1]窟组合与27[1]—29窟组合，都包括一个僧房窟和一或两个方形窟。后来随着前述典型组合的确立，这两组洞窟中的34[1]号僧房窟和27[1]号方形窟也被相应地改造成了中心柱窟34[2]和27[2]窟，前一组合中还增建了35号僧房窟。最后一期出现了一种由僧房窟和中心柱窟构成的新型组合。如20A、20窟，22、23窟，42、43窟，但这三组洞窟均未完工，表明这一期可能因某种偶然因素的介入而仅持续了较短时间。

　　从同类型洞窟或洞窟组合集中分布的情况来看，可将谷西划分为三个不同的区段。第一区段由方形窟和僧房窟构成的组合组成；第二区段是专用的储藏物资区，这在龟兹佛教石窟寺院中独一无二；第四区段的洞窟组合中出现了中心柱窟，这一稍晚阶段的洞窟类型暗示了龟兹佛教中新出现了一种旨在宣扬涅

15

槃思想的礼拜仪式——绕行礼拜。

2. 其他石窟寺遗址的区段

克孜尔尕哈遗址也可以分为三个区段，即礼拜区、禅定区与居住区。玛扎伯哈石窟寺院因资料有限，仅可划出以居住和禅定为主的中央区段。森木塞姆情况较特殊，需要更为深入的研究，但仍可大致分为中央地面建筑区与周围礼拜洞窟区。目前区段的构成、区段之间的差异以及区段界线的识别等研究均处于起步阶段，有待更多的田野工作以进一步推动研究的开展。而可以确定无疑的是，龟兹王国的石窟寺院在设计与营建之初就有了较为明确的区段划分。

三、洞窟组合

洞窟组合是龟兹石窟寺院研究中最重要的议题之一。事实上，龟兹石窟寺院中几乎没有哪个洞窟是孤立开凿的，每个洞窟都是一组特定窟群的构成单元。洞窟组合的辨识不能依赖理论推测或经本研读，而要进行实地考察，忠实地记录遗存面貌并绘制联合平面图。通过大量此类工作，将洞窟组合初步定义如下：若干洞窟开凿的位置彼此毗邻，通常位于同一水平高度且共用前室或栈道；组合内的洞窟分布在明确的界限以内，与其他组合的界限不重叠。以162和163窟为例，上述元素都可以比较容易地辨别出来（图13）。

不同类型的组合反映的是不同的需求。笔者已发表文章主要讨论克孜尔石窟，虽然克孜尔的窟群类型很多，但基本可以视为两类洞窟组合的变体。第一类组合无中心柱窟，通常由一个或多个方形窟与一个或多个僧房窟构成；方形窟内绘壁画，其画法可能与A种绘画风格相关。第二类组合包括至少一个中心柱窟，方形窟和僧房窟可有可无；所有中心柱窟内均饰B种绘画风格的壁画。克孜尔石窟中所见的两类组合目前尚未得到充分探讨，但笔者对克孜尔洞窟的初步分期显示，两类组合之间的差异不能简单地归结于年代早晚，而很可能是佛教不同教义的结果。这两类组合在龟兹其他石窟遗址中亦有发现，除此之外，后者还有克孜尔所不见的新类型。

16

第一章　龟兹石窟寺院研究方法简论

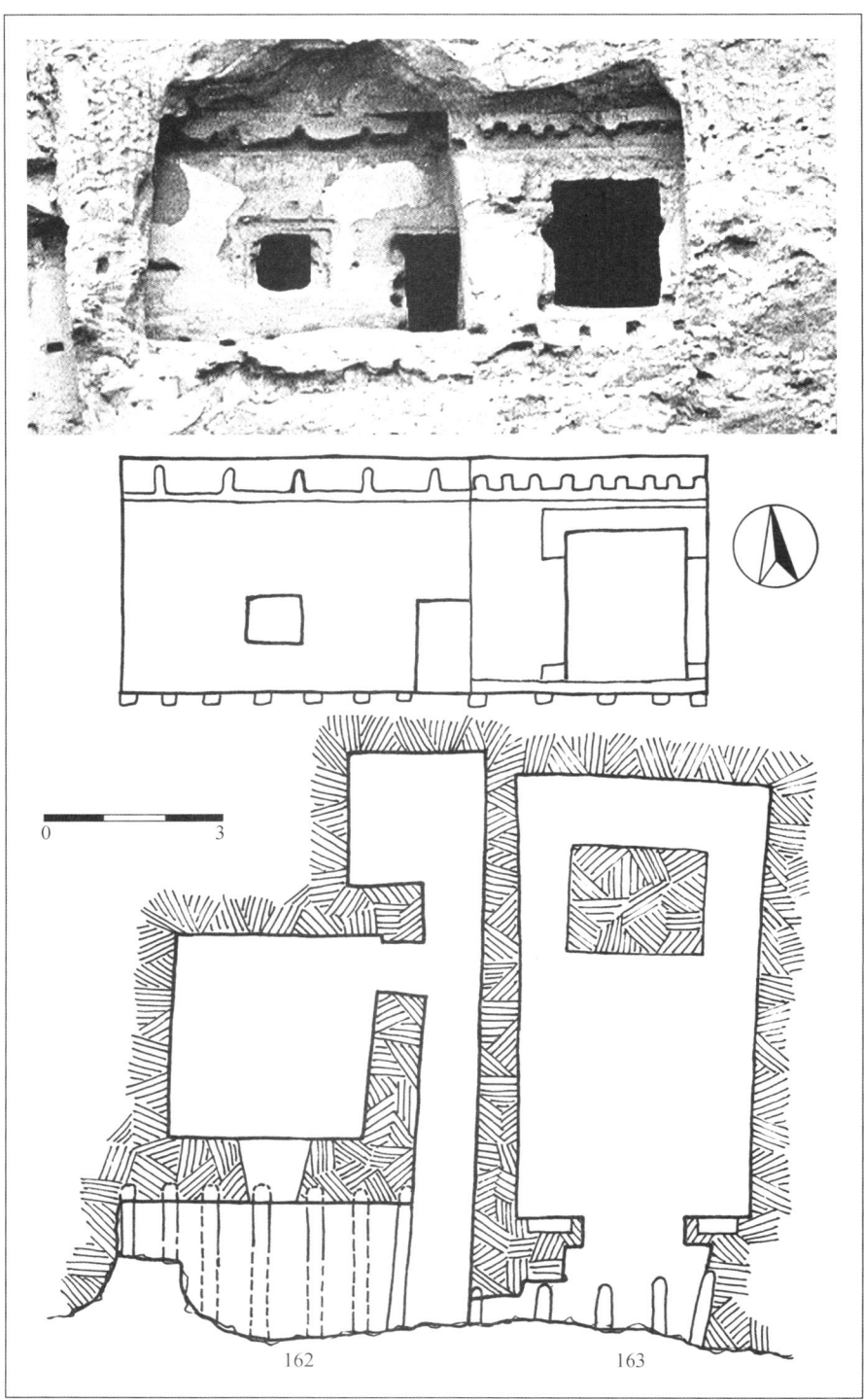

图13　克孜尔162、163窟组合。该组合保存完好，并且没有修葺或改建迹象。注意前室的地栿槽，以及门窗上方壁面安插木椽的椽眼（照片由柏林亚洲艺术博物馆提供，编号为MIK B 1766）。

四、洞窟和遗址的功能

上述分析之外的另一个疑问便是：一座洞窟具有怎样的功能？以下两个问题或许会有助于我们理解：第一，同类型洞窟的功能是否相同？第二，在龟兹佛教世界中，各处遗址是否都具有特定的功能？

1.考古学语境中的洞窟

下面以中心柱窟、方形窟和前室为例，来尝试回答第一个问题。在克孜尔，中心柱窟的组合型式有以下几类：第一类独立于其他洞窟即单独一个中心柱窟，如123窟；第二类为一个中心柱窟与一个方形窟和一个僧房窟，如38—40窟；第三类为一个中心柱窟与一个僧房窟，如162、163窟；第四类为两个中心柱窟，如192、193窟；还有一类由五个中心柱窟组成，如175—180窟（图14）。在托乎拉克艾肯，18号中心柱窟开凿在30座禅定窟的下方；在库木吐喇窟群区，若干中心柱窟成排布列。这些中心柱窟组合各异，功能也不尽相同。虽然多数

图14 克孜尔中心柱窟的各类组合（洞窟按同一比例绘制）。

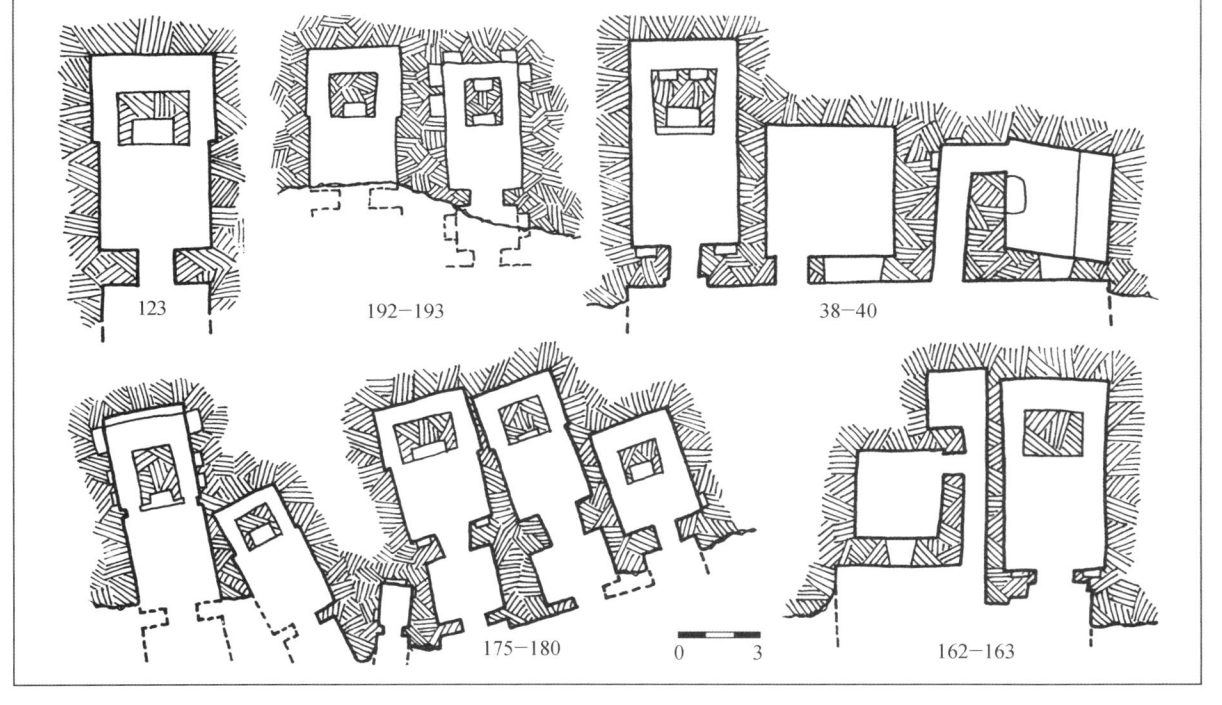

情况下，中心柱窟在结构和装饰上都颇为相似，其具有的一般性功能，如礼拜和绕行也应基本一致，但如果将中心柱窟置于各自所属的组合或区段中考虑，或许将有助于理解中心柱窟对当时僧侣的不同意义。

方形窟的情况更为复杂。因为"方形窟"在龟兹并非指代特定洞窟，而只是众多平面呈方形或近方形的洞窟的统称。方形窟内既可供僧侣集会、礼拜，又可用来存放寺院物资，还能作为禅定修习的场所，甚至也能安放塑像。这种对方形窟内部空间的灵活利用，极大地增加了判定方形窟功能的难度。这一难题的解决需要综合考察方形窟的造型特点、所属组合及其所在区段。在方形窟中，可供数人集会，不论是否有绘塑装饰，都可以视作集会或礼拜窟，这类洞窟通常与僧房窟或其他礼拜窟构成组合；平面形状不规整，内有窖穴或预留石凿平台的方形窟则可能是储藏窟，往往集中分布于同一区段内；仅可供一人盘腿而坐的方形窟更有可能是禅定窟，它们或者集中分布于某一区段，或者属于以礼拜窟为中心的洞窟组合；内部有用于安装塑像的槽孔或其他雕凿痕迹的小型方形窟很可能是造像龛，一般位于两个大型洞窟之间。总之，应当避免将平面为方形或近方形的洞窟笼统地称为方形窟，只有将某一方形窟还原至其所处的考古学语境，即某个区段内的特定洞窟组合，才能甄别出洞窟的实际功用，做出恰当的定名（图15）。

洞窟功能研究遇到的种种困难，还体现在前室——这一通常被忽视的洞窟

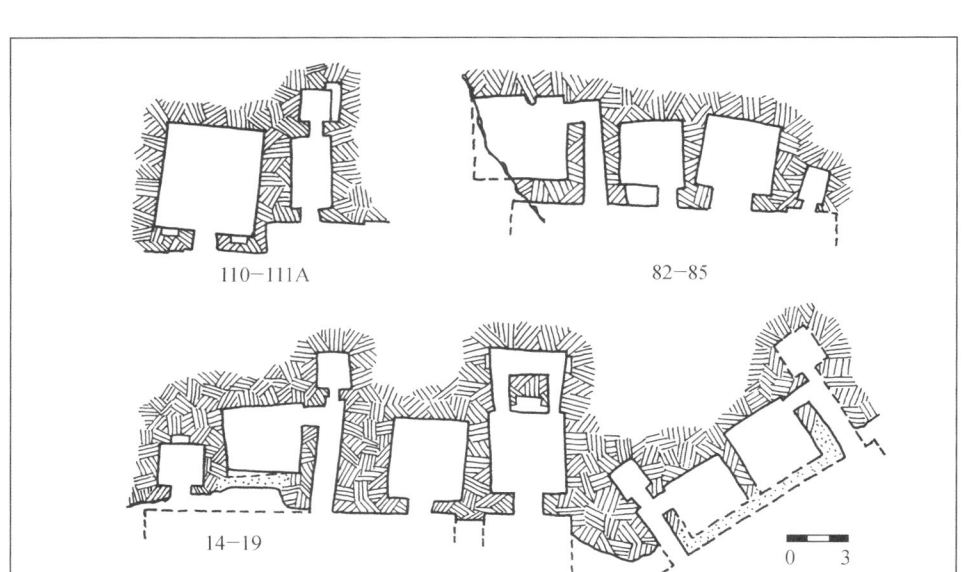

图15　克孜尔方形窟的各类组合（洞窟按同一比例绘制）。

图16 龟兹不同类型洞窟的前室（洞窟按同一比例绘制）。

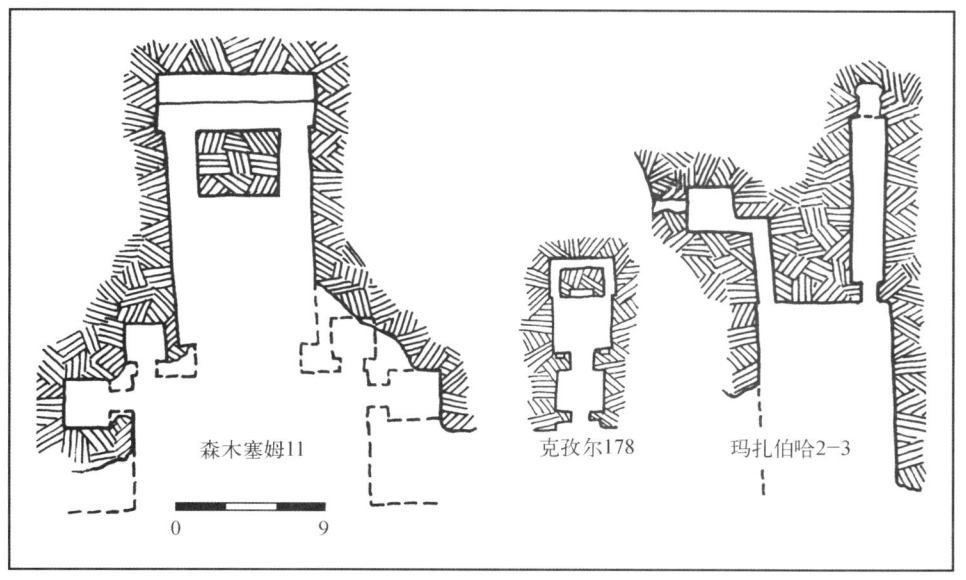

森木塞姆11　　克孜尔178　　玛扎伯哈2—3

0　　　　9

组成部分的辨识上。在龟兹，几乎所有的洞窟都有前室或者在功能上相当于前室的栈道。这些前室或栈道，大小不一，多为木构或木石混合建筑。克孜尔178窟的独立前室保存较好，这是一座绘有壁画的小型平顶窟室，形状类似一个边长接近2.5米的立方体，活动空间有限，前室似乎只是外界与主室之间的衔接过渡部分。玛扎伯哈的情况则大不相同，有木构建筑遮蔽的大型前室创造出了一块免受烈日暴晒的区域，宽敞、明亮而且通风，是开展大部分日常活动的理想空间。森木塞姆最大的大像窟——11窟前部的巨大前室无疑是为大规模信众集会而设计建造，而且前室的两侧壁和正壁上还开凿了平面呈方形的小洞窟作为礼拜场所，这在龟兹是较为独特的一点（图16）。克孜尔96—105B窟是遗址中规模最大的洞窟组合，组合内的共用栈道，除了连接洞窟之外，还提供了更多的活动空间（图17）。以上数例清楚地表明，一座洞窟的特定组成部分也能发挥不同的功能，这反过来又深化了我们对于整个洞窟的理解。

2. 不同遗址间的关系

现在我们讨论第二个问题，亦即不同遗址的特定功能。如前所述，每个石窟寺遗址都包含了不同的区段，各区段相互配合保证了遗址的正常运转。区段间的紧密联系赋予了遗址鲜活的生命，使其有效地发挥作用。同样，我们是否

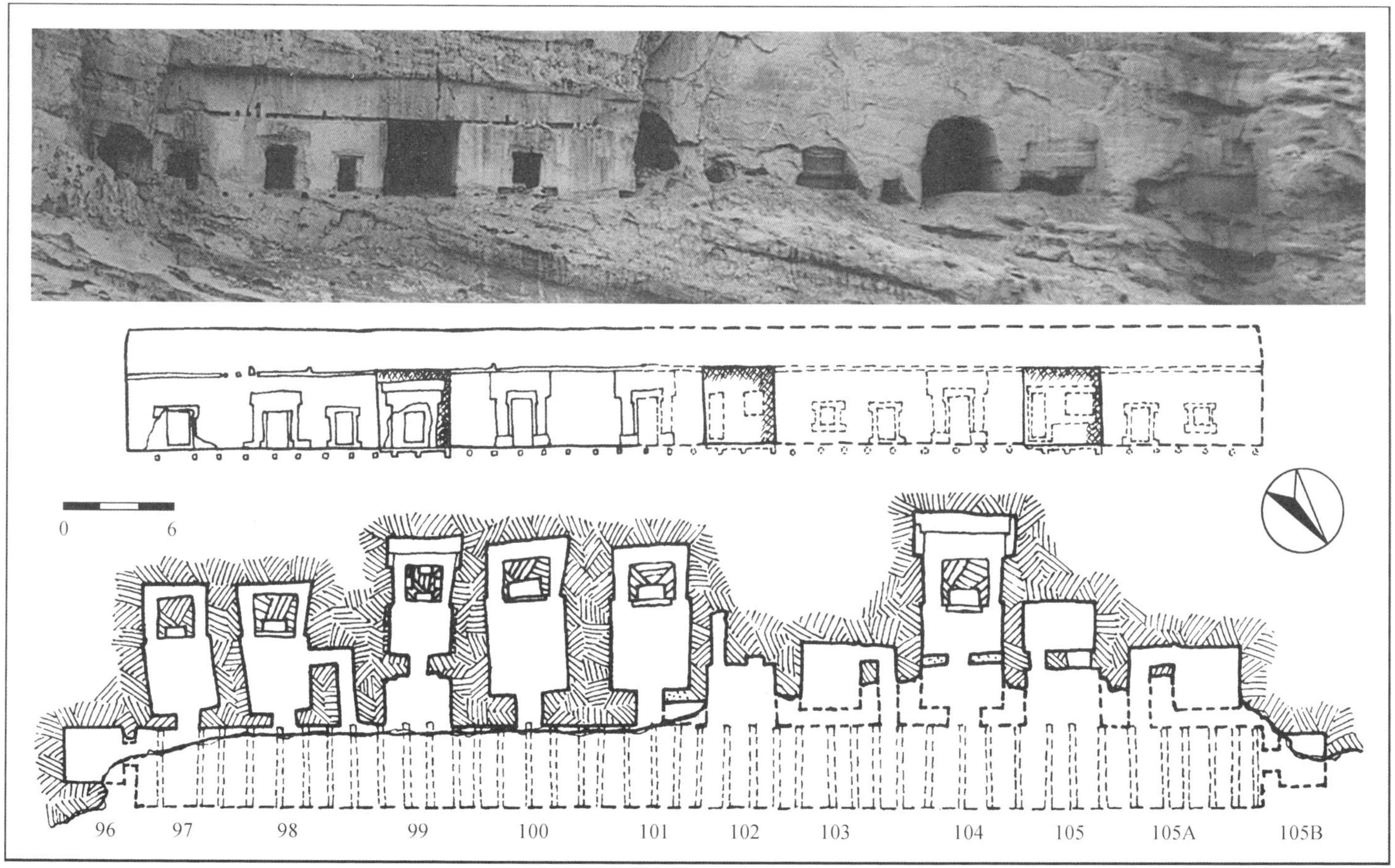

图17 克孜尔96-105B窟立面分布图、复原图、联合平面图。该组合是龟兹最大的洞窟组合，窟前原有长50余米的木栈道，沟通各窟的同时也提供了活动空间。门道下方壁面上仍可见安装栈道的凹槽，上方壁面插放木椽的椽眼和凹槽也清晰可辨。注意等距分布的99、102、105窟前相似的木结构（详见图62）很可能用于进一步加固栈道（照片由柏林亚洲艺术博物馆提供，编号为MIK B 1165）。

可以合理地推测,各遗址之间也是以同样的方式相互补充,密切配合,从而形成了一个组织严密、生机勃勃的佛教群体。

本文开篇介绍的三处石窟寺遗址,其内部不同区段互相补充,从不同方面满足了寺院僧团的基本需求。但值得注意的是,不同遗址间的差异十分显著。以僧房窟的数量为例:库木吐喇窟群区的80座洞窟中只有6座是僧房窟,且均位于遗址边缘;玛扎伯哈的僧房窟是洞窟组合的必要元素;而森木塞姆没有僧房窟;在克孜尔谷西第四区段,如果将储藏窟、禅定窟以及小龛都排除在外,僧房窟的数量与集会和礼拜窟的总和相当。僧房窟在窟群中所占比例的差异很大程度上缘于不同遗址的功能和性质差异。

洞窟或洞窟组合的相似性暗示着可能存在反复使用的设计图样。假如龟兹不同地区意欲营建功能相类的佛教寺院,那么最简单的方式似乎是采用类似的规划设计,施工时再根据不同的地形地貌做出适当的调整即可,但事实却并非如此。所以,不同遗址的差异可能反映的是龟兹佛教团体的不同需求。除了年代早晚与教义发展可能造成差异之外,或许可以这样认为,各遗址因其自身所具有的不同特点,被有意识地按照不同的需求予以设计规划。不同的遗址联系密切,相互配合,与地面寺院共同搭建起龟兹国高效有序的佛教机构。

五、小结

本文从不同的角度强调了判定单个洞窟的功能时不考虑其所处考古学语境的危险性。目前已发表的龟兹石窟资料还远远无法实现所谓的"书斋中的舒适研究",这要求我们必须重返石窟寺院遗址,开展广泛的田野调查和发掘。为推动研究的深入进行,关注点还须从单个洞窟转移到整个石窟寺院,同时也要继续探索一种新的可能,即石窟寺院应该从属于一个更庞大的有机组织,各具特色的石窟寺院(或寺院群)赋予了该组织以生命力。只有从洞窟运转的层层背景,亦即洞窟组合、区段、石窟寺院和统领龟兹国所有石窟寺院的最高系统切入,才有可能正确理解洞窟的功能和性质,这也正是笔者所一直希望和尝试的。

本文以 G. Vignato, "The interrelationship of sites, districts, groups, and individual caves in Kucha," 为题,收入 *Journal of Inner Asian Art and Archaeology* 5/2010, pp. 129–144。

第二章　克孜尔的洞窟组合、 区段和年代

　　克孜尔在龟兹所有的石窟寺遗址中开凿年代最早，发展时间最长，囊括了整个王国约一半的洞窟，且洞窟的类型和壁画题材丰富多样，因而备受瞩目，一直是龟兹佛教石窟研究的焦点（图18）。不过，尽管学界对克孜尔的研究倾力颇多，但许多关键问题仍然悬而未决，如洞窟的相对年代问题至今仍尚无定论，令相关研究的开展举步维艰。又如，已发表的资料不足以展示石窟寺院的布局，及崖壁上洞窟的相对位置关系，使学者无法充分理解石窟寺院的整体及其

图18　克孜尔70至163窟立面分布图（照片由柏林亚洲艺术博物馆提供，编号为MIK B 0639）。

内部功能。在龟兹研究的众多学科中，考古学无疑应是领头学科，但目前我们的研究水平却远远落后于其他学科。

克孜尔是笔者博士论文的重点研究对象。2000年至2006年间，笔者曾在龟兹石窟寺遗址进行长期的田野工作，搜集并记录了大量的图文资料。论文对克孜尔洞窟的形制、组合、区段以及整体布局给予特别关注，而且划分出了不同的发展阶段。由于这篇博士论文还没有发表，本文将概括介绍论文的主要发现。

克孜尔遗址中的绝大多数洞窟都是某个组合的一部分，极少有孤例，这是本文全部研究的起点[1]；这里主要存在两类洞窟组合，其关键区别是有无中心柱窟。同一类型的洞窟或洞窟组合一般集中于同一区域，遗址由多个区域组成，多数情况下可以根据其内涵获知这些区域的不同功能，这些区域可被称为"区段"。

以往克孜尔石窟寺院的编年都局限于部分洞窟或洞窟组合，没有学者致力于对所有洞窟，包括带装饰和不带装饰的洞窟进行分期研究。我们先对每一类洞窟进行类型学排序，然后通过洞窟组合及其改造现象理解洞窟组合的类型和发展规律，最后通过研究区段组成，建立起整个石窟寺院的初步分期。这一分期体系首先依赖于对四种主要洞窟类型进行的类型学分析[2]，在此基础上通过洞窟组合联接不同类型的洞窟，建立起不同类型洞窟间的可靠年代关系。通过两组数据的交叉，即类型学分析中同类型洞窟的序列，以及属于同

---

〔1〕 前人曾指出洞窟组合的存在，但并未进行深入研究：格伦威德尔注意到一些洞窟毗邻，并且有联接装置，暗示了组合的存在。尽管没有特别区分，他还是列举出了部分组合。格伦威德尔《新疆古佛寺：1905—1907年考察成果》，2001年。

宿白在1979年曾带领北京大学石窟寺考古实习组赴克孜尔进行调查，并撰写过一篇综合性的研究文章，提出并简单论述了洞窟组合问题，指出研究洞窟组合是理解克孜尔石窟寺院的关键。他虽然论证了组合发展的规律，但分析简略且存有不足。例如，他认为洞窟组合中至少含有一个中心柱窟，由此忽略了没有中心柱窟的组合。他还提出洞窟组合的发展主要在第二期，第一期没有组合，未能认识到洞窟组合核心是整体规划并同时建造。宿白《克孜尔部分洞窟阶段划分与年代等问题的初步探索》，10-23。

晁华山撰写了两篇文章来探讨洞窟组合，分别关于克孜尔和库木吐喇。文中他列举了辨别洞窟组合的条件，并在识别了一些组合后，用一种特殊的寺院类型进行解释，即与小乘佛教禅定修行有关的"五佛堂"。晁华山《克孜尔石窟的洞窟分类与石窟寺院的组成》，161-200；《库木吐喇石窟初探》，170-202。

〔2〕 笔者博士论文的第一部分将240多个洞窟分为四种主要类型，即中心柱窟、僧房窟、方形窟和大像窟，并对它们进行类型学排序。这冗长的分析部分是后续工作的基础，但对一般读者来说过于烦琐，本文后附的表格一中列出了分类和分期的结果。

第二章　克孜尔的洞窟组合、区段和年代

一时期由不同窟型构成的洞窟组合，我们提出了一个更能够被接受的整个遗址的分期体系。遗憾的是，大部分研究龟兹佛教的学者过于关注单个洞窟绝对年代的信息，特别是有装饰的洞窟，而忽视了整个遗址编年的问题，致使相关的佛教、图像学和绘画风格发展研究缺乏可靠的年代基础。以下便从这一最基础的问题展开论述。

一、洞窟组合的定义及类型

通常情况下，通过观察洞窟的外立面即可识别出部分共用前室或栈道的洞窟组合情况。然而遗憾的是，近年来因修复洞窟或加固岩壁，原来的共用前室、栈道、开凿于岩体内的阶梯隧道被水泥覆盖，有关遗址原状的大量珍贵信息没有得到详细记录。另外，通过研究相邻洞窟的平面布局也可获取有价值的信息，但目前克孜尔仅发表了少数组合的资料，而且没有对形成组合的原因做出解释[1]。准确的实测分布图能够明确地显示洞窟组合的性质，结合其他因素还可以进一步揭示其发展规律，有鉴于此，笔者在田野工作中测绘了所有可识别洞窟组合的平面图并作了系统的记录，此外还花费了相当的精力考察残损严重以及不甚完整的洞窟外立面，以寻找曾经存在的木结构痕迹。

参考前人的研究成果，在系统分析田野工作中取得的联合平面图、照片和笔记的基础上，以下六点可以作为界定洞窟组合的原则：

（1）洞窟之间相互毗邻；（2）与其他洞窟或组合存在边界；（3）具有共同的前室或栈道；（4）开凿位置较高的洞窟共享同一通道；（5）开凿于同一水平高度（开凿于不同高度的情况极少）；（6）保存相对完整的洞窟组合也可以为辨识破坏较严重的洞窟组合提供参考。

为了进一步解释上述原则，不妨以克孜尔162窟和163窟（参看图13）为例稍作说明。在这一组合中，162窟为僧房窟，163窟为中心柱窟，它们相互邻近，开凿于大约同一水平高度，距离下层洞窟7.8米，并且独立于左右其他洞窟。两窟共用同一前室，该前室在162窟前稍深，在163窟前则较浅。两窟东面是另一

---

〔1〕　北京大学考古学系、克孜尔千佛洞文物保管所编著《新疆克孜尔石窟考古报告》，1997年。一些洞窟组合的信息散见于新疆龟兹石窟研究所编著《克孜尔石窟内容总录》，2000年。

25

组合,由171窟和172[1]窟组成。171窟为一中心柱窟,而172[1]窟则为僧房窟。西面组合由158号僧房窟和159号中心柱窟组成。这两个组合与162窟和163窟形成的组合属同一类型[1]。推测162、163窟组合应在其前室的右壁附近建有木梯,由此进入洞窟。

由此可见这两个洞窟独立于其他洞窟之外自成一组。162窟是日常起居之处,163窟则用于礼拜活动,完全可以满足一个小型僧团的需求。可见在最初并没有建造其他洞窟的意图,也没有日后的扩建计划。如果有,应该很容易实行,即在两窟左侧的同一水平高度上进行开凿。这组洞窟满足了上述界定洞窟组合的所有条件:两个洞窟相互毗邻,大约在同一水平高度,共用同一前室并且明显地使用同一通道,与其东西两侧属于同一类型的洞窟有明显的分界。以上六点为界定洞窟组合提供了具体而可供验证的依据(图19)。

克孜尔的洞窟组合并非无先例可循。以僧房窟和礼拜窟为主并由不同类型洞窟构成的组合,早在西印度最早的佛教遗址中就有发现。如在比德尔科拉(Pitalkhora),3号支提窟(caity)和4号毗诃罗(vihara)大约开凿于公元前2世纪中期,两窟毗邻,共用前室,形成了一个组合的原始核心部分;之后依次扩建了2、1、5及6至9号毗诃罗。寺院一般通过增加毗诃罗来扩大规模,它们与最初部分一起,形成一个不断扩大的寺院群落。类似的情况也见于珀贾(Bhaja),12号支提窟就由若干毗诃罗所环绕,而在阿旃陀(Ajanta),9、10号支提窟,以及19和26号支提窟周围都开凿有毗诃罗,并由此形成了三个寺院。

在之后的发展阶段,石窟寺院的初始结构有了新的变化:如在比德尔科拉(图20),两个支提窟组合在一起,如12、13窟,以及10、11窟就形成了一类新型的寺院结构,即都是由两个支提窟单独构成寺院,附近未建任何毗诃罗[2]。

综上所述,一个"洞窟组合"即是通常位于同一水平高度的一系列毗邻而建的洞窟,有时通过一些建筑结构如前室或栈道相连接,一般包括不同的洞窟类型,具有明确且不与其他组合相重叠的边界。洞窟组合是僧团开展日常生活的特定场所,是由居所和宗教活动场所构成的寺院。在一些晚期的情况中,一组洞窟组合中并没有发现住所,暗示出可能存在与崖壁上开凿的石窟相关联的

---

[1] 中心柱窟的类型学排比显示160窟和161窟是后期增建,此处不详述。

[2] 有关印度石窟组合的研究,可参见李崇峰《中印佛教石窟寺比较研究——以塔庙窟为中心》,183–186。

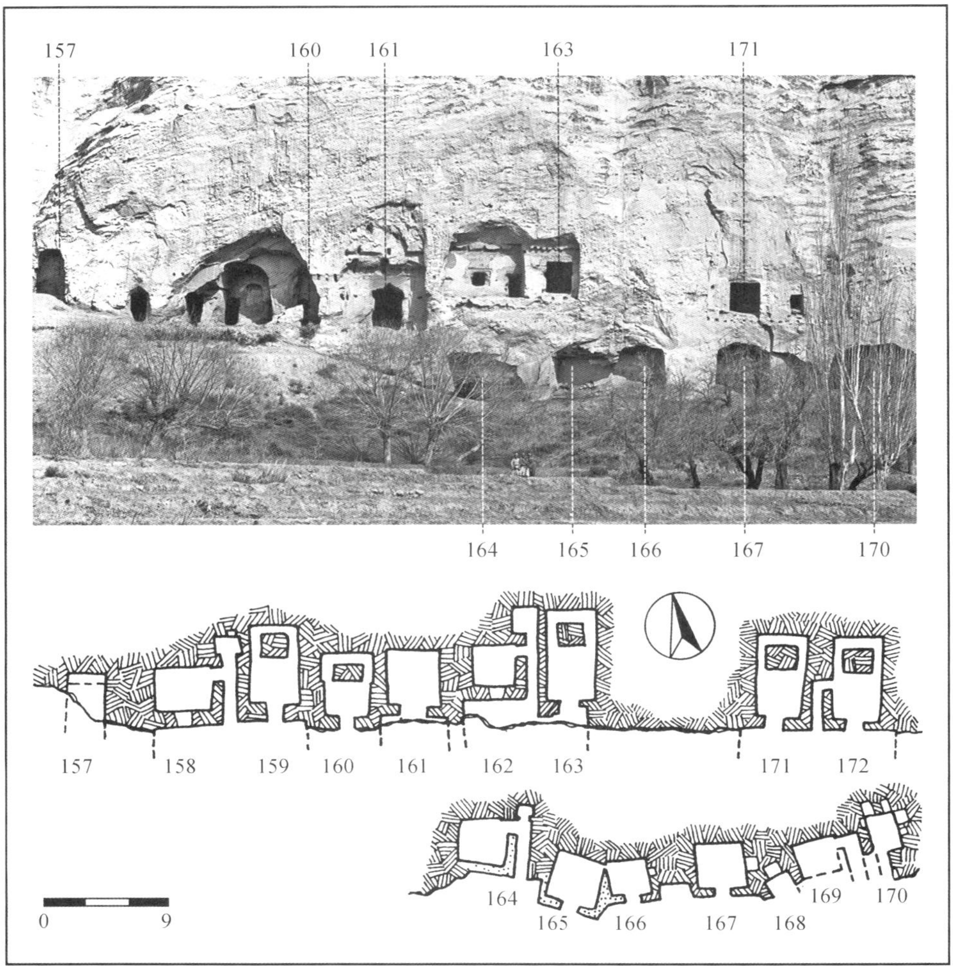

第二章　克孜尔的洞窟组合、区段和年代

图19　克孜尔162、163窟组合在谷东区的相对位置。该组洞窟独立于其下部洞窟及171窟，若能区别出后期增建的160和161窟，则可发现崖壁最初被另两组同类洞窟组合占据——左侧的158和159窟组合以及右侧的171和172[1]窟组合（照片由柏林亚洲艺术博物馆提供，编号为MIK B 1386）。

地面居住场所[1]。

克孜尔洞窟组合各不相同。本文将对其型式作详细分析，下面首先讨论不同的组合类型。

第一类组合，由一个或多个方形窟和一个或多个僧房窟构成。包括如下组合：27[1]、28、29窟，33、34[1]窟，66、67、68窟，69[1]、新1[1]窟，78、79、80[1]窟，82、83、84、85窟，90-14、90-15、90-16窟，94、95窟，110、111、111A窟，112、112A、

─────────

〔1〕　通过寺院概念来理解洞窟组合，旨在强调一个由考古调查而得出的事实，即绝大多数的组合同时提供了生活设施和宗教仪式场所。由于这些特征代表了一处寺院的两个基本功能，因此"寺院"是笔者迄今所能找到用来诠释洞窟组合功能最合适的术语。

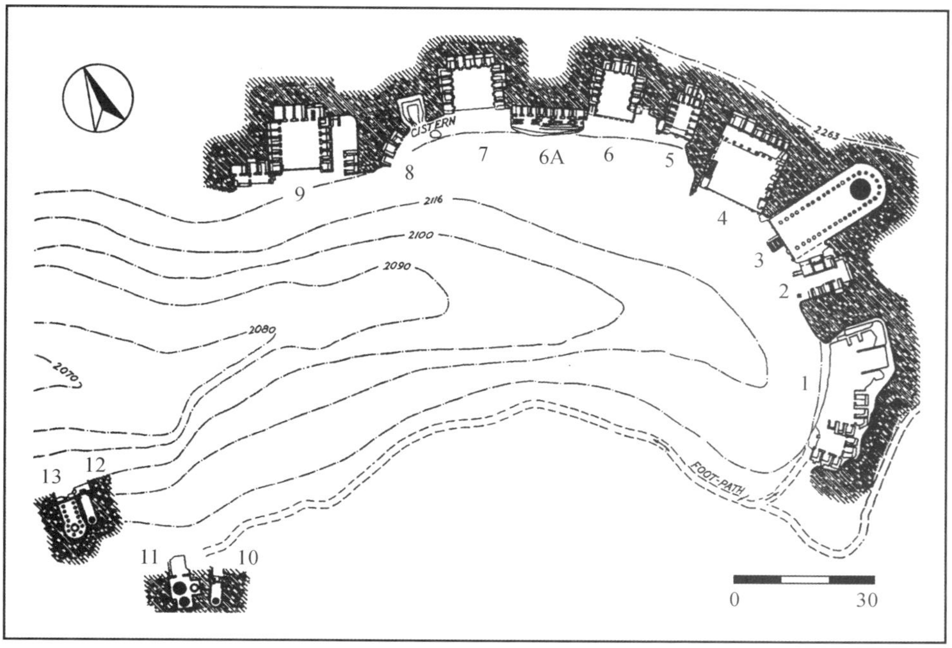

区段与组合——龟兹石窟寺院遗址的考古学探索

图20 比德尔科拉 (Pitalkora)石窟寺院平面图（采自Deshpande M.N.，*The rock-cut caves of Pitalkora in the Deccan*，plate. xvi）。

112B、112C窟，120、121窟，124、125窟，127、128、129窟，130、130A、131、132窟，133、134、135窟，141、142窟，143、144、149A、149窟，145、146、147窟，164、165窟，166、167、168、169、170窟，173、174、174A、174B窟，188、189+190[1][1]、191窟，194、194A窟，221、222、223、223A窟，230、231窟，232、233、234、235窟。

第二类组合，包括至少一个中心柱窟，方形窟和僧房窟或有或无。属于第二类的洞窟组合有：2、3、4、5、6窟，8、9、9A、10、11窟，12、13、24窟，14、15、16、17、18、19窟，20、20A窟，22、23窟，26、26A、26B、27、28、29窟，30、31、32窟，33、34[2]、34A、35窟，36、37、38、39、40窟，42、43窟，57、58窟，62、63、64窟，69[2]、新1[2]窟，78、79、80[2]窟，86、87、88窟，96、97、98[2]、99、100、101、102、103、104、105、105A、105B窟，106、107A、107B窟，114、115窟，158、159窟，162、163窟，171、172[1]窟，171、172[2]窟，175、176、177、178、179、180窟，182、183、184、185、186窟，192、193窟，195、196、197、198[2]、199窟，205、206窟，207、208窟，216、217、218、219窟。

---

〔1〕 189+190[1]窟为僧房窟；到第二期，通过阻塞入口末端，拓宽前壁窗户形成窟门的做法，将其改造成189[2]号方形窟,甬道增绘装饰并且作为一个小型190[2]号礼拜窟使用。

第二章　克孜尔的洞窟组合、区段和年代

1. 洞窟的改建、叠压打破关系与洞窟组合类型的转变

无论属于何类组合，原始核心部分都应是一次性规划、开凿并根据需要装饰塑绘的洞窟或洞窟组合[1]。有时一组洞窟会保持原状不变，其原有布局不做任何改建也不增加新窟；也有些组合内的洞窟可能在随后的一个或几个时期内经历局部改变，或被改建成其他类型，或在原有基础上增建新窟。这种情况下应当注意，今天所见的洞窟、洞窟组合或整个寺院遗址应是长期演变之后的最终面貌。正确界定和辨识洞窟组合的核心及其扩展对于研究克孜尔洞窟组合的发展至关重要，而且是进一步探讨和理解寺院生活与佛教教义发展过程的基础[2]。

探究组合核心及其后扩展，最具体可靠的依据是叠压打破关系。这一线索在过去曾被用于洞窟的分类研究，但仅限于若干明显窟例[3]。鉴于此，笔者在田野工作中尤其注意这一问题，先后记录下一百多个存在叠压打破关系的窟例。这些叠压打破关系对于说明不同类型洞窟组合的形成发展及判断相对年代，是最有力的证据[4]。

---

[1] 组合内核心部分同时规建这一事实可由共用前室的未完工洞窟得以最好说明，如克孜尔尕哈24和25窟，森木塞姆37和38窟。

[2] 除了上述所列的六点之外，洞窟组合判定还有赖研究洞窟的发展规律，这通常与窟前木结构相关。

[3] 宿白《克孜尔部分洞窟阶段划分与年代等问题的初步探索》，10–23。文中列举了若干转变成其他类型洞窟的僧房窟，并且用这些数据建立起一个相对年代。

[4] 为方便今后学者对克孜尔石窟的研究，以下根据洞窟类型，将笔者田野调查所获得的叠压打破关系进行简要归纳：
　1）洞窟类型的转变：
　　a）僧房窟改建为中心柱窟：34[1]、80[1]、98[1]、172[1]、198[1]窟。
　　b）僧房窟改建为方形窟：135[1]、189[1]窟。
　　c）方形窟改建为中心柱窟或大像窟：27[1]、60[2]、69[1]、新1[1]窟。
　　d）一类方形窟改建为另一类方形窟：76窟。
　　e）僧房窟的甬道改建为礼拜场所：34[1]、172[1]、190[1]、196[1]窟。
　2）建筑结构的改变：
　　a）扩大、升高或降低前室：33–34[1]、36、96–105B、116、118、119、161、164窟。
　　b）改变中心柱窟或大像窟正壁（如壁龛、佛坛或圆拱面等）：4、34、101、104窟。
　　c）改变中心柱窟或大像窟甬道和后室（改变顶部，扩大或改变涅槃台）：8、34、47、48、77窟。
　　d）扩大僧房窟主室：115、169窟。
　　e）去除僧房窟主室的叠涩：57、75、158窟。
　　f）在僧房窟砌造土坯禅床：15、18、19、29、40窟。
　　g）在僧房窟开凿贮藏室：51+52、94、164窟。

（转下页）

29

区段与组合——龟兹石窟寺院遗址的考古学探索

　　如果将组合视作一个基本单元，那么组合之后的扩建便是一种打破关系[1]，从洞窟组合的角度解释打破关系可以获取更多的信息。应当注意的是，组合中的打破关系并不仅局限于洞窟类型的转变或是组合的扩展，有时洞窟类型的转变还会使洞窟组合由第一类转变成第二类。以下就是一个最清楚的实例：

　　由33、34[2]、34A及35窟形成的组合，是从33、34[1]窟组成的核心组合发展而来（图21）。33窟为方形窟，饰有彩绘大立佛，34[1]窟为僧房窟，两窟构成了一个组合。外立面上的椽眼表示这两个洞窟可能共用一个木质前室，这种共用一前室的两窟原属于第一类组合。之后，34[1]僧房窟改建为34[2]中心柱窟，并且增加了34A窟和35号僧房窟，说明这个组合在后期不仅有改造和扩建，更重要的是由第一类组合变成了第二类组合[2]。另外，原木质前室留下的两排椽眼痕迹也说明了这种组合类型的变化，稍低的一排建筑槽孔属于第一期，后来被土坯填埋并涂草泥，代之以位于稍高处的第二期更大前室使用的大椽眼。这一实例为判断两类洞窟组合的相对年代提供了强有力的证据[3]。

―――――――――――

（接上页）h）替代早期洞窟或在倒塌原址上开凿新窟：49、57、142、148A窟。

　　　　i）在中心柱的侧壁或后壁开龛：193窟。

　　　　j）修复毁坏洞窟：47、60窟。

　3）装饰的变化：

　　　　a）清除甬道两边的早期塑像：47、48窟。

　　　　b）壁画部分重绘：38、47、48、69窟。

　　　　c）后期绘制壁画：20A、43窟。

[1]　扩建组合：

　　　　a）原始组合新增僧房窟：5、6、18、19、26、26A、36窟。

　　　　b）原始组合新增方形窟：14、84窟。

　　　　c）原始组合新增中心柱窟：95-101、195、197、199窟。

　　　　d）后期增加的小洞窟：90-8、90-9、182、183窟。

[2]　这一区段的所有组合都至少有一个僧房窟，由此34[1]方形窟改造为34[2]中心柱窟和35窟的增建很可能是在同时。于是通过开凿新椽眼来增高原有前室，以及开凿新窟，都很有可能与寺院的扩建同时。参见新疆维吾尔自治区文物管理委员会、拜城县克孜尔千佛洞文物保管所、北京大学考古学系编《中国石窟·克孜尔石窟》一，图版75。

[3]　27、28和29窟的情况也较为相似。27[1]方形窟原本是一个洞窟组合的礼拜中心，这个组合由两个方形窟（27[1]、28窟）和29号僧房窟组成。尽管目前的保护状况不甚理想，但仍可从洞窟的相对位置以及27[2]窟不规则的规划推测27[1]在后来由方形窟改造成为中心柱窟。实际上，27[2]窟的左侧甬道转角处与28窟间的岩层太薄，打破了28窟，用土坯填充。克孜尔的相邻洞窟间的这种类似的打破关系（如107A、107B窟；165、166窟；175、176窟）极为罕见，通常是由于其中一个洞窟在后期改建的过程中，角度与距离计算错误而造成的。

30

第二章 克孜尔的洞窟组合、区段和年代

图21 克孜尔33至35窟组合发展演变图。34[1]号僧房窟被改建为34[2]号中心柱窟。照片中可以观察到前室的两排凹槽，似乎反映出前室及组合发展的不同阶段（照片由柏林亚洲艺术博物馆提供，编号为MIK B 0788）。

区段与组合——龟兹石窟寺院遗址的考古学探索

同时在克孜尔石窟中,目前还没有发现逆向改造,即第二类组合转化为第一类的情况。表明至少在33—35窟组合这一实例中,克孜尔石窟第二类组合的时代晚于第一类组合。

二、洞窟组合的类型学分析

1. 第一类洞窟组合

第一类组合由一个或多个方形窟以及一个或多个僧房窟组成。在过去,这类组合往往被忽视,在克孜尔至少有80个洞窟可被归入第一类组合[1]。该类组合大多集中分布于遗址中心区域,即谷西区的最东端到谷东区的西部。

第一类组合中的方形窟,其建筑形式呈现明显的多样性:平面为方形或长方形,顶部构造多有不同,有券顶、穹隆顶、套斗顶和覆斗顶。壁龛极少见,只有为数不多的几个洞窟有中央佛坛。壁画装饰的布局和内容也十分丰富:本生故事为长条构图,因缘故事为方格构图,佛传故事或为方格构图、或被绘制在有大型装饰条带环绕的边框内,涅槃图只是作为众多场景之一出现。从绘画风格来看,几乎所有的壁画都属于A种画风。

僧房窟非常简陋,通常没有石凿或是土坯堆砌的禅床,小室也极为少见。

根据典型特征和构造,第一类组合可以分成四型:

A型组合,由位于中心的僧房窟和两侧的方形窟(平面有长方形和方形两种)组成。有时后期再增建一个僧房窟或方形窟。这种组合中,只有平面方形的洞窟中绘壁画,平面呈长方形的洞窟中不见壁画装饰。目前已辨识出四组,均位于谷东区,保存状况极差:143、144、149A、149窟,145、146、147窟,173、174、174A、174B窟,232、233、234、235窟。

173、174、174A和174B窟是典型的A型组合(图22)。174A窟位于组合中心,破损严重,但通过木门安装痕迹以及草泥上涂抹了多层白灰浆等现象,可以将其确认为僧房窟。该窟之东残存174B方形窟的部分正壁,上绘壁画。174方形窟位于174A窟右侧:现存部分保存相对完好,有三阶叠涩,纵券顶,但没有壁

---

[1] 其他不能确切归入第一类组合的洞窟不纳入讨论。

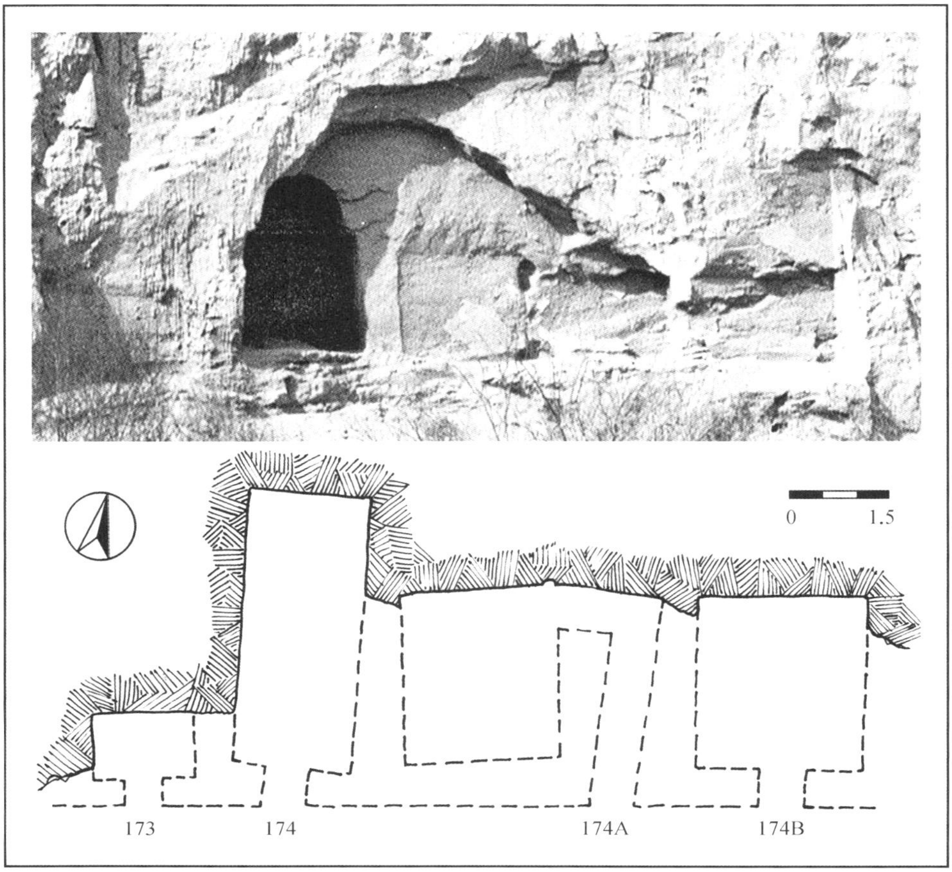

第二章　克孜尔的洞窟组合、区段和年代

图22　克孜尔第一类组合，A型——173至174B窟组合立面分布图与联合平面图（照片由柏林亚洲艺术博物馆提供，编号为MIK B 1826）。

画痕迹，说明该洞窟原本并未计划绘饰壁画。以上三个洞窟均开凿于同一水平高度，规模较小且破损较为严重的173窟位置稍低，明显为后期开凿。

B型组合，由一个或多个大型方形窟，以及一个或多个僧房窟组成。方形窟均饰壁画，其中一些仅绘于顶部，其他则满壁全绘。现已辨识出八组B型洞窟组合，根据方形窟顶部的不同构造可将其分为两式：

BI型套斗顶方形窟：包括130、130A、131、132窟，133、135[1]窟，164、165窟，166、167、168、169、170窟。所有洞窟的壁画均集中于顶部，有时四壁绘有装饰性纹样带[1]。

---

〔1〕　166、167窟的壁龛开凿于洞窟右侧壁面。

区段与组合——龟兹石窟寺院遗址的考古学探索

图23 克孜尔第一类组合，BI型——130至132窟组合立面分布图与联合平面图。该组合由两个僧房窟和两个方形窟组成，各有独立前室，方形窟的壁画集中绘制于套斗顶上（照片由柏林亚洲艺术博物馆提供，编号为MIK B 1796）。

BI型组合的典型例子为130、130A、131、132窟（图23）。131和132窟为方形窟，原有前室，现已坍塌，壁画都分布在套斗顶中。另外，132窟的四壁正中部还环绕有简单的带状装饰。130和130A窟为僧房窟。

BII型穹隆顶方形窟：包括33、34[1]窟，66、67、68窟，82、83、84、85窟，221、222、223窟。顶部及四壁均有装饰。

BII型组合的典型例子为82、83、84、85窟（图24）。此组合位于谷内区最南端西侧的崖壁上，距地面较高，原有木质栈道。83窟为一方形窟，前壁开门窗，穹隆顶，主壁绘制大幅故事画。84窟亦为穹隆顶方形窟，壁面绘有说法图，残损严重。两窟内绝大部分壁画被带到了德国。85窟空间体积小，平面为长方形，纵券顶，为后期增建。82窟为僧房窟。

C型组合，由一个僧房窟和一个稍小于僧房窟的纵向长方形窟组成，一些

34

第二章　克孜尔的洞窟组合、区段和年代

图24　克孜尔第一类组合，BII型——82至85窟组合立面分布图与联合平面图。该组合由一个僧房窟和两个通壁绘A种绘画风格的方形窟构成。85号小型方形窟，为后期增建，其内装饰B种绘画风格的壁画（照片由柏林亚洲艺术博物馆提供，编号为MIK B 0611）。

组合在后期还增加了方形窟。现已识别出四个组合：112、112A、112B、112C窟，120、121窟，90-14、90-15、90-16窟，141、142窟。

C型的典型例子为141、142窟组合（图25）。142窟为一大型僧房窟，右侧有一甬道。141号方形窟位于142窟右侧，纵券顶，窟前部坍塌，面积小于142窟主室。

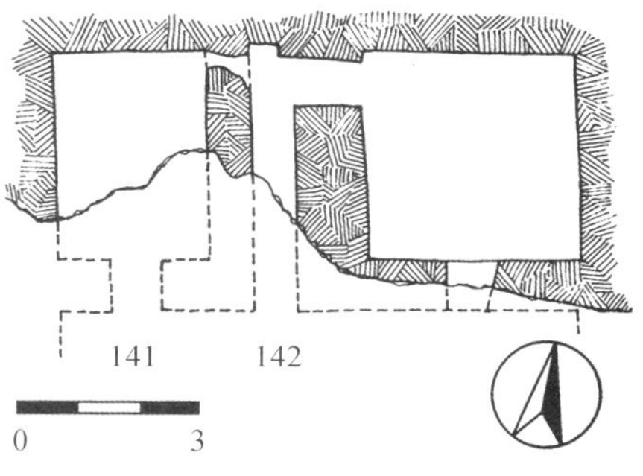

D型组合，由一个僧房窟和一个横向长方形窟组成。现识别出两个

图25　克孜尔第一类组合，C型——141和142窟组合联合平面图。141号小型方形窟未经装饰，142号僧房窟前原有一大型前室，现已坍塌。

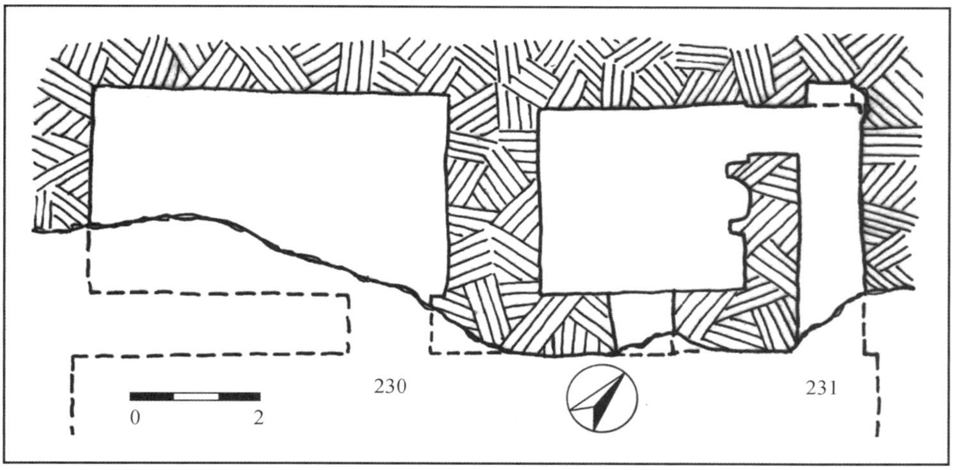

区段与组合——龟兹石窟寺院遗址的考古学探索

图26 克孜尔第一类组合，D型——230和231窟组合联合平面图。230窟前部塌毁，其门道位置不明。

组合：94、95窟和230、231窟。

230、231窟组合为此型的典型实例（图26）。230窟为方形窟，内部几乎填满沙土，四壁和顶部涂草泥及白灰浆。231窟为晚期类型的僧房窟。

有些洞窟，尽管相互毗邻可能形成洞窟组合，却很难分类，因为崩塌或是其他外部因素，它们所属的组合目前尚不能确认，也许将来的发掘可以厘清其中一些组合的性质。

2. 第二类洞窟组合

第二类组合包括一个或多个中心柱窟，有时附带一个方形窟及一个或多个僧房窟。克孜尔石窟大约有一百个洞窟可以被明确归为第二类组合[1]，主要位于谷西区的西段、谷内区的西侧崖壁和谷东区158至199窟之间的山崖上部。

中心柱窟在平面形制上呈现出多样性，大多数洞窟为纵券顶。作为组合内举行礼拜仪式的中心场所，中心柱窟均装饰壁画，多数壁画相当程式化，因此没有绘壁画的中心柱窟应未完工。

根据典型特征和构造，可将第二类组合分为四型：

───────────

〔1〕 其他形制不完全确定的洞窟不纳入讨论。

第二章　克孜尔的洞窟组合、区段和年代

A 型，由一个中心柱窟、一个方形窟和一个僧房窟构成，主要集中在谷西区西段，其特征如下：原始组合核心由位于中心的方形窟和两侧的僧房窟及中心柱窟构成。中心柱窟绘制有壁画，是整个洞窟组合中礼拜活动的中心。方形窟的四壁通常涂草泥，但不绘壁画。僧房窟甬道尽头有一小室，主室内正对门道处有石凿或砖砌的禅床。有些组合在后来增建了一个或两个僧房窟。有十一组洞窟组合属于此型：2、3、4、5、6窟，8、9、9A、10、11窟，12、13、24窟，14、15、16、17、18、19窟，26、26A、27[2]、28、29窟，30、31、32窟，33、34[2]、34A、35窟，36、37、38、39、40窟，86、87、88窟，104、105、105A窟，216、217、218窟。

A 型的典型实例为14—19窟组合（图27）。15、16和17窟构成该组合的原始核心。17号中心柱窟是礼拜中心，各壁面及窟顶均有壁画。16窟为纵券顶方形窟，壁面及窟顶凿刻得十分平整，均未涂草泥。15窟为僧房窟，甬道尽头为一小室；主室右壁处开凿有壁炉，左壁原有一土坯砌建的禅床。第二期，这一组合的东端又增加了共用同一前室的18、19号僧房窟，西端的14窟可能是后期所建。

B 型，由一个中心柱窟和一个僧房窟构成，主要集中在谷东区。特征如下：两窟紧邻，通常共用一个栈道。此型有十一组洞窟组合：20、20A窟，22、23窟，42、43窟（三例组合均未完工），57、58窟，62、63、64窟[1]，97、98[1]窟，114、115窟，106、107A窟，158、159窟，162、163窟，171、172[1]窟。

B 型的典型实例为171、172[1]窟组合（图28）。171窟为中心柱窟，比例对称，壁画精美，其东为172[1]窟；尽管由僧房窟（172[1]）改建为后来的中心柱窟（172[2]），但仍可以复原其原初类型和规模。两窟共用一个前室。

C 型，由两个中心柱窟构成，主要集中在谷东区和谷内区，特征如下：两个洞窟在多数情况下具有相似的平面构造；尽管位置紧邻，但是各窟均趋向于各

─────────────

〔1〕 为了简化类型，尽管62、63、64窟包括两个僧房窟，它们还是被归为B型。64窟很可能为晚期增建。

37

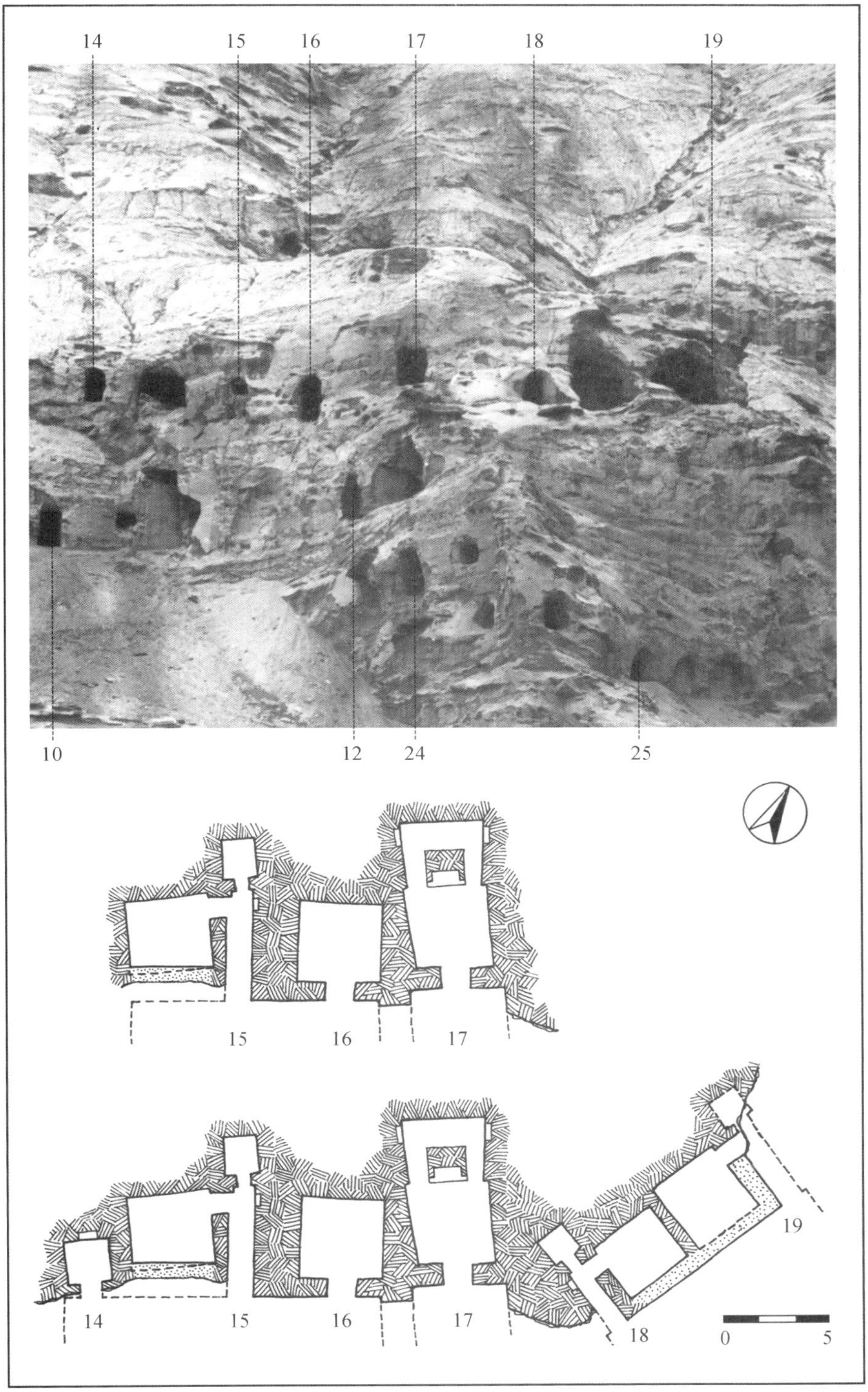

区段与组合——龟兹石窟寺院遗址的考古学探索

图27 克孜尔第二类组合，A型——14至19窟组合立面分布图与联合平面图。该组合在原初核心洞窟15、16、17窟的基础上发展而来。18、19号僧房窟属后期增建，为谷西西段典型的组合扩展形式。14号小方形窟是该组合最后的扩建（照片由柏林亚洲艺术博物馆提供，编号为MIK B 0646）。

第二章 克孜尔的洞窟组合、区段和年代

图28 克孜尔第二类组合，B型——171和172[1]窟组合立面分布图与联合平面图。上图显示了该组合发展的第一个阶段，即171号中心柱窟和172[1]号僧房窟。同类组合如其西侧的组合，见图19（照片由柏林亚洲艺术博物馆提供，编号为MIK B 0823）。

自拥有一个独立的小前室，而且它们通常位于第一类组合的上方。有七个洞窟组合属于此型：171、172[2]窟，178、179窟，184、186窟，192、193窟，195、196窟，205、206窟，207、208窟。

C型的典型实例为192、193窟组合（图29）。两个洞窟距地面相对较高，而且独立于其他洞窟。尽管已经倒塌，193窟的前室仍然有部分保留，而192窟前室的存在也可由它的相对位置推知。192窟主室正壁开一中型龛，而193窟则开一大龛，原安放立佛[1]。

D型，由五个中心柱窟组成，特征如下：组合的形成过程十分复杂，因所有组合都是不同阶段在原有组合上增建新窟而成。原先的组合若有僧房窟，则被改建为中心柱窟。三组洞窟组合属于此型：97、98[2]、99、100、101

―――――――――――
〔1〕 193窟甬道中的小龛为后期开凿，打破了原先的壁画。

39

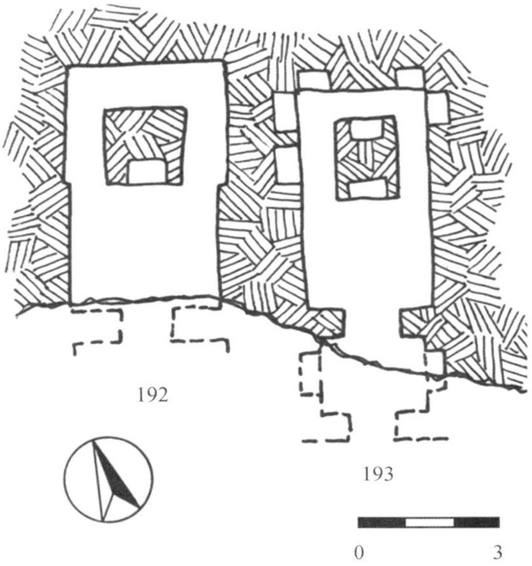

区段与组合——龟兹石窟寺院遗址的考古学探索

图29　克孜尔第二类组合，C型——192和193窟组合立面分布图与联合平面图。该组合独立于周围其他洞窟。两窟各有一前室，但前部塌毁以至于无法获知从低处如何登临以及彼此之间如何连通。值得注意的是193窟甬道中的小龛开凿于后期，打破了先前的壁画。除右甬道的小龛完工并涂抹草泥外，其他小龛均未完成，后甬道的小龛没有涂草泥，左甬道的一个小龛甚至没有开凿。这种在甬道中开小龛的现象可视为克孜尔石窟寺院晚期发展的一个特点（照片由柏林亚洲艺术博物馆提供，编号为MIK B 0697）。

窟[1]，175、176、177、178、179、180窟，195、196、197、198[2]、199窟。

　　D型组合的典型实例是175—180窟组合（图30）。该组合的原始核心部分由178和179两个中心柱窟组成。之后，在此基础上增建三个中心柱窟，该组合内中心柱窟的数目最终扩展至五个。由洞窟的平面布局可知，每个洞窟都有自己的独立前室。

　　由于一些中心柱窟或是其周围洞窟已经坍塌，无法辨别它们所属组合的性质，因此没有将这些洞窟纳入以上的组合型式框架。此外，在一些晚期的实例中，如126和201窟，是单独开凿的中心柱窟，不属于任何组合。

――――――――――

〔1〕　这五个中心柱窟是一个经过了长期发展的更大组合的一部分，包括11个完成洞窟和1个未完成洞窟（102窟）。除此之外，之所以认为97-101窟属于D型是考虑到第六个中心柱窟104窟与其他五个紧邻的洞窟相距甚远。

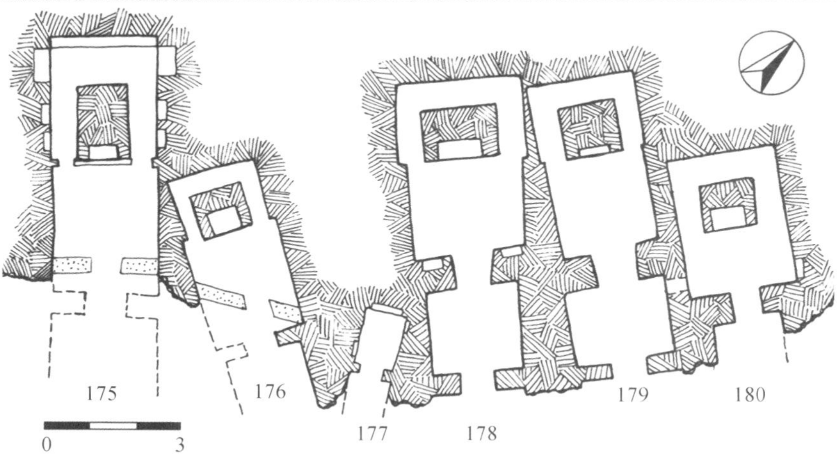

图30 克孜尔第二类组合，D型——175至180窟组合立面分布图与联合平面图。该组合原核心洞窟为178、179两窟，之后发展至五个中心柱窟。组合内每个洞窟均有独立前室，暗示了组合前原应有一条起连接沟通作用的通道。保存状况最佳的178窟外只有一排窟檐，没有其他建筑（照片由柏林亚洲艺术博物馆提供，编号为MIK B 1268）。

三、遗址内的区段划分

经过长时间的观察，发现同一类组合一般集中于一个特定的区段内。如同将单个洞窟放在所属组合中进行分析一样，为了进一步明晰遗址的内在逻辑关系，必须将洞窟组合纳入所属的区段。

依据所包含的洞窟或洞窟组合，克孜尔可以被分为七个区段（图31），其中一些区段较易界定，其他区段则要复杂得多。具体而言，一个区段应该只包括一种类型的洞窟或洞窟组合；如果发现有其他类型，则多为后期增建，导致原初区段的功能和意义发生了改变。区段不同，其功能也不尽相同。

即便建造时间可能跨度较大，同一区段内的组合也会拥有许多共同特征：它们不仅布局相似，壁画题材和风格也非常接近，暗示出同一区段内的洞窟组合可能具有共同的教义背景。相反，不同区段内组合间的差异则反映出它们可能对应的教义的差异。接下来对区段的描述和分析以年代发展顺序展开讨论。

1. 第一区段

第一区段包括75至95窟，以及90-10至90-24窟（参看图10）。洞窟分布高低不等，暗示该区经历了一个长期的发展阶段。在崖壁前方有一片开阔的区域，可容纳大型地面建筑，此处为克孜尔修建地面寺院最理想的地点之一。开凿于崖壁东面隆起处的78至95窟，可被视作第一区段晚期的发展。

1990年，该区段下层崖壁在加固之前进行过一次发掘，揭露了许多以前未曾发现的洞窟（90-10到90-24窟）[1]。目前为防止坍塌，其中部分洞窟已被回填，部分被废弃堆积物淤埋，难以获取足够的信息，也不易讨论它们与相邻洞窟间的关系。

调查表明该区段的洞窟组合中没有中心柱窟[2]，主要包括僧房窟和方形窟，属于第一类组合。时代最早的洞窟在近地面处开凿，这似乎也是克孜尔其

---

[1] 新疆文物考古研究所《1990年克孜尔石窟窟前清理报告》，13-61。简报中对一些洞窟的解释和绘图有待商榷。

[2] 唯一的中心柱窟80[2]窟是后期通过改造80[1]僧房窟而成。

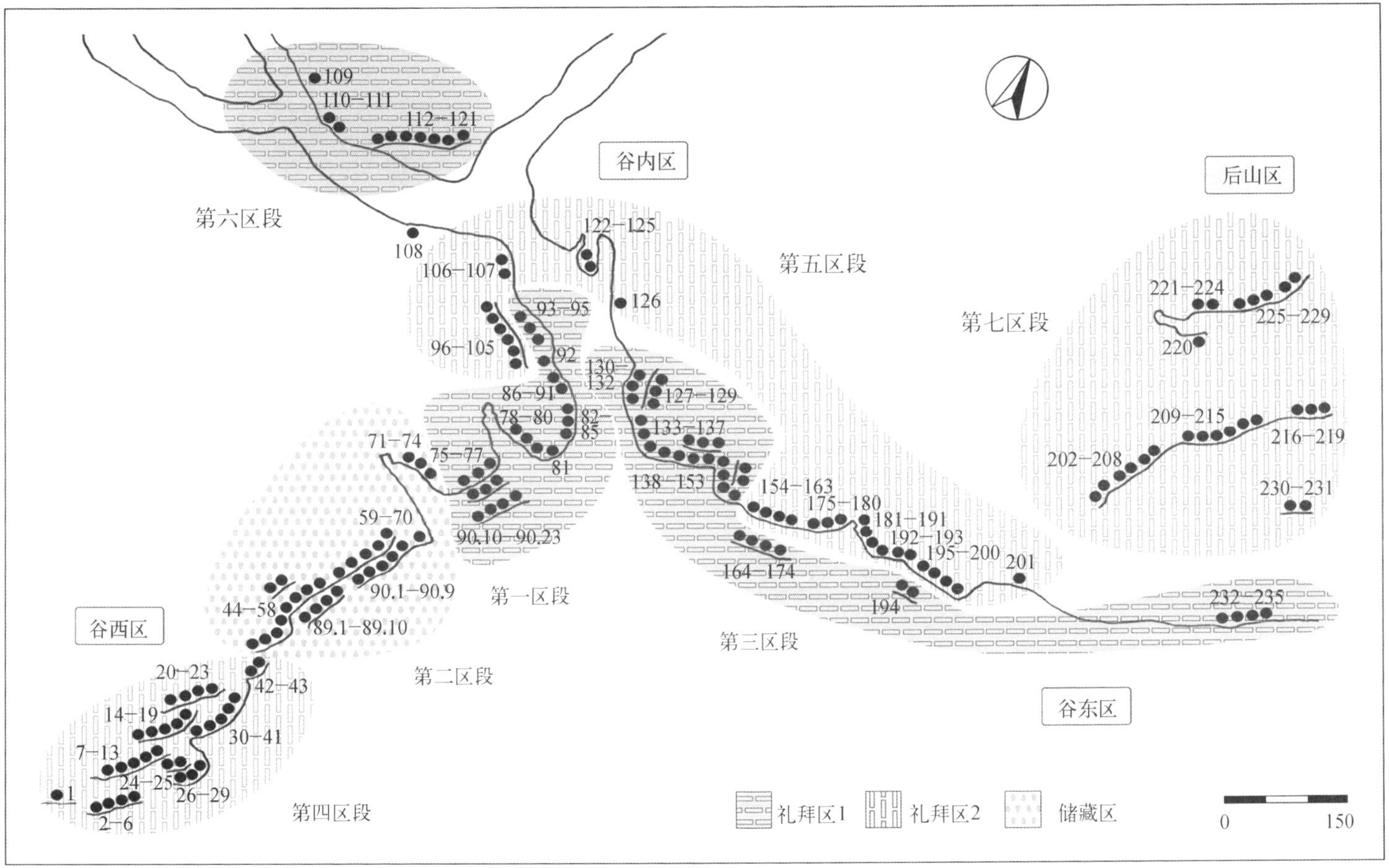

图 31-1 克孜尔七个区段分布示意图 a（据新疆龟兹石窟研究所《克孜尔石窟内容总录》插页修改而成）。

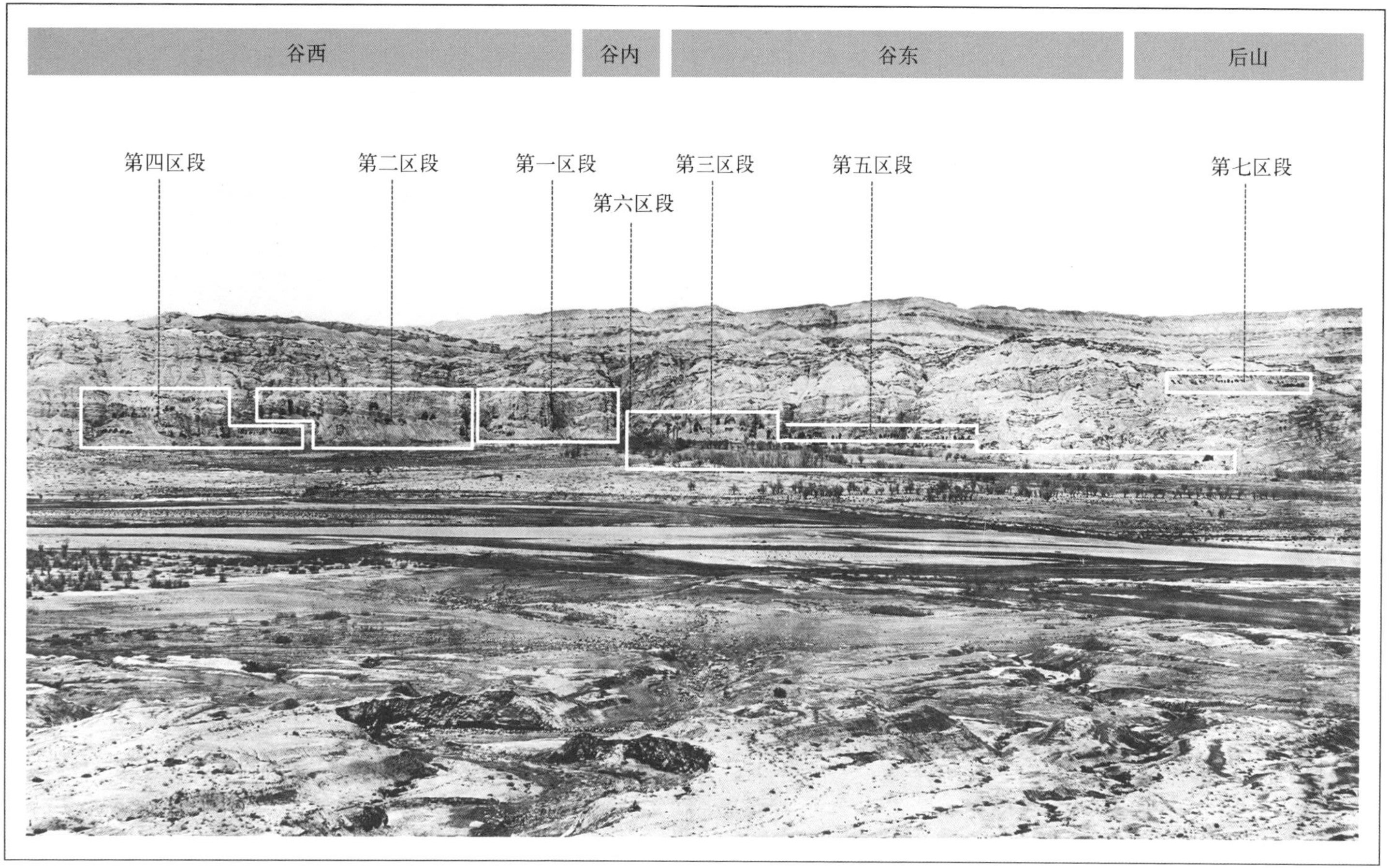

图 31-2　克孜尔七个区段分布示意图 b（照片由柏林亚洲艺术博物馆提供，编号为 MIK B 1899）。

他区段的共同特征。洞窟中并未绘制壁画,反映出该区段的洞窟在最早期的阶段没有装饰计划。位置稍靠上的洞窟组合特征较为明显,由90-14、90-15号方形窟以及90-16号僧房窟组成。较高处上下略有错落地分布着另一些洞窟:76号绘有壁画的方形窟,打破早期一个面积较小且无彩绘的小方形窟;75窟是僧房窟,此外还有一些破损严重的洞窟,部分仍保留着彩绘壁画遗迹;77窟为大像窟,位于这一排洞窟的最东端,受可用崖面空间和质量的限制,表明是后来增建。其他的洞窟散落于崖面较高的位置,现已无法登临。

78—80窟组合最初由78号小方形窟以及79、80[1]两座僧房窟构成,80[1]窟后来改建为80[2]号中心柱窟。81窟现与其他洞窟隔绝,很难将它划归任何组合。82—85窟组合是由原始核心组合即82号僧房窟和83号方形窟发展而来。76、77、81、83和84窟绘有题材可辨的壁画,风格都属于A种画风。

第一区段与其他区段有明显的边界[1],区段内的洞窟组合都属于第一类组合。在后期,该区段还通过增建同类型的洞窟组合而不断扩展。

2. 第二区段

第二区段经历了一个极其复杂的发展过程,包括了44至74窟之间的区域(参看图11),中心部分有三个稍大的洞窟,即60[1]、89-4和89-10窟,其他较小的洞窟散布四周。参考单个洞窟的分期、区段内洞窟间的打破关系及相对位置可以发现,该区段最初并没有僧房窟和礼拜窟,均为各式各样的储藏窟。它们在规模和形制上的差异,表明可能是用于储藏不同种类的物品。这些洞窟分布在崖壁的不同高度上,经过了长期发展。然而由于储藏窟各不相同且破损严重,根据类型学研究来探寻其发展历程难度极大。

寺院中建有专门储藏物品的区域,也可由文献资料佐证。如《小史》中描述一座典型寺院时;在众多不同的建筑中,提到了需要建在寺院居住区外的储藏室:"……储藏室(在精舍之外)……"[2];《大史》中详细记载了储藏室的修建:"让僧伽决定一些建在寺院之外的建筑,比如 *Kappiyabhūmi*(住所

---

〔1〕 第一区段以西为第二区段(储藏区),以北为第五区段,后者的洞窟组合都属于第二类。
〔2〕 尽管使用巴利文本研究克孜尔石窟需格外谨慎,但直接表明存在储藏区域的文献证据仍有助于研究。参见《小史》第六卷第四章第十节, Rhys Davids, T.W. and H. Oldenberg, trans., "Vinaya texts translated from the Pali", 1885。

外面用以保存物品的地方），由僧团选定那里（在一处建筑中）储藏室的形状，如 *vihāra*，*addhayoga*，*pāsāda*，*hammiya*，*guhā*"[1]。

第二区段最早应是专门的物品储藏区，没有任何住所或礼拜场所。随着时间的推移，该区段的性质发生了变化，开始凿建礼拜和居住洞窟。后期增建的洞窟通常成组出现，形成第一类和第二类洞窟组合，然而大像窟似乎并不属于任何组合。此区段共有六个僧房窟（52、57、62、64、66、68窟），四个大像窟（47、48、60[3]、70窟），四个中心柱窟（58、63、69[2]、新1[2]窟）和一个有壁画的十字形窟（49窟）。47、48号大像窟所在的部分崖壁，原被规划为储藏物品之用。60[3]号大像窟至少经历了三次大的改建[2]。70窟也是大像窟，坐落于相对较低的山崖，开凿在岩壁转角处低矮的位置[3]。与该区的储藏窟相比，这些大像窟的开凿年代都比较晚。中心柱窟是备受关注的洞窟类型，尽管其年代一直有争论，但该区段内的中心柱窟曾被普遍认为属于克孜尔的晚期阶段。僧房窟的时代也应较晚。

3. 第三区段

第三区段始于谷内区的东侧崖壁，一直延伸到谷东区的前端低处，包括了130至156窟之间的所有洞窟，以及156至235窟之间靠近地面的洞窟。其中，143至152窟之间的洞窟破损极为严重，但并不妨碍研究的开展（图32）。本区段主要集中了第一类组合的A型和BI型。由僧房窟、方形窟和纵长方形窟构成的A型组合，位于区段中心，主要有143、144、149A和149窟；145、146和147窟。组合两端各有一大像窟，即139窟和154窟，两窟平面形制和壁画内容相近，表明其开凿年代也大致相当。148窟在两大像窟之间，也是一座大像窟，可能是较晚阶段补凿的。该区段通过第一类组合的BI型实现了由中心地带向两端的扩展。BI型洞窟组合由僧房窟和套斗顶方形窟构成，包括130、130A、131、132窟，133、134、135[1]窟，164、165窟，166、167、168、169、170窟。

---

〔1〕《大史》第六卷第三十三章第二节，Rhys Davids, T.W. and H. Oldenberg, trans. "Vinaya texts translated from the Pali", 1882. 洞窟是用于储藏物品的五种建筑之一。

〔2〕 第一阶段60[1]窟是一个大型的储藏窟。第二阶段60[2]窟地面降低，沿两侧壁开凿出长石台；侧室很可能被封闭，洞窟被改建成方形窟。第三阶段60[3]窟用木材和土坯建成立柱，最终改建成大像窟，后室雕凿出一个大型涅槃台。

〔3〕 关于47和70号大像窟参见本书第六章。

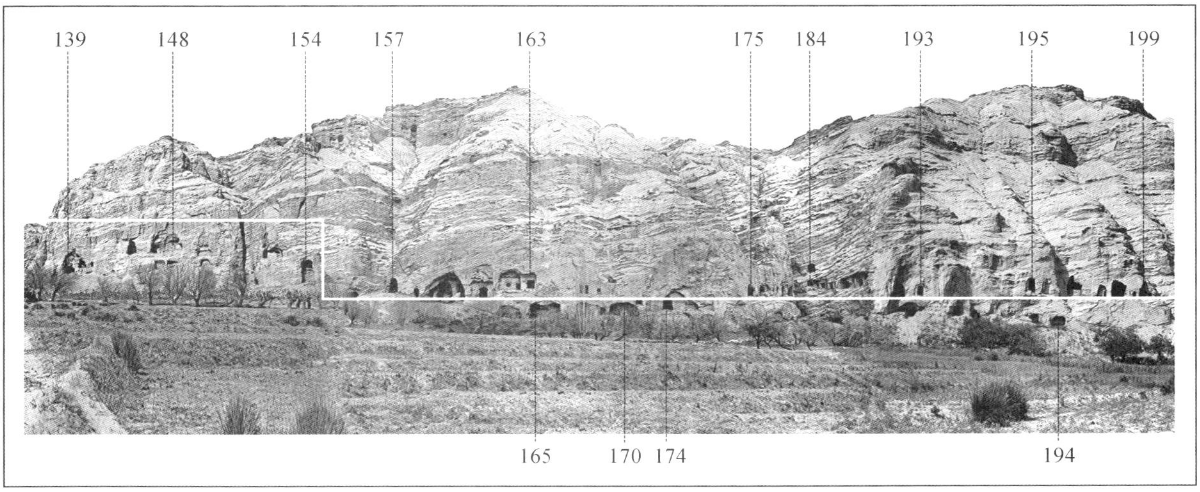

第二章　克孜尔的洞窟组合、区段和年代

图32　克孜尔第三区段洞窟分布示意图。谷内、谷东区第三区段的洞窟开凿于近地面处；图中白线上方位置较高的洞窟属于第五区段（照片由柏林亚洲艺术博物馆提供，编号为MIK B 1378）。

区段内时代最晚的一批洞窟主要位于170窟东侧，有173、174、174A和174B窟，177窟之下的一个几乎完全坍塌的未编号洞窟（可能是某一组合仅存的洞窟正壁残迹），188至191窟，194A和194B窟，以及位于区段最东端的232至235窟。目前这些洞窟中基本没有壁画残留，严重的损坏大大阻碍了对装饰题材的研究，但参考德国吐鲁番探险队的笔记和照片可知，该区段的壁画风格或为A种画风[1]。

4. 第四区段

第四区段位于谷西区西段，包括了1至43窟（图33）。划分这一区段的边界相对容易：西与遗址的西端边界重合，东至42、43窟组合，它们距其上第二区段的44窟约15米，无法沟通（参看图11、76）。这里在第一阶段有第一类组合，如33、34[1]窟，但后来被改建成由33、34[2]、34A、35窟构成的第二类组合（参看图21）。该区段最为典型的洞窟组合是第二类组合的A型，即由一个中心柱窟、一个方形窟和一个僧房窟构成。最后阶段开凿三个组合，均属第二类组合的C型，但都未完成。第四区段的僧房窟拥有许多共同特征，诸如甬道尽头设有储藏室，主室内有禅床，四壁涂草泥和白灰浆，底部近地面处绘有红褐色装饰带。

―――――――――

〔1〕　格伦威德尔《新疆古佛寺：1905—1907年考察成果》，213–220。

47

图33 克孜尔第四区段洞窟立面分布图。该区段西侧洞窟开凿于崖面的不同高度，东侧洞窟则基本沿同一水平位置排布（照片由柏林亚洲艺术博物馆提供，编号为MIK 01）。

5. 第五区段

第五区段由第二类组合构成（图34）。在谷东区包括158至201窟之间的洞窟，位于第三区段的洞窟之上；在谷内区的西侧崖壁则包括86至107B窟之间，不包括稍低处92至95窟以外的洞窟。尽管崖壁面积并不大，但第五区段却包含了克孜尔约一半的中心柱窟。谷东区崖壁不如谷西区，其结构并不适合开凿石窟；岩壁蜿蜒起伏，必须遴选出高质量的岩石，这直接导致了一些洞窟组合位置不佳。但该区段的洞窟却保存得相对完好，而且存留了大部分前室。这一区段鲜有僧房窟且多已废弃，主室被改建成中心柱窟（如172[2]、199[2]窟），或方形窟（如189[2]窟），甬道则被改建成小型带装饰的洞窟。与之相应的是，洞窟前面有一大片平地，推断原来应该有地面建筑。第五区段的一大特点是开凿在相对较高的位置，一般位于第一类组合之上，显然是有意通过高度差来分隔这两个区段。该区段的组合主要有三型，包括由中心柱窟和僧房窟构成的B型组合：158、159窟，162、163窟，171、172[1]窟；由两个中心柱窟构成的C型组合：171、172[2]窟，178、179窟，184、186窟，192、193窟；后期又通过发展和改造

第二章　克孜尔的洞窟组合、区段和年代

原有组合而形成的由五个中心柱窟构成的D型组合：97—101窟，175—180窟，195—199窟。区段内所有中心柱窟的壁画均属于B种画风。题材内容十分丰富，D型组合中几乎可见到克孜尔石窟所有的壁画题材。

6. 第六区段

第六区段地处谷内区的最里端，主要依据其所处的相对独立的地理位置来界定（图35）。唯一的入口在南面，地形并不适于建造地面建筑，由此也限制了该区段的进一步发展。由于对面山崖高峻，绝大多数洞窟坐北朝南且位置较高，可能是为了保证获取充足的光线。此区段虽然洞窟数量不多，但其构成却异常复杂而且难以解释，且多为第一类组合。西段为110、111及111A窟组合，通过岩体内的阶梯隧道能够登临（参看图61）。110号方形窟中绘有60幅佛传故事，形制独特的111窟和111A僧房窟为其提供了修行和生活的场所。区段中心位置被116、117和118号方形窟占据：三窟毗邻且壁画都属于A种风格，但结构迥异，高度不同，不可归为同一组合。区段最东边有高处的120号方形窟和

图34　克孜尔第五区段158至191窟立面分布图。谷东区第五区段占据了第一类组合——由方形窟和僧房窟构成——上方的崖面，克孜尔石窟寺院中位置较低的洞窟年代通常早于位置较高的洞窟。该区段内后期还增建了一些洞窟，如159号中心柱窟和160号方形窟（照片由柏林亚洲艺术博物馆提供，编号为MIK B 1826）。

区段与组合——龟兹石窟寺院遗址的考古学探索

图35 克孜尔第六区段112A至121窟立面分布图与联合平面图。该图展示了谷内区主要洞窟，均开凿于朝南的崖面上，其中116、117、118窟的年代可能最早。该区段内仅有114窟为中心柱窟（照片由柏林亚洲艺术博物馆提供，编号为MIK B 0606）。

第二章　克孜尔的洞窟组合、区段和年代

121号僧房窟构成的C型组合，现已无法到达。第六区段内只有114号中心柱窟和115号僧房窟属于第二类组合的B型（参看图63）。114窟雕凿精细，壁画精美，遗迹显示出的木构前室和窟内木结构也十分精巧。该组合后期借助113号岩体内的阶梯隧道得以扩展，增加的洞窟集中于上部。值得注意的是，目前克孜尔石窟仅发现七条阶梯隧道，而在本区段就有三条，分别通往110、112和121窟[1]。119[2]窟是一个没有装饰的大型洞窟，由早期的两个洞窟合并而成，很可能是一处讲堂窟（参看图35）。

7. 第七区段

第七区段位于后山区（图36），与克孜尔石窟中心地带相距甚远，只占据了不大的一块崖壁，加之当地并未发现水源和植被，说明该区段开发于较晚阶段。此区段可以进一步分成前区（202至219窟，230和231窟）和后区（220至229窟），包括了第一类和第二类洞窟组合，但区段成因还有待进一步研究。

四、遗址分期

若要建立一个针对克孜尔遗址整体有效的分期体系，必须尽可能考察所有洞窟。这一项工作需要考虑类型排比所提供的每个洞窟的相对年代，同时也应充分关注洞窟组合所包含的年代因素。通过同类洞窟的类型学排比可以推知每种洞窟类型的年代序列，但这种方法不能解决不同类型洞窟间的相对年代问题。洞窟组合的核心洞窟开凿于同一时期，因此洞窟组合可以提供不同类型洞窟的共时性关系，并且洞窟组合的扩张可以看作一种打破关系，这也可以为同类洞窟年代排比提供可靠信息。只有对同类洞窟的年代序列、洞窟组合中核心洞窟的共时关系，以及各种叠压打破关系等信息综合分析，才有可能形成遗址的合理分期。

---

〔1〕 其他四条阶梯隧道还保留了两个，分别通向36窟和90至105A窟组合；另外两条中的一条可见于早期照片，位于42、43窟组合前。最后一条在153窟前，虽然岩壁大部分坍塌，但存有阶梯隧道的痕迹。

51

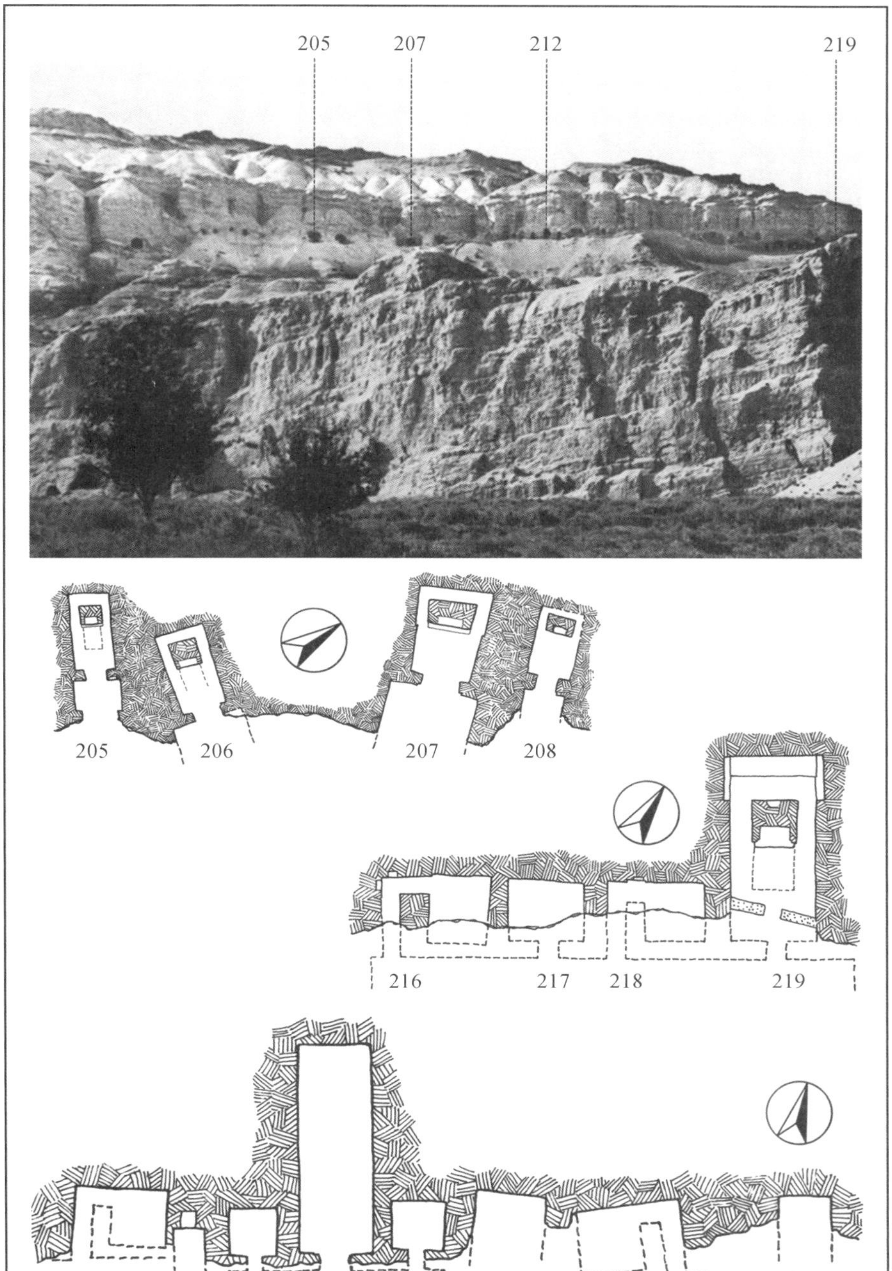

区段与组合——龟兹石窟寺院遗址的考古学探索

图36 克孜尔第七区段202至219窟组合立面分布图与联合平面图。该区段位于后山，包括了两类洞窟组合并且呈现出复杂的布局形态（照片由柏林亚洲艺术博物馆提供，编号为MIK 0644）。

第二章　克孜尔的洞窟组合、区段和年代

表1总结归纳了克孜尔石窟中迄今可识别类型洞窟的分期[1]。表中将克孜尔石窟初步分为四期，并展示了两类洞窟组合的独立发展情况；同时也表明了每类洞窟的年代序列，以及每个洞窟组合的演变。表格中"其他"纵列中为尚未界定出所属组合的洞窟，依据它们所属区段进行排列（表1）。

1. 第一期

第一期开凿活动主要集中于第一区段，这里取水便利，崖壁前有大片平地。属于这一时期的洞窟是1990年发掘的，此前不为人知[2]。包括90-18、90-19、90-20号方形窟，以及90-17、90-21、90-23和90-24号僧房窟。窟前平地并未进行发掘，这里有可能存在与之有关的地面建筑遗迹。

开凿活动似乎仅限于崖壁低处几个彼此相邻的洞窟。90-17和90-19窟通过开凿于岩体内的隧道相连，90-18号方形窟通过开于甬道中部的门进入，它们形成的这一现象不见于龟兹其他洞窟遗址。这一时期其他洞窟虽彼此毗邻，却没有构成组合的迹象。尽管残损严重，但仍然能够观察一些建筑特点。僧房窟主室多为纵券顶，一阶叠涩。保存较好的两个洞窟（90-21、90-23窟）在甬道尽头开凿有小室，90-17窟内开凿有禅床。方形窟平面呈纵长方形，纵券顶，一阶叠涩或有或无，没有发现壁画痕迹（参看图10）。

目前很难确定第二区段储藏窟的年代序列，也没有相应的碳十四测定。不排除一些储藏窟开凿于第一期的可能性。

该期残缺不全的资料依旧能为我们提供一些有关克孜尔石窟初期活动的有益信息。方形窟与僧房窟相互毗邻，组合属性不明显，没有绘塑装饰痕迹。这一高耸峭拔的崖壁与其前方开阔的平地，加之靠近水源，是孕育克孜尔佛教活动的理想之地（图37）。

2. 第二期

第二期的开窟活动在第一、二区段继续发展并扩展至第三区段。这一期发

---

〔1〕　这些洞窟不包括储藏窟。
〔2〕　值得注意的是宿白曾经提示，克孜尔石窟存在比他所提出的三个发展阶段更早的初期阶段。目前1990年发掘的这批洞窟代表了遗址最早的阶段，但不能排除日后更早遗迹的出现。宿白《新疆拜城克孜尔石窟部分洞窟的类型与年代》，35。

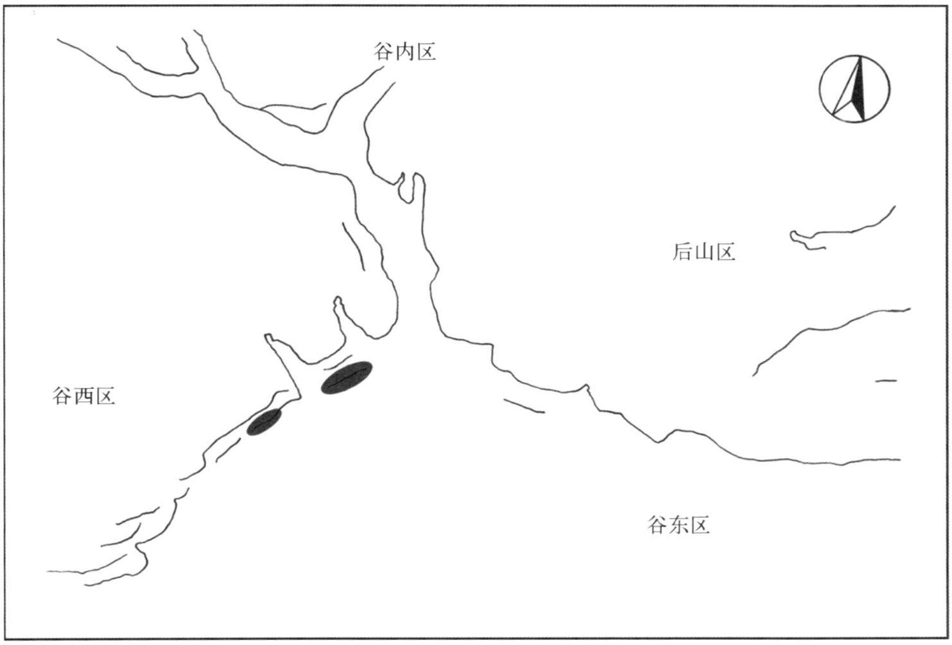

图37 克孜尔第一期洞窟分布示意图。

谷内区

后山区

谷西区

谷东区

现的洞窟组合均为第一类组合,属于该期的洞窟组合及相关洞窟有:76[1]窟,90-12窟,90-15、90-16窟,130、130A、131、132窟,133、135[1]窟,141、142窟,144、149A、149窟,164、165窟,166、167、169窟。

　　第一区段内僧房窟和方形窟得以继续开凿,但位置距地面更高,组合规划也更为有序,如90-15、90-16窟。窟内绘制壁画很可能从此期开始。根据该区域现存壁画残片,可以判定其属于A种画风[1]。此外,第二区段也增建了储藏窟。

　　第三区段开始凿建洞窟,可以辨识出属于第一类组合的三种不同型式,即A、BI和C型[2]。144、149A和149窟组合为A型组合的代表。149A窟在德国吐鲁番探险队考察期间有所保存,壁画属于A种画风,题材为长卷的佛教故事,窟

---

〔1〕　本区段的所有洞窟中,目前仅发现77窟后室残存壁画。76[2]窟主室的壁画被带往德国,但前室的壁画还有部分保留;75窟和上层其他洞窟前室残存有壁画,但现在无法登临进一步观察。壁画中大部分漫漶不清,但通过参照对比可知它们都应该属于A种画风。

〔2〕　第三区段的一些洞窟尚未得到辨识。139窟窟前地面露出另一个洞窟的一部分,142窟的窟前痕迹反映该窟是在另一洞窟崩塌后开凿的,154窟右侧地面也露出了另一洞窟的上部,158窟前下方15米处发现过一个僧房窟,在发掘时坍塌。在克孜尔,洞窟一般都自下而上开凿,它们的年代都应该早于现存洞窟,但是目前受资料限制,还无法进一步研究。

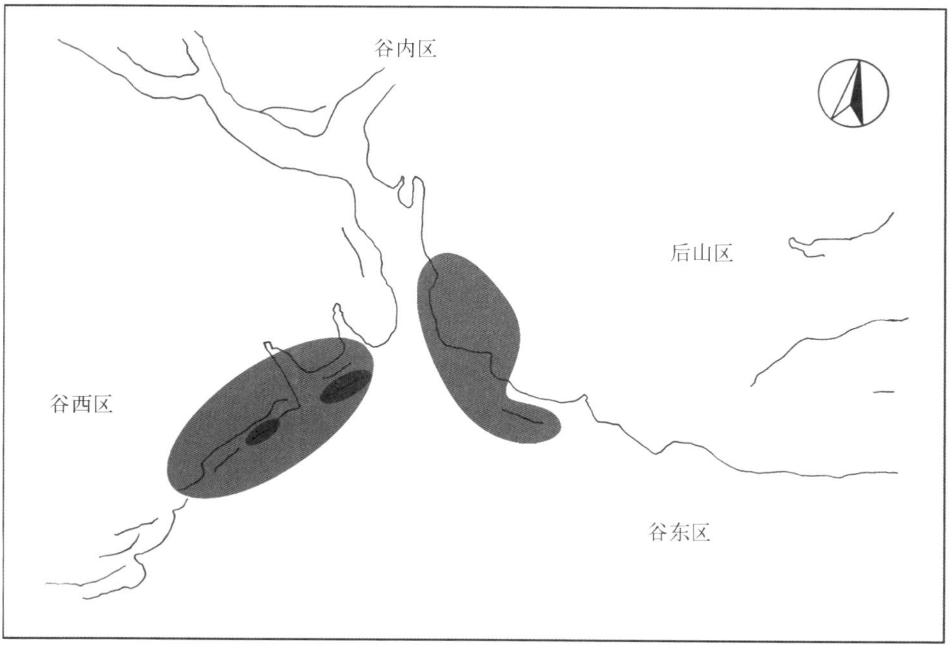

第二章　克孜尔的洞窟组合、区段和年代

图38　克孜尔第二期洞窟分布示意图。

中央设置安放塑像的佛坛[1]。该组的其他洞窟已大部分损毁，难以获取详细信息。BI型代表洞窟组合分布于第三区段两端：包括130、130A、131、132窟，133、134、135[1]，164、165窟，166、167、168、169、170窟。C型代表洞窟组合有90-15、90-16窟，141、142窟。该区段壁画保存极少，尚无法确定绘画题材范围。除了149A窟的故事画之外，套斗顶主要装饰几何图案、佛像和金翅鸟，这些壁画可被视为A种画风的特殊演变。166和167窟的左壁上开有小龛，可能为放置塑像所用（图38）。

3. 第三期

第三期的开窟活动在遗址内所有区段都有发现。

属于第一类的洞窟组合及相关洞窟有：27[1]、28、29窟，33、34[1]窟，51+52窟，66、67、68窟，69[1]、新1[1]窟，71A窟，76[2]窟，78、79、80[1]窟，81窟，82、83、84窟，90-14窟，93窟，110、111、111A窟，116窟，117窟，118窟，120、121窟，124、125窟，143窟，145、146、147窟，153窟，156窟，173、

─────────────
〔1〕　格伦威德尔《新疆古佛寺：1905—1907年考察成果》，213–220。

55

174、174A、174B窟，188、189+190[1]、191窟，194、194A窟，211窟，212[1]窟，212[2]窟，213窟，214窟。

属于第二类的洞窟组合及相关洞窟有：7窟，15、16、17窟，12、13、24窟，2、3、4窟，5、6窟，18、19窟，30、31、32窟，80[2]窟，155窟，158、159窟，162、163窟，171、172[1]窟，172[2]窟，178、179窟，184、186窟，192、193窟，207窟。

大像窟有47窟、48窟、77窟、60[3]窟、139窟、154窟。

第一区段开窟活动依旧活跃，于此期凿建了区段内唯一的大像窟——77号大像窟。新增的81窟和82至83窟开凿于崖壁凸起的东侧，75窟上方崖壁还有一些现已无法辨认的洞窟。

第二区段继续开凿储藏窟，但同时从第三期开始建造礼拜窟，例如60[2]窟被改造成60[3]号大像窟。出现了67号方形窟和66、68号僧房窟形成的组合。另外，51+52号僧房窟及69[1]、新1[1]两个大型方形窟均开凿于这一时期[1]。除了大像窟外，这一时期在本区段开凿了由僧房窟和方形窟构成的组合：有迹象表明，最早将第二区段用于礼拜目的很可能是由于第一区段扩展的需要，因为大面积崖壁已被先前开凿的洞窟占据，缺少适合的空间来续凿新窟[2]。47、48窟，可能是龟兹最早的大像窟，也位于第二区段[3]。

第三区段新开凿了一些属于第一类组合的洞窟，其中大部分由于破坏严重未能进行类型划分。该区段的扩展包括175至180窟组合下方新建的洞窟及195至199窟组合下方的194至194B窟[4]。

第四区段出现了中心柱窟，绘塑装饰属于B种风格。7窟，15至17窟，12、13、24窟，2至4窟和30至32窟。随后，2至4和15至17洞窟组合均被扩大，各自增添了两个僧房窟，分别为5、6和18、19窟。

第五区段的开窟活动始于第二类组合的B型，由一个僧房窟和一个中心柱

---

〔1〕 70号大像窟的位置表明它的时代晚于69[1]、新1[1]两窟。

〔2〕 如果有关第二区段扩展的论断正确无误，第四区段出现的27[1]至29窟组合及33和34[1]窟组合应该是为寻找合适空间以开凿第一类组合的结果。随着第二类组合的出现，第四区段停止开凿第一类组合，上述两个洞窟组合也被改造为第二类。

〔3〕 除了77窟，其他所有大像窟都凿于第二、三区段。尽管它们与邻近洞窟或地面寺院的关系不明，但应该不会出现于遗址发展的初期阶段。由于缺少与其他类型洞窟直接的联系，无法通过对比的方式来为大像窟断代，本文提出的数据只是暂时性的。

〔4〕 这些组合的位置与164至170窟组合的位置相似，均开凿在岩壁的低处，之后又在它们之上开凿了第二类洞窟组合。

窟组成。有三个组合属于此型,它们毗邻而建,即158和159窟,162和163窟,171和172[1]窟,以上各组合中的两窟共用一间木构前室[1]。第二类组合的C型由两个中心柱窟构成,也在本期出现:171、172[2]窟[2],178、179窟,184、186窟及192、193窟。

相对孤立的第六、七区段在这一时期得到了开发。如上文所述,排比出第六区段洞窟的序列异常艰难。崖壁中部的211、212[1]和213窟代表了第七区段最早的发展阶段。212[2]窟是稍后的改建,与此同时在原始组合的两端增建了一些新的洞窟。本期两个区段内的所有洞窟都属于第一类组合。

简言之,第三期的开窟活动极其活跃,遗址各个区段普遍获得发展;新型的洞窟组合出现,一些早期洞窟被改建为其他类型洞窟。克孜尔石窟中几乎所有的壁画题材在此期均有发现(图39)。

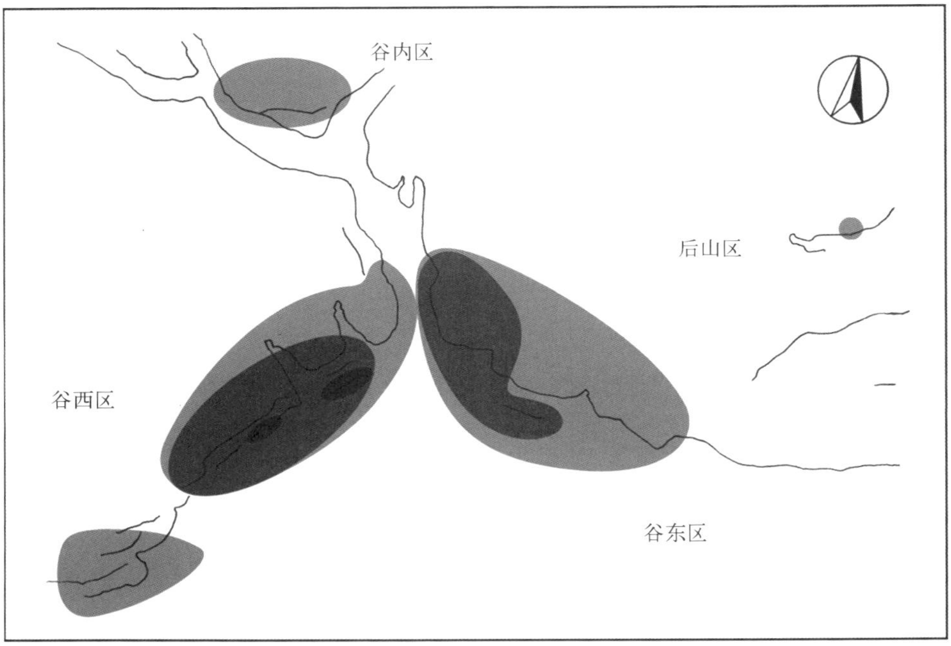

图39 克孜尔第三期洞窟分布示意图。

〔1〕 162、163窟的前室在三个组合中保存最好,前文已有描述。171、172[1]的前室已经坍塌:左部残留部分痕迹,分析早期的照片可以得到更清楚的认识。158、159窟前有椽眼遗迹,表明这两窟前也有前室。

〔2〕 该组合的发展表现为先前的171[1]号僧房窟改建为171[2]号中心柱窟,洞窟的改建代表了两种窟型在类型学序列上的前后关系。

区段与组合——龟兹石窟寺院遗址的考古学探索

4. 第四期

第四期包括克孜尔约半数的洞窟。

本期第一类组合洞窟数量明显减少，代表性的组合及相关洞窟有：65窟，75窟，85窟，94、95窟，98[2]窟，112、112A、112B、112C窟，127、128、129窟，134、135[2]窟，138窟，140窟，161窟，168窟，170窟，189窟，190窟，203窟，204窟，209窟，210窟，215窟，221、222、223窟，225窟，226窟，228窟，229窟，230、231窟，232、233、234、235窟。

这一时期第二类组合发展活跃，代表性的组合及相关洞窟有8、9、9A、10、11窟，14窟，20、20A窟，22、23窟，26B、26、27[2]窟，34[2]、34A、35窟，36窟，37窟，38、39、40窟，42、43窟，57、58窟，62、63、64窟，69[2]、新1[2]窟，86、87、88窟，91窟，96窟，97、98窟，99窟，100窟，101、102、103窟，104、105、105A窟，106、107A、107B窟，114、115窟，123窟，126窟，136窟，160窟，175窟，176窟，177窟，180窟，181窟，182窟，183窟，185窟，187窟，195、196窟，197窟，198[1]、199窟，198[2]窟，201窟，205、206窟，207、208窟，216、217、218、219窟，224窟，227窟。

大像窟有70、148、157窟。

这一时期还开凿了大量小型洞窟，通常开凿于早先的第一类和第二类洞窟组合附近。一些遭废弃的僧房窟甬道被改造为饰有壁画的小型纵长方形窟，如34、172、198窟；另一些小型洞窟壁画模仿大型洞窟，如85、138、168、177、182、183、185、187和210窟。

第二区段里增建了若干第二类组合及相关洞窟：如57、58窟以及62、63、64窟。69[1]和新1[1]号方形窟在这一时期改建为中心柱窟69[2]和新1[2]窟。

第三区段的开窟活动由于现有保存状况较差难以鉴别。唯一明确的证据是区段向东扩展至232—235窟。同第二期与第三期相比，本期该区段的开窟活动大为缩减。

第四区段的发展在这一时期到达顶峰：第二类组合的A型仍然开凿，如8至11窟，33至35窟，38至40窟。开窟活动的晚期，出现了由一个僧房窟和一个中心柱窟构成的新型组合（B型），如20和20A窟，22和23窟，42和43窟。

第五区段的开窟活动十分活跃。谷内区西侧距谷底约40米的崖壁上开始凿建龟兹最大的洞窟组合，包括104、105、105A窟和101、102、103窟。谷东区继续建造第二类洞窟组合：198、199窟，195、196窟。后来的一段时期内，谷内区和谷东区的一些组合加入新的中心柱窟,形成了五个中心柱窟组合:97至101窟,175至180窟,195至199窟。在以上三例中,最后增建的洞窟其壁画题材为克孜尔晚期出现的题材之一——千佛。此外一些中心柱窟被单独修建,不属于任何组合,这是克孜尔出现的新现象。

时代最晚的70、148和157号大像窟修建于这一时期,其共同特征是由大立佛代替中心柱。

自第四期,开窟造像活动开始走向衰落,并最终结束。在早期组合的前室或其附近开始开凿模仿大型洞窟的小龛,装饰也基本相同。至衰落阶段,新建洞窟极少,其中有一些并未完成,如谷西西段的42和43、20和20A、22和23窟。尽管开窟活动日渐趋缓,但一些洞窟仍可能被长期使用并被不断修葺。开窟活动逐渐停顿,但寺院生活可能仍持续较长一段时间[1]。

认为僧房窟在第四期逐渐减少是不正确的,因为几乎半数僧房窟都属于这一时期。它们主要集中于后山区和谷内区,并且第四区段内带有僧房窟的传统寺院模式也持续到第四期。不过,谷东区僧房窟的开凿有所减少,前期开凿的僧房窟也被改造为礼拜窟。可见,僧房窟主要开凿在不便建造地面寺院的区域。我们认为克孜尔可能存在两个主要的地面建筑区:其一位于第一区段洞窟前,始建年代较早;其二位于谷东区中心柱窟组合前,建造年代明显较晚(图40)。

五、绝对年代

历史或佛教文献史料没有相关的直接记载,加之洞窟内仅有凤毛麟角的几则纪年题记,使得探寻克孜尔石窟寺院的绝对年代困难重重。本文先前的章节是在田野工作的基础上,为建立遗址的相对年代所进行的努力,相对年代通常在研究中被忽视,但却必不可少,是在克孜尔石窟建立有意义且可靠的绝对年代判断的基础。

─────────

[1] 开窟活动停止和遗址最终废弃是两个不同的概念,需要仔细加以区分。一旦没有足够的力量开凿石窟,僧人数量会逐渐减少,而后开窟活动会在某一时刻停止,但存留的洞窟仍然可以满足僧团的需求,也就是说,开窟活动结束多年以后遗址才会完全废弃。

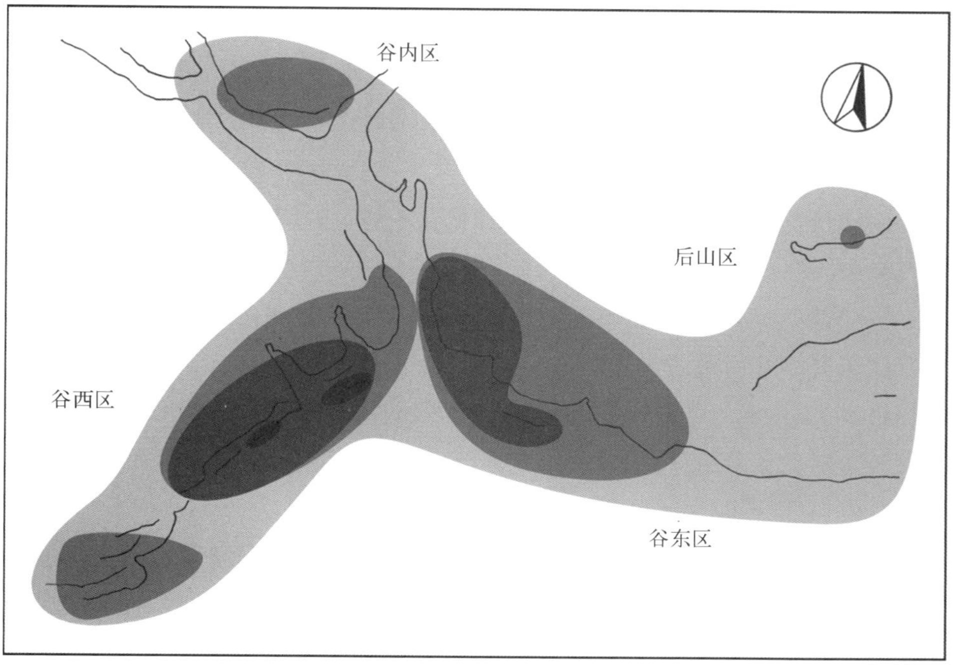

图40 克孜尔第四期
洞窟分布图。

克孜尔石窟最可靠的绝对年代来自205窟[1]，这也是克孜尔仅有的发现，洞窟中的题记记录了王室成员姓名[2]，也间接传达出洞窟建造年代的信息。宿白还通过类型学的比对间接获得了一个可靠年代，他详细分析了8窟供养人服饰上的联珠纹[3]，指出阿斯塔那墓地与中国西北其他墓葬都曾出土过带有相似图案的丝绸，而这些墓葬的年代在582年至687年之间。马世长的研究则提供了另一个可靠的时代信息，他证明了库木吐喇C种风格的年代大约在750年到850年之间[4]。克孜尔以C种画风装饰的洞窟只有43窟和229窟。值得注意的是43窟开凿后便遭到了废弃，后期在窟内局部绘制壁画。229窟作为禅定窟，

---

[1] 另外，《克孜尔石窟内容总录》页2记录69[2]窟窟室门楣上方的半圆端面绘制佛陀鹿野苑说法场景，佛陀左侧绘国王和王后，国王的光环上有供养人题记，皮诺（Pinault）1994年释读为"利益金华故，寺窟为其子所造"，这则材料亦为学界普遍采用。然而，经笔者查证，皮诺本人并未确认其"金华"王名的释读，相关年代信息需存疑。

[2] 根据205窟发现的皇室成员姓名，瓦尔德施密特（Waldschmidt）确定了该窟的年代为6世纪末。A. von Le Coq, E. Waldschmidt, *Die Buddhhistische Spärtantike in Mittelasien*, 28-39.

[3] 宿白对克孜尔石窟的断代是一项突破性研究，将石窟材料与纪年材料，如墓葬进行对比。宿白《新疆拜城克孜尔石窟部分洞窟的类型与年代》，33，注释8。

[4] 马世长《库木吐喇的汉风洞窟》，203-224。

第二章　克孜尔的洞窟组合、区段和年代

开凿时通常不绘壁画,现存壁画应属后期增绘。两窟装饰的年代当与库木吐喇的C种风格壁画同时。

由于所有提供可靠断代依据的洞窟大多数属于第四期(8、43、69[2]、205和229窟),所以不妨将580—600年这一时段作为最后一期的年代上限。鉴于库木吐喇的C种风格肇始于750年,且这一风格仅在克孜尔43窟和229窟出现,可以合理地推测主要的开窟活动在这时就已经结束了[1]。

20世纪80年代,碳十四测年首次应用于克孜尔石窟的研究,之后不断被各国学者使用,获得了大量数据,其中部分数据自相矛盾。由于缺少其他绝对年代信息,大多数学者过度"参考"碳十四数据,而在缺少可靠相对年代体系作为基础的前提下,这些数据都难以最终解决克孜尔的年代问题。

六、结语

克孜尔的考古调查表明,该遗址由两类洞窟组合构成,它们分别存在于不同的区段,并且在绝大部分的时间内独立发展。

考古调查应当考虑并旨在解释遗址中所有的遗迹现象。由于克孜尔洞窟已发表的材料集中于数量不到遗址洞窟总数三分之一的装饰洞窟,本文在描述和分析组合类型时,多参考洞窟和组合的形制及分布,极少涉及洞窟的绘塑装饰。图像学有其独特之处,但目前还有待全面而深入的研究以揭示两类组合的题材差异。仅就本节所论问题而言,有几点值得注意。

首先,需要明确的是克孜尔第一期洞窟没有装饰。最早的壁画属于A种风格,仅见于方形窟而且多属第一类组合。尽管装饰洞窟相对较少,但每一个都独一无二。相反,大部分中心柱窟的壁画都是B种风格,布局模式化:主室主壁描绘佛陀帝释窟说法,窟顶中脊绘制天相图,两侧为菱格本生或因缘故事,侧壁绘制说法图,门楣上方的半圆上绘有一尊被天人环绕的说法菩萨。甬道壁画的题材多种多样,但均与涅槃故事有关。中心柱窟内不可或缺的主室正壁帝释窟说法和后室涅槃图像,在方形窟中很少出现而且不占主要位置。装饰布局暗示

---

〔1〕 这一时期龟兹建立了安西都护府,众多汉地僧人从首都长安前来,开始参与到龟兹地区的佛教活动中。荣新江《关于唐宋时期中原文化对于阗影响的几个问题》,401–424。

61

出两种不同的做法：中心柱窟严格地划分空间，将简化的故事场景描绘在菱格或方格中，而方形窟的壁面使用更为灵活，或通壁满绘或卷轴式布局，这使得题材表现更加生动。方形窟和中心柱窟中壁画的不同风格、题材和布局，进一步验证了本文所认为的克孜尔存在两类洞窟组合这一观点的正确性。

前文提出的遗址初步分期表明，由于至少在一定时期内两类组合同时开凿于遗址的不同区段，因此不能以简单的早晚关系来理解它们。在笔者的博士论文中提出了这样的假设，即两类组合暗示了在克孜尔可能同时存在过小乘佛教的两个不同部派。这一推论有文献依据，汉文史料曾提到在这一区域存在两个不同的部派，并且在克孜尔出土了与之相关的文书[1]。尽管如此，我们仍不能排除克孜尔洞窟所呈现出的差异可能源于说一切有部内部的分歧，而不是因为部派的差别[2]。判断两类组合的宗教属性属于佛学研究的范畴，而从考古调查搜集的资料显示，克孜尔最早的佛教活动由使用第一类组合的僧团开启，稍后阶段，使用第二类组合的僧团，与使用第一类组合的僧团共处一段时间并不断发展壮大，最终成为克孜尔唯一的佛教势力。

本文以笔者博士论文为基础，旨在为其他研究克孜尔石窟的学者提供参考数据，因此不免琐碎繁杂。类似的摘要曾用英文发表，参见 G. Vignato, "Archaeological Survey of Kizil － its Groups of Caves, Districts, Chronology and Buddhist Schools" 56/4, 2006, pp.1–58, *East and West*, 359–416。

---

〔1〕 玄奘在描述龟兹佛教时提到："屈支国……伽蓝十余所。僧徒二千余人。习学小乘教说一切有部。"尽管义净没有到过龟兹，但根据从印度获取的信息，他认定龟兹、于阗及乌长那国有法藏部、化地部和饮光部的僧人，而他们的主体属于说一切有部和根本说一切有部。参见义净著，王邦维校注《南海寄归内法传校注》，28。

〔2〕 魏正中、桧山智美 著，王倩 译《龟兹早期寺院中的说一切有部遗迹探真》，上海古籍出版社，2024年。

第三章　库木吐喇石窟遗址

库木吐喇遗址在库车市区以西20公里，扼守着纵贯却勒塔格山的木札提河谷的南口，因附近的一个村庄而得名[1]。库木吐喇实际由若干经历长时段发展的彼此独立却又相互联系的遗址构成，主要包括夏合吐尔和乌什吐尔两处地面遗址以及谷口区和窟群区的上百座洞窟。地面遗址的位置和布局类似于苏巴什隔库车河相望的东西两寺[2]，洞窟则沿木扎提河东岸及其支流两岸的崖壁开凿，南北延伸超过3公里（图41）。库木吐喇遗址中的洞窟部分是本文的研究重点，由于目前还没有出版考古报告，本章暂时在个人田野调查的基础上，对一些关键问题进行尝试性探索。

库木吐喇石窟通常被认为是一处石窟寺院，但拥有33座洞窟的谷口区和包括80个洞窟的窟群区却各自独立编号。谷口区和窟群区不仅相距较远，而且在布局、洞窟类型以及绘塑装饰上也有差异，应该是两处不同的寺院。谷口区发展较早，而规模甚大的窟群区则比较晚，两者的年代跨度似乎相当大，以下我们将分别描述和分析两区。

一、谷口区

谷口区毗邻乌什吐尔，洞窟开凿在松散的粗粒砾岩上，大部分现已不同程

---

[1]　近代学者对库木吐喇石窟的研究始于20世纪初；在这些早期工作中，最重要的研究来自格伦威德尔。格伦威德尔《新疆古佛寺：1905—1907年考察成果》，17-67。20世纪80年代北京大学开展了大规模的田野工作，见新疆维吾尔自治区文物管理委员会、拜城县克孜尔千佛洞文物保管所、北京大学考古系《中国石窟·库木吐喇石窟》，1992年。遗址中的单个洞窟基本信息可看新疆龟兹石窟研究所《库木吐喇石窟内容总录》，2008年。

[2]　夏合吐尔和乌什吐尔并非本文研究的重点，但它们具有极其重要的研究价值，可为理解龟兹石窟寺院与地面遗址间的关系提供有益线索。L. Hambis, *Douldour-Aqour et Soubachi*, 1967. M. Hallade et al. eds., *Douldour-Aqour et Soubachi*, 1982.

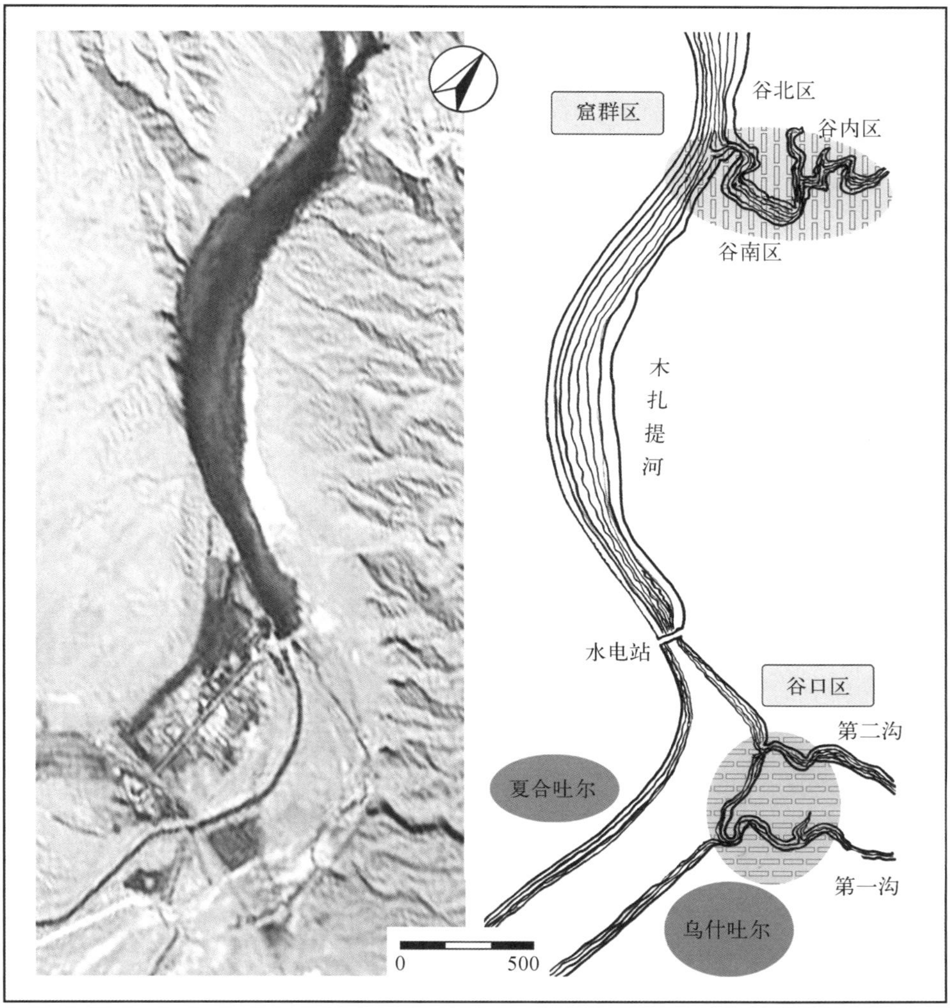

区段与组合——龟兹石窟寺院遗址的考古学探索

图41 库木吐喇遗址分布示意图。左：库木吐喇遗址分布图（根据《天地图》制作）。右：库木吐喇遗址示意图。沿木扎提河两岸分布，包括夏合吐尔和乌什吐尔地面遗址。

度地崩塌。显然石窟寺院在选址时更多考虑到邻近乌什吐尔，而不是上乘的岩石质量，这样，洞窟与地面建筑便可互相补充。绝大多数的洞窟集中在两处沟谷的高处，以避免至今仍侵袭该地区的山洪和泥石流[1]。

谷口区由两个区段组成，分布在两处谷地中，区段内的洞窟形制和内容均有不同（图42）。第一区段离乌什吐尔最近，占据第一沟，由4至19窟组成；第二区段在第二沟，由20至28窟组成。其他洞窟凿于面向木扎提河的东崖

---

〔1〕 20世纪60年代曾在该地区开凿防空洞，这些防空洞也同样残损不堪，很容易与佛教洞窟相混淆。

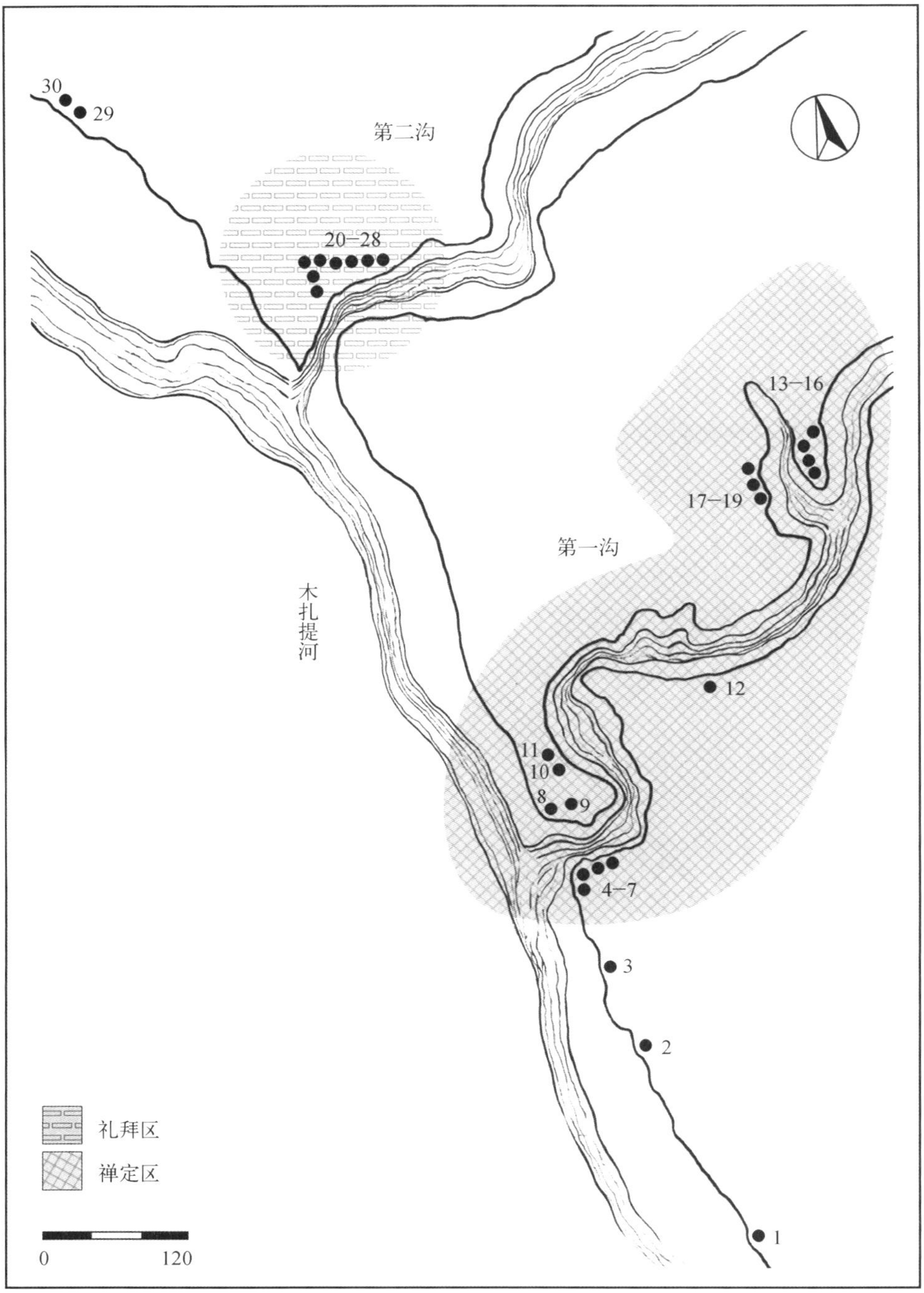

第三章　库木吐喇石窟遗址

图42　库木吐喇谷口区洞窟分布及区段划分示意图（据新疆龟兹石窟研究所《库木吐喇石窟内容总录》30与31页间插页绘制）。

壁上，即第一沟以南的1至3窟和第二沟以北的29至32窟。谷口区的三个大像窟均面向木扎提河：2和3窟位于东岸，33窟则是唯一一个开凿于西岸的洞窟。

1. 第一区段

第一区段最主要的洞窟类型是结构极为简单的长条形洞窟，券顶无叠涩，进深有时超过15米，宽度在1.2至2.6米之间，主要包括6、7、11、12、13、14、15窟（图43）。此类长条形洞窟在完成时通常会在草泥层上涂白灰浆，但没有其他装饰。一些洞窟因岩石质地不佳，破损严重，未发现草泥层残迹。长条形洞窟相互独立，只有共用同一前室的13至15窟构成一个组合。9窟的开凿活动经历了不同阶段，而且未按照原计划完工，呈十分特别的"U"形平面（图44）。17窟是第一区段中唯一的中心柱窟，其位置、平面形状以及绘塑装饰均表明该窟时代偏晚，很可能为晚期增建，并非原先规划。该窟与邻近的方形窟形成了一个组合，但由于崖壁前部坍塌而没有留下前室痕迹，不易确定这些洞窟间的关系。

在这些分析的基础上，第一区段的原初规划可以复原如下：该区段最初主要由未装饰的长条形洞窟组成，没有僧房窟和礼拜窟。与之相邻的乌什吐尔地面遗址内仅有供僧侣礼拜的佛塔和居住的其他寺院建筑，据此推测该区段很可能是乌什吐尔地面寺院的补充。

另外，库木吐喇谷口区还显示出了与苏巴什布局惊人的相似性。谷口区由木扎提河两岸的夏合吐尔与乌什吐尔以及石窟寺院组成，同苏巴什遗址的东西两寺在布局和位置上几乎雷同。苏巴什西寺可明显地分为两个区段，南区段由地面建筑遗址构成，而北区段则集中了禅定窟[1]。两处遗址的洞窟形制相同，除了纵向长条形洞窟外，谷口区的9号U形窟与苏巴什1窟类似，区别仅在于苏巴什的部分长条形洞窟有壁画装饰，而库木吐喇则没有。可见库木吐喇谷口区的洞窟主要是为居住在地面建筑中的僧团提供安静的禅定场所，形成了一个特别的禅定区域，作为地面寺院的有效补充。

---

〔1〕 苏巴什禅定窟的详细论述参见本书第七章。

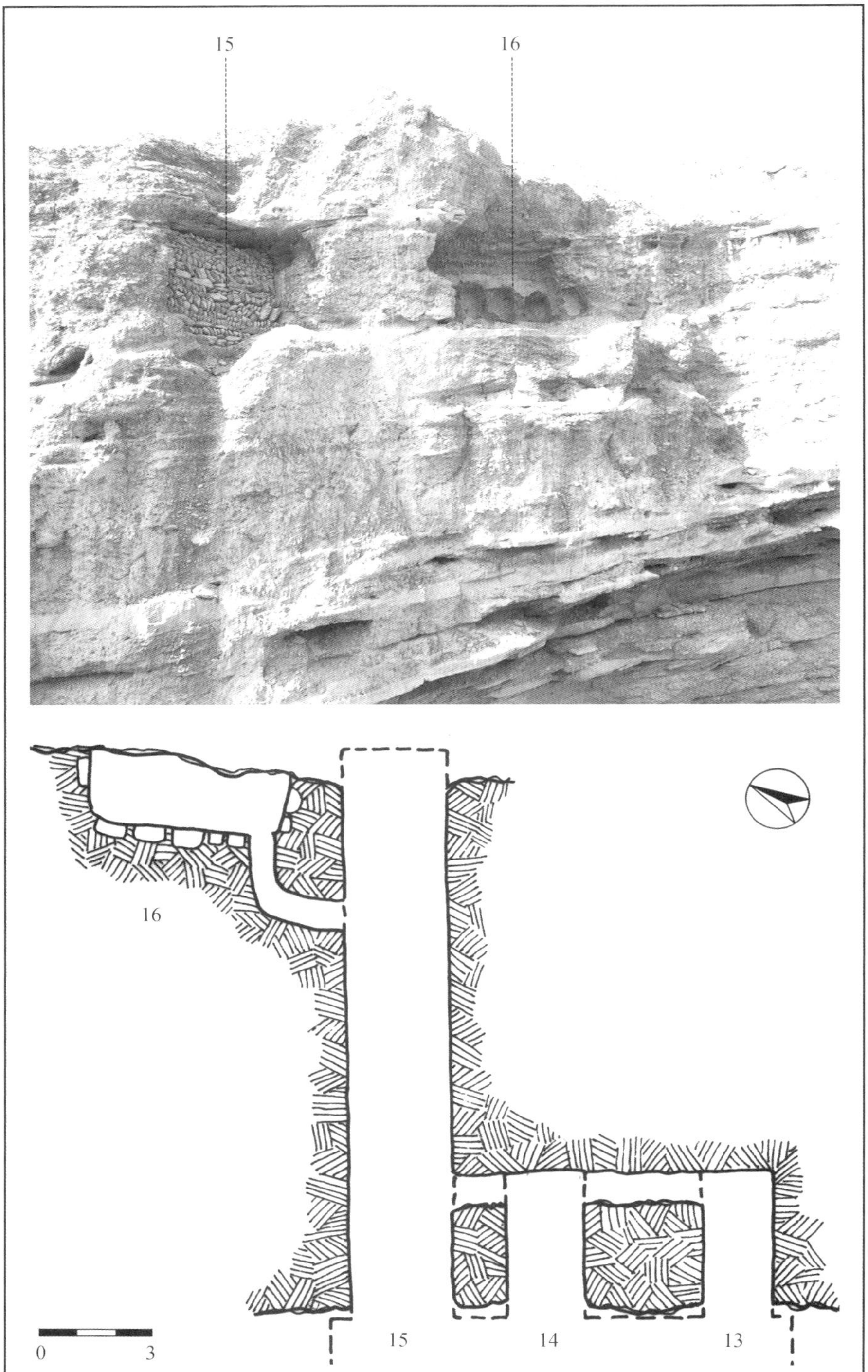

第三章　库木吐喇石窟遗址

图43　库木吐喇谷口区第一区段13至16窟联合平面图。谷口区长条形洞窟的典例为15窟，现今里端坍塌，原来应该更长。该窟与13、14窟构成一个组合，共用同一前室。三窟之间的连接结构开凿于晚期，因而不能视为洞窟自身的特征。16窟内壁面的不同高度凿有规模迥异的壁龛，推测该窟可能是一个瘗窟（照片由桧山智美提供）。

67

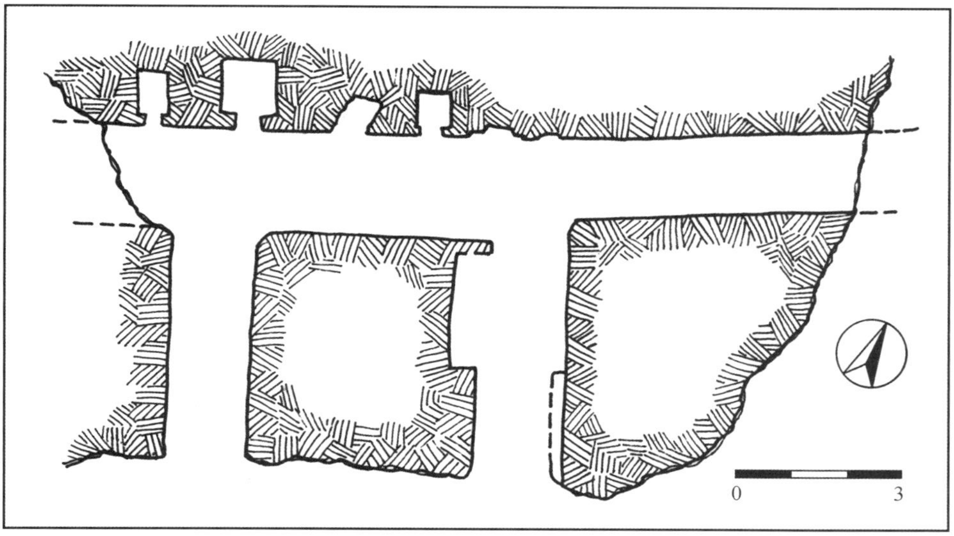

区段与组合——龟兹石窟寺院遗址的考古学探索

图44 库木吐喇谷口区第一区段9窟平面图。该窟最初可能规划为禅定窟,其外侧壁另开小室,但并未完工,窟内存留的一些标记和用于加固的土坯表明,洞窟曾在不同的阶段被修葺。

2. 第二区段

第二区段由20至28窟组成。它们集中在第二沟北面崖壁的高处,可更好地享受南面日光同时还能有效地避开山洪;与第一区段不同的是,它们都集中开凿。该区段的典型洞窟是带长门道和穹隆顶的中型方形窟,包括20、21、22、23、25、26和27窟(图45)。因崖壁表面岩石松散易碎,长甬道的存在很可能是为了利用崖壁的里端,所以长甬道也是本区段方形窟的最典型特征[1]。其中一些洞窟相对靠近,如20至23窟,这可能表示它们共用同一前室,但这些洞窟的窟前部分基本不存,无法做更进一步的具体分析。

方形窟装饰的精美壁画,有些保存至今,均属于A种画风,而且在整个库木吐喇,仅发现于谷口区的第二区段。此外,这些方形窟中还饰有塑像,如20窟的主室内保留了放置塑像的佛坛,两侧塑有狮子;进门甬道开凿了两个佛像龛,右侧佛龛保存有龟兹地区唯一保持原样而且完整的泥塑佛像,但不幸于2006年遗失。21窟进门甬道的左壁凿有一个同样的佛龛,很可能也是放置塑像之用,这似乎反映出开龛置像是该区段方形窟中的常见现象,这一现象有其特殊之处,

---

〔1〕 一些洞窟,如26窟,砾岩质地过于松散,以致需要用土坯加固墙体。另一些洞窟,窟墙外壁甚至都需要涂抹厚厚的掺杂了卵石的草泥。除了库木吐喇谷口区之外,拥有相同的长甬道方形窟和以土坯加固洞窟的现象仅见于玛扎伯哈遗址。

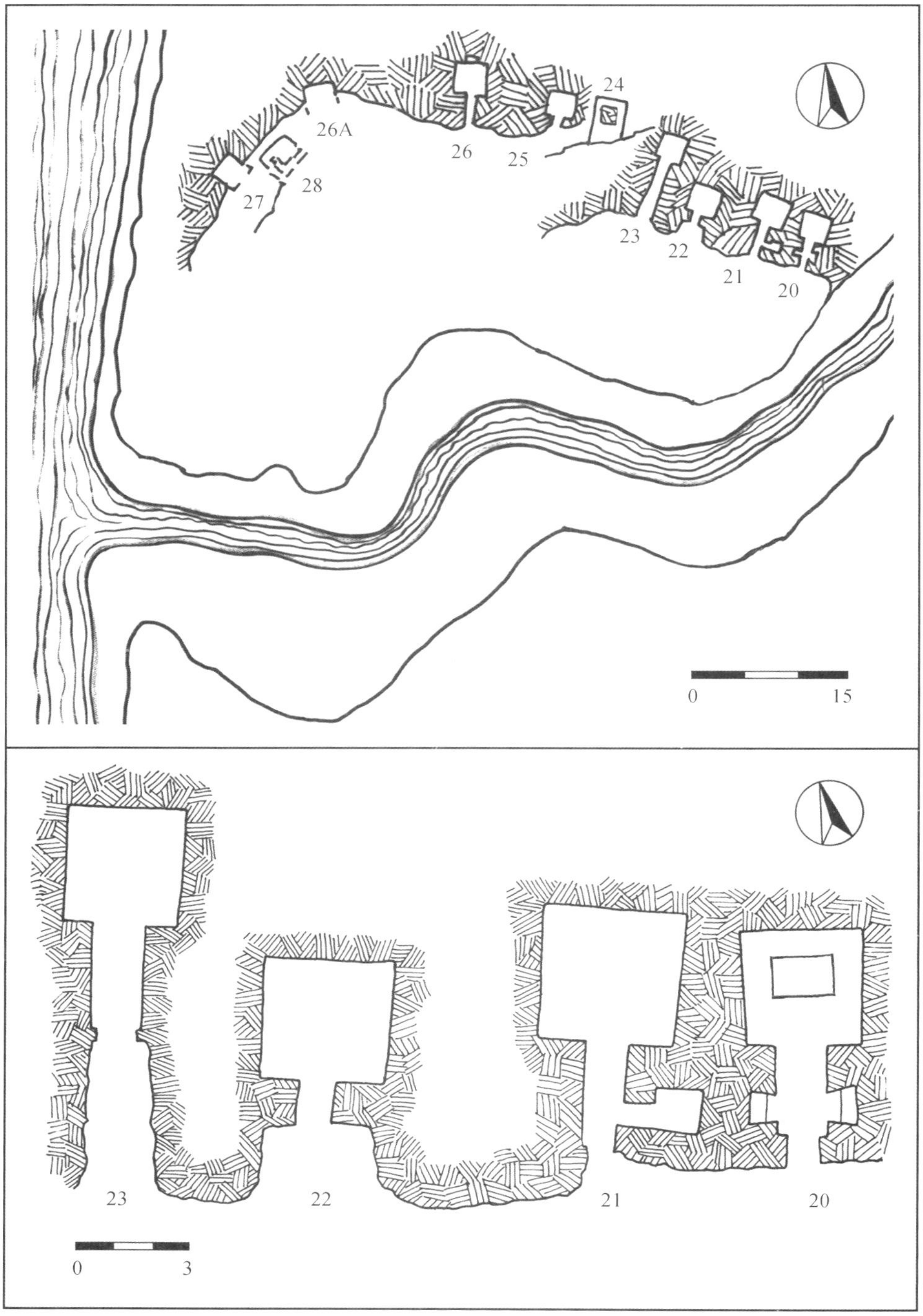

第三章 库木吐喇石窟遗址

图45 库木吐喇谷口区第二区段洞窟分布示意图。该区段的洞窟集中开凿于北侧崖壁的较高处，以便更好地接受南面的日光，同时也避开了山洪的威胁。上：第二区段分布示意图（据晁华山《库木吐喇石窟初探》，171，图四修改而成）。下：第二区段20—23号方形窟联合平面图。

69

区段与组合——龟兹石窟寺院遗址的考古学探索

也少见于龟兹地区其他石窟遗址[1]。

第二区段目前只发现了一个僧房窟,即28窟。该窟居高临下,统摄谷口,似乎并非单纯的僧人居所,而很可能是寺院守卫的住处[2]。24窟是这一区段中唯一的中心柱窟,据其位置、结构和装饰判断,该窟年代较晚。该区段剩余的洞窟几乎完全崩毁,少量仅存的遗迹遗痕不足以识别洞窟类型,有的洞窟目前甚至还无法到达。

3. 小结

谷口区的其他洞窟位于面向木扎提河的垂直崖壁上。其中,2、3窟是库木吐喇最高的大像窟。33号大像窟开凿在河西岸较高的位置,信徒在较远处便可参拜立佛。2、33窟大像窟内无中心柱,仅在主壁下部向内凿出低窄的后室,立佛塑像的腿脚部位成为主、后室的分界,使绕像礼拜成为可能,这些特征表明它们属于龟兹大像窟的中期。沿着木扎提河的崖壁高处还有另外几个洞窟,但现在已经无法登临。

谷口区的洞窟所在的两条沟谷都难以提供居住空间,所以应该把它们和乌什吐尔遗址放在一起考虑。谷口区的第一区段并不是一个完整的石窟寺院,主要为居住在地面寺院的僧团提供禅定场所。第二区段则更像一个礼拜区,因为绝大多数洞窟都有装饰。

虽然缺乏明确的纪年材料,但是第二区段的壁画仍被认为是龟兹最早的壁画之一[3]。第一区段靠地面遗址更近,这表示该区段中没有装饰的长条形洞窟很可能早于第二区段中饰有壁画的洞窟。

二、窟群区

窟群区的绝大多数洞窟都开凿在面向木扎提河由致密泥岩构成的崖壁上,

---

[1] 克孜尔石窟遗址饰有塑像的方形窟只有76、149A窟,在笔者的分期体系中两窟均属于早中期。

[2] 龟兹地区常见有僧房窟位于遗址内的特殊区域,如克孜尔121窟凿在可俯瞰谷内区的位置,库木吐喇窟群区1窟位于遗址入口处,库木吐喇窟群区66窟在五联洞前,森木塞姆50窟、库木吐喇窟群区21窟位于讲堂窟之侧,这些洞窟中很可能居住着一位或几位"守卫"人员。

[3] 王征《龟兹佛教石窟美术风格与年代研究》,85-88。

景色优美，近年来却被新修建的用于防洪的水泥栅栏破坏殆尽，栅栏与洞窟之间被填上了一层厚约4米的鹅卵石，几乎彻底改变了遗址的外观，我们必须重新估算崖壁的高度，并且要依据原始地面测算洞窟的地面位置（图46）。

窟群区最主要的特征是绝大多数洞窟都有绘塑装饰，未装饰的洞窟极少。窟群区中成列的装饰洞窟在龟兹的佛教遗址中罕有他例。80个洞窟中只发现了6个僧房窟（1、6、44、47、49、80窟）和3个禅定窟（75、76、78窟），而且都开凿在相对边缘的位置上，表明了遗址有着精心的规划[1]。

窟群区绝大多数洞窟的前室都已坍塌，但在崖壁上可见安装窟前木构建筑的凹槽和凿孔。这些痕迹有时暗示着建筑的不同阶段，可用来理解遗址的演变。除了这些建筑结构的叠压之外，窟群区还可以找到其他断代证据，如与开窟年代同时的汉文纪年题记，以及因为供养人的不同（如龟兹人、汉人和回鹘人）而形成的在建筑和装饰上的明显区别，均可直接与当地的历史相联系。洞窟的位置是进一步断代的重要依据，例如有回鹘文化因素的洞窟的年代比较晚，均开凿于大沟的崖壁上。似乎表明在最早期阶段修建礼拜窟时，大沟并没有被考虑在内，而当面向木扎提河的崖壁被使用殆尽之后，才被用以建凿礼拜窟。上述信息反映出窟群区比龟兹地区其他遗址更容易分期，而且还能够为建立主要洞窟类型的可靠年代序列提供有价值的参考，这对古代龟兹国其他石窟寺院的研究也有重要的借鉴意义。

窟群区以大沟为参照可以分成三个区段。它们是1至40窟组成的谷南区，52至72窟组成的谷北区，以及41至51窟和73至80窟组成的谷内区。

1. 谷南区

古人一般会从乌什吐尔遗址开始，沿着木扎提河的东岸上溯至窟群区。从这里见到的第一座洞窟是谷南区的2窟，这座朝南的大像窟似乎是在欢迎信徒的到来。如今需要走下几级台阶才能到达这个洞窟，而在古时却要爬上几个台阶才可以进入（图47），而且该洞窟与开凿于北边较远处的其他洞窟相分离。谷南区的大多数洞窟都是中心柱窟和方形窟，它们大多靠近地面，并相继开凿以充分利用可用空间。其中有一些形成了在整个龟兹地区都较为独特的组合

---

[1] 1号僧房窟现在已经坍塌。晁华山《库木吐喇石窟初探》，182–183。

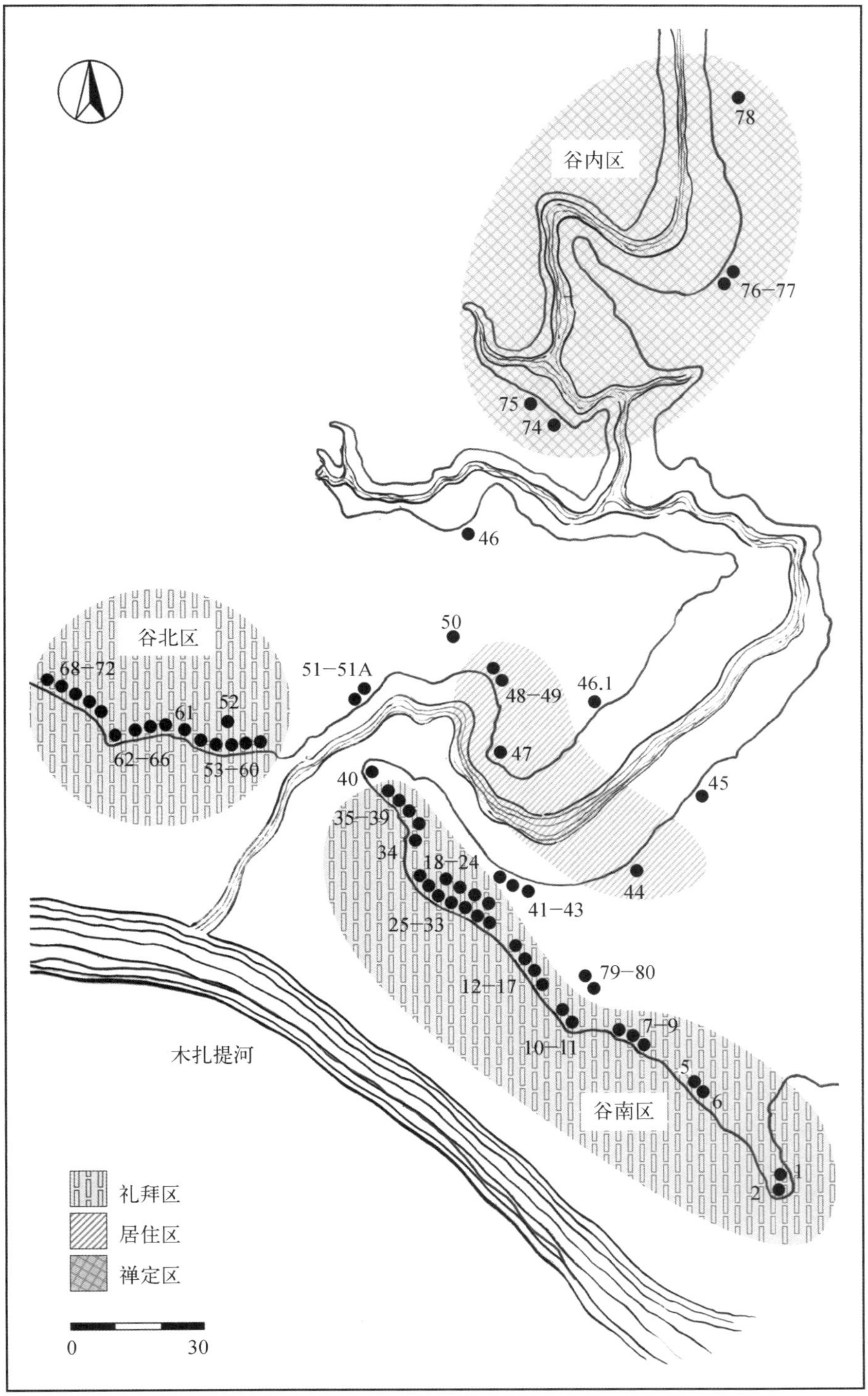

区段与组合——龟兹石窟寺院遗址的考古学探索

图 46 库木吐喇窟群区洞窟分布及区段划分示意图（据新疆龟兹石窟研究所《库木吐喇石窟内容总录》30与31页间插页绘制）。

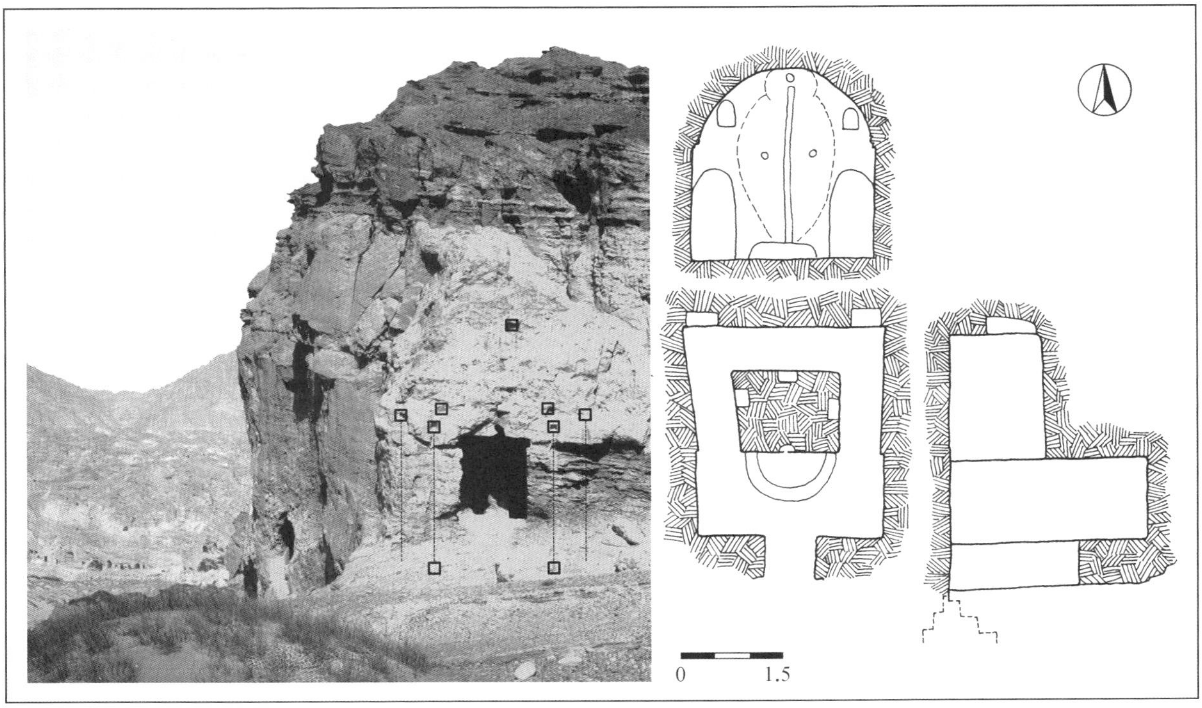

第三章　库木吐喇石窟遗址

图47　库木吐喇窟群区2窟（照片由柏林亚洲艺术博物馆提供，编号为MIK B 1189）。

类型，如15至17窟是三个中心柱窟，共用同一前室，三窟开凿于前室的正壁和侧壁；36至38窟组合由一个小型方形窟和对称分布在其两侧的一对大像窟构成；7至9窟组合开凿于相对较高的位置，现已严重损毁，根据壁画内容和在遗址中的相对位置推知，应该属于晚期（图48）。

另一个值得关注的组合由19至24窟构成。22号讲堂窟和23号中心柱窟开凿于崖壁高处，是这一组合的发端，该组合可以通过岩体内的阶梯隧道进入，但现在已被水泥填塞。窟前的木质栈道将组合内的洞窟连接起来，崖壁上相应的凿孔和凹槽痕迹，表明了栈道的位置和结构。这些痕迹清楚地显示出该组合经历了长期的发展，最终包括了19至24窟间的所有洞窟。栈道连接岩体内第二条阶梯隧道，可以直达崖壁顶部（图49）。

2. 谷北区

谷北区由52至72窟组成（图50），该区最常见的洞窟类型是中心柱窟，另外还有52、63、65三座大像窟。处在核心位置的61窟是一个拥有大前室的中型

73

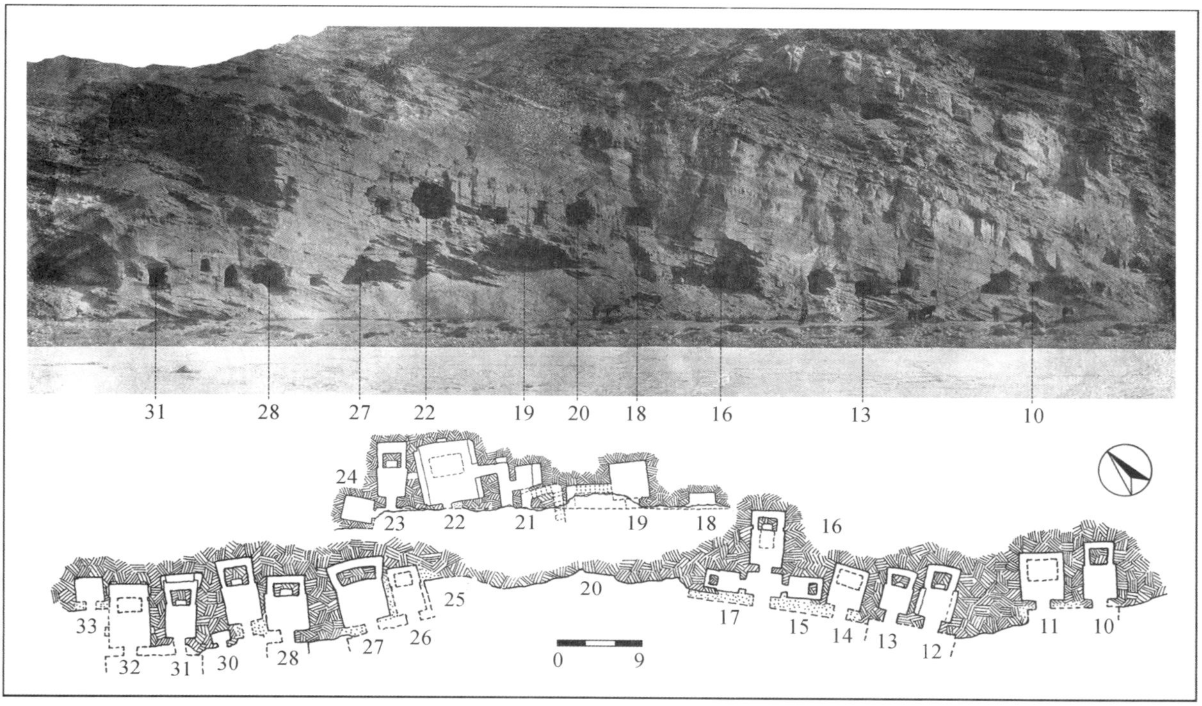

区段与组合——龟兹石窟寺院遗址的考古学探索

图48 库木吐喇窟群区谷南区洞窟立面分布图与联合平面图（照片由柏林亚洲艺术博物馆提供，编号为MIK B 1553）。

中心柱窟，应该是此区的礼拜中心。谷北区最突出组合是五联洞，五个洞窟的石质前室相连，前室前壁开有大窗；组合的原初核心由68号中心柱窟和69号讲堂窟构成，经过后期的不断扩展，形成了今天所见的五联洞组合[1]。

3. 谷内区

谷内区只有少量洞窟，有些构成了组合，有些则彼此相距遥远。早期，谷内区应是为居住和禅定而专门设立的隐逸区，可被进一步分成两部分，南部是三个僧房窟（44、47和49窟），而北部则集中了禅定窟（75、76和78窟）。其他礼拜窟增建于晚期，其中的装饰属于B种和C种风格。

4. 洞窟组合

通过深入考察其内部结构，可以发现窟群区有着合理的最初布局，即两个

---

〔1〕 该组合的转变与龟兹佛教发展的关联性将在后文探讨。

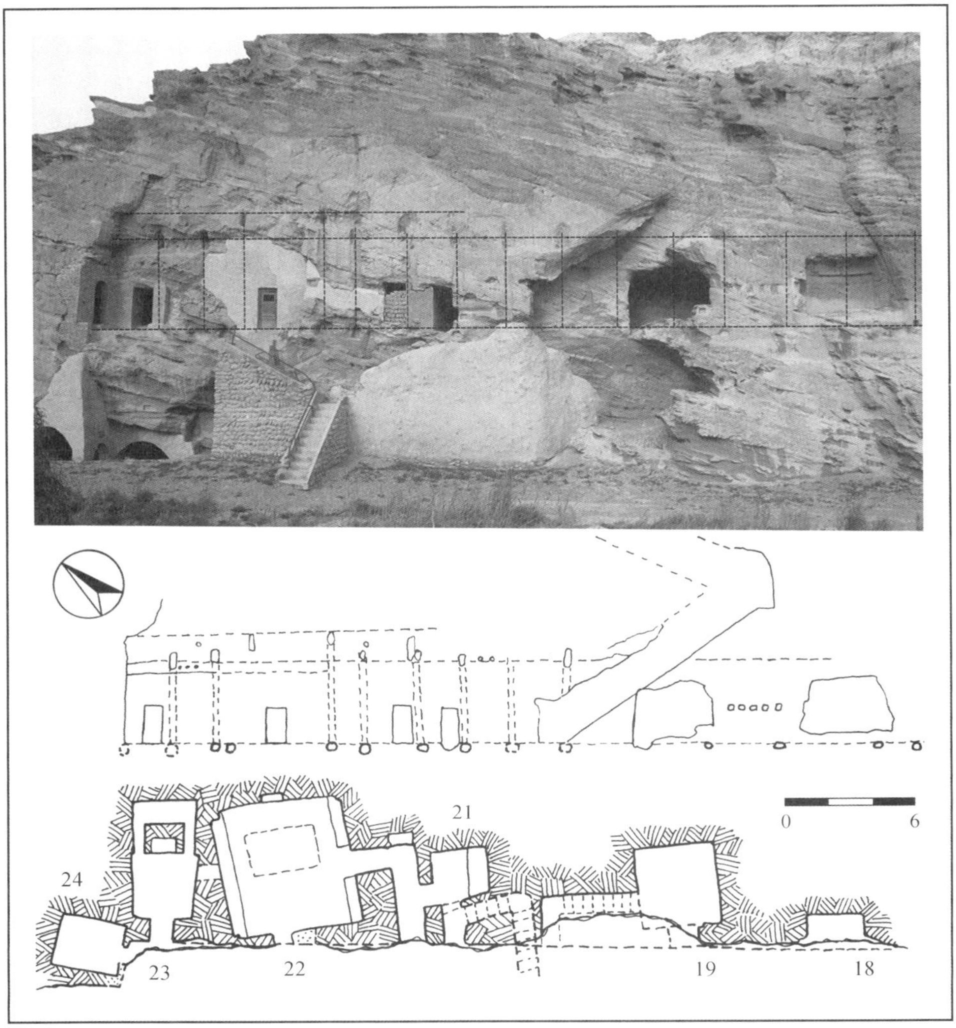

第三章 库木吐喇石窟遗址

图49 库木吐喇窟群区谷南区18至24窟立面分布图与联合平面图。崖壁上存留大量安装窟前木构建筑的凹槽和凿孔，揭示出发展的不同阶段。登临组合的梯道被水泥覆盖。值得注意的是22窟前建有更高大的建筑，突显了该窟的重要性。另外，现今地面比古时大约高出3米。

主要用于礼拜的区段和一个专门用于居住和禅定的区段[1]。过去的研究忽略了许多重要特征和洞窟组合，在此我们举两例讨论如下。

36、38号大像窟开凿于37号方形窟的两侧，虽然建筑形制和绘塑装饰内容有所不同，但对称的布局，以及共用同一木质前室都表明三窟构成一个组合，且开凿年代相当（图51）。63、65号大像窟的布局基本一致，分别开凿于64号中

---

〔1〕 75、76和78窟等禅定窟，可能在后期增绘了壁画，并且被改作他用，比如作为瘗窟存放僧人骨灰盒。晁华山《库木吐喇石窟初探》，184。

75

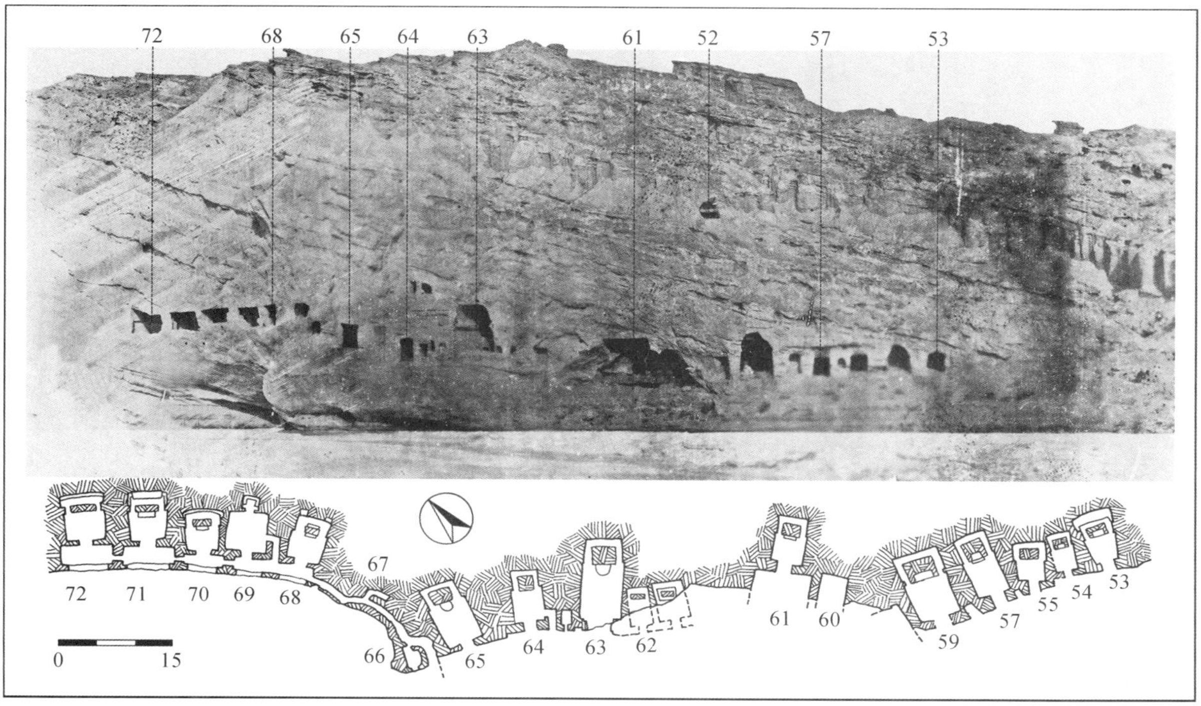

区段与组合——龟兹石窟寺院遗址的考古学探索

图50 库木吐喇窟群区谷北区洞窟立面分布图与联合平面图（照片由柏林亚洲艺术博物馆提供，编号为MIK B 0861）。

心柱窟两侧[1]，前部也有用坚硬木材搭建的大型前室。这些洞窟中的大立像倚靠中心柱，结构上与谷口区的2、3、33窟，窟群区的52窟不同，后者可能没有前壁，以便人们从远处参拜佛像。36—38、63—65窟两个组合都建有共用前室，而且必须通过一个较小的门道进入主室之后才可以瞻仰大像。这类需要仪式中参拜大像的洞窟组合在龟兹地区的其他遗址中还未曾发现，由36、38和65窟的壁画属于C种风格推测可能是晚期现象。

窟群区两个讲堂窟（即69和22窟）的改建可以提供龟兹佛教本身的特点以及发展的重要线索。讲堂窟是龟兹佛教的典型洞窟，也是众多遗址共有的洞窟类型，如森木塞姆49窟，克孜尔尕哈27+28窟，温巴什2、5窟。在其他遗址中也发现有类似的洞窟，但布局略微不同，功能或相同。讲堂窟通常与中心柱窟形成典型组合，如69号讲堂窟与68号中心柱窟，22号讲堂窟与23号中心柱窟等，但两个讲堂窟后来均被改建成了礼拜窟。

[1] 64号中心柱窟具有许多非典型特征，暗示该窟由方形窟改建而成，但由于洞窟破坏严重，无法深入研究。

第三章　库木吐喇石窟遗址

图51　库木吐喇窟群区35至39窟立面分布图与联合平面图。组合内的36、38号大像窟，位于37号小型方形窟的两侧。

区段与组合——龟兹石窟寺院遗址的考古学探索

五联洞朝向木扎提河，是由五个中心柱窟组成的壮观组合。该组合先后开凿于两个阶段（图52）。最初构成组合的68号中心柱窟和69[1]号讲堂窟共用同一石凿前室，69[1]窟有一长约3.8、宽约1、高约1.8米的甬道，其里端北转进入主室。宽敞的主室深6.3、宽5.6米，原先沿四壁有宽0.9米左右的预留岩体石凿长台，前壁开一扇窗户（图53）。69[1]窟后期被改建为69[2]礼拜窟，甬道封闭，窗户也被增大成通入主室的新门，侧壁的预留岩体石凿长台被凿平至地面。之后，正壁中间开凿了长2.3、高2.1米的方形龛。龛内沿正壁和

图52 库木吐喇窟群区五联洞立面分布图与联合平面图。该组合开凿于前后两个阶段，最初的核心洞窟为68号中心柱窟和69[1]号讲堂窟，通过69[1]窟窟前的木梯道可以登临该组合。其他三窟增建于后期，统一规划的部分还包括一条入口开于南面的长阶梯隧道。隧道内有"建中六年"题记（照片由桧山智美提供）。

78

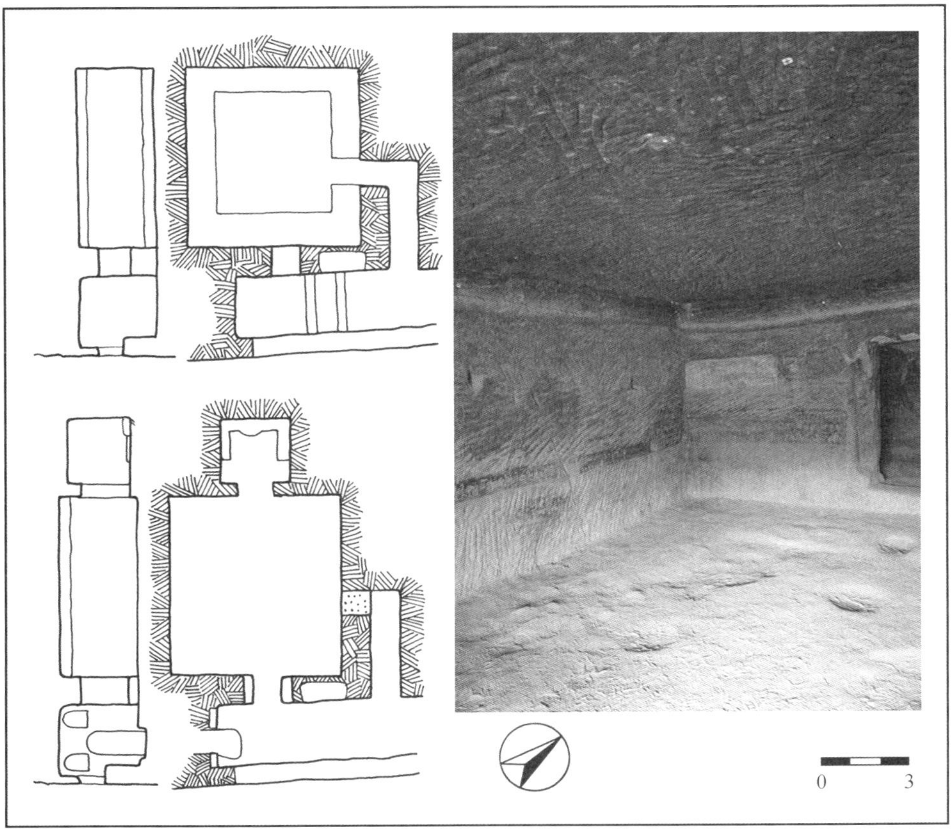

第三章 库木吐喇石窟遗址

图53 库木吐喇窟群区69窟。69[1]窟（左上）主室沿着四壁有预留岩体石凿长台。后来被改建成69[2]窟（左下），正壁上增凿一个方形龛，预留岩体石凿长台被凿平至地面，进入主室的门道被封闭，窗户被改建成为通向新窟的入口。照片展示了洞窟的现状，注意照片中叠涩的雕凿以及地坪上石凿长台的痕迹。69窟前室地坪上有两个可支撑梯道的地栿槽。

侧壁设低坛，坛上放置佛像，壁面草泥上绘千佛装饰。改建之后69[2]窟的主室变成了一个无装饰的平顶大厅，壁画集中绘于新开的小龛中，是龟兹前所未见的全新洞窟式样，装饰内容也是首次出现。

　　前贤未曾注意的是69[1]窟虽曾经被规划成讲堂窟，但在完工之前就被改建成方形窟，因此该窟从未发挥讲堂窟的功能。这一推论可被许多证据支持。龟兹其他讲堂窟的主室顶部均是券顶，而69[1]窟则为平顶，给人一种压迫感。但若细心考量龟兹石窟的开凿方式，便可以理解平顶出现的原因，即在凿出窟门之后，根据所需的体量工匠们同时开凿四壁、地面和窟顶，形成一个长方体，然后沿着上部边界，按照规划凿出叠涩，最后将窟顶凿成预期的形状[1]。故而不能认为69[1]窟的平顶是讲堂窟的一种新形式，而是在凿出叠涩后停工的结果。

〔1〕 通过龟兹地区未完工的洞窟可以清楚地推断出洞窟开凿的不同阶段，参见本书第133页。

79

区段与组合——龟兹石窟寺院遗址的考古学探索

除此之外,窟内还有其他未完工的迹象,如主室缺少壁炉,窟门没有安装门框的槽孔,壁面和顶部均未涂草泥,地面也没有用石膏抹平等等,这些必要的收尾工作均未完成。

我们还可以推测出69[1]窟改建的时期。68窟和69[1]窟原本被规划成由一个讲堂窟和一个中心柱窟构成的典型洞窟组合,共用一个前室,通过窟前的木梯可以登临[1]。后来,这一规划发生了变化,通过增建70、71和72三个各自带有大前室的中心柱窟,组合规模得以扩展,而68窟和69[2]窟仍在使用同一前室。推测69[2]窟的建造年代与70、71和72窟三窟的增建年代相当。

窟群区22[1]号讲堂窟也经历了类似的改建(图54)[2]。该窟与装饰精美的23号中心柱窟构成组合。此组合开凿在崖壁较高的位置,并设置有岩体内的阶梯隧道;另外还搭建了联系各窟的木栈道,从而使这个组合的特征更为明显。根据崖壁存留的痕迹,我们可以推测整个栈道的规模[3]。22[1]、23窟前的一组水平凿孔和一系列垂直凹槽,是安装栈道的遗迹:表明栈道原本安置在两窟的中间,两端分别是阶梯隧道和23窟,在后期,木质栈道扩展,最终包括了18至24窟之间所有的洞窟(参看图49)[4]。

22[1]窟有一条深约6、宽约1.1、高约1.8米的长甬道,末端是一个放置塑像的大龛,向西北偏转处,形成通往主室的门道。方形主室四边长约6.8米,券顶的最高点距地面4.7米。沿着四壁凿有宽约0.9米的预留岩体石凿长台,壁炉在门道与正壁之间。这些均为讲堂窟的最初特征。该窟随后被改建成方形窟,在壁面、地面和顶部可以发现大量的改建痕迹。改建包括以下几项工作:封闭通向主室的门道,将前壁的窗户改凿成窟门,讲堂窟的主室变成了一个可从前壁进入的大型方形窟。窟顶经过大修,横向券顶的前部被凿成平顶,后部保持不变。窟内前后壁下的石凿长台被凿除。窟室中央用土坯砌筑一个宽

---

〔1〕 前室地坪上的两个地栿槽内安放了两条地栿,木梯就放置在此处。前室前壁窗户的相应部分凿至地面,形成窟门,使得进入该组合成为可能。龟兹其他地方也有使用木梯的现象,如克孜尔162窟和225窟。

〔2〕 格伦威德尔曾描述过这一洞窟,但他并没有真正意识到洞窟原来的功能和改建的过程,而且误判了洞窟类型。格伦威德尔《新疆古佛寺:1905—1907年考察成果》,37-39。

〔3〕 阶梯隧道已经被现代的水泥填塞。以27窟的活动面为基准,原始地面在今地表至少3米以下。由此可知当时这组洞窟与地面的相对高度。

〔4〕 修建第二条阶梯隧道很可能是为了方便谷内区僧房窟和禅定窟的联系。

第三章　库木吐喇石窟遗址

图54　库木吐喇窟群区22窟。22[1]窟最初用作讲堂窟，经由侧甬道进入，沿着四壁有预留岩体石凿长台。在后续发展阶段被改建成带装饰的22[2]号方形窟，注意窟顶前部的改建以及放置塑像的大型佛坛的增建痕迹。

3.7、深2.4米的大型佛坛，佛坛以及两侧壁的石凿长台上放置许多佛像。佛坛背后原立有一个伸至窟顶的木质屏风，形成了佛像的背屏，其位置可依据窟顶与侧壁的凹槽和凿孔的关系进行想象复建。在正对新窟门的墙壁中央凿有一个小龛，周围满饰壁画，但这并非绘塑装饰的主体，因佛坛背后的屏风遮挡了进入主室的信徒的视线。残留的壁画属于C种风格，但具有浓厚的汉地中原佛教艺术色彩，以致误导了研究者对洞窟类型的解读和判断[1]。

　　讲堂窟是龟兹国佛教石窟的一个突出特点，似乎在小乘佛教的修行中承担重要功能。窟群区的两个讲堂窟均被改建成礼拜窟，根据改后的建筑形式以及属于C种风格的壁画推测，应该改建于龟兹设置安西都护府后[2]。在龟兹发现的讲堂窟中仅在窟群区有改建的例子。窟群区在9世纪依旧繁荣发展，展示出大乘佛教与唐密的内容，但7世纪晚期至8世纪其他石窟寺几乎没有开窟活动的记录。这两个讲堂窟的改建，可能反映了龟兹佛教活动的突然转变，即舍弃了与讲堂窟有特殊联系的早期佛教，转而发展由长安朝廷资助的大乘佛教[3]。

----

〔1〕　11和14号方形窟也都在主室中心设坛立像，表现出C种壁画风格，但它们都是纵向券顶，而且坛后没有屏风，因此与22窟很不相同。

〔2〕　22窟的壁画是C种风格，69窟在后期开凿小室的三面墙上开龛设坛立像的做法在汉地中原常见，这一现象一直到8世纪下半叶才在龟兹出现，而且主要出现在改建的壁龛中。在通向五联洞的阶梯隧道内刻有"建中六年"的题记，很可能与洞窟开凿同时。

〔3〕　关于长安佛教对龟兹产生影响的文化背景，参见荣新江《关于唐宋时期中原文化对于阗影响的几个问题》，401-424。

81

区段与组合——龟兹石窟寺院遗址的考古学探索

5. 小结

总之，窟群区是由三个区段结合而成。僧房窟和禅定窟一开始就被设计在谷内区，被大沟分开的谷南区和谷北区内多安排礼拜窟，其中大部分为毗邻而建的中心柱窟，这一特征在龟兹其他遗址中并未发现，两区都有面向入寺参拜者的大像窟（2和52窟），都有一个由一讲堂窟和一中心柱窟构成的组合，两个讲堂窟均被相继改建成礼拜窟（22和69窟），都包含一个由一小型洞窟和其两侧各一个的大像窟组成的组合（36至38窟和63至65窟）。如此对称的布局，是无缘由的偶然巧合，还是深层原因影响下的精心规划，值得琢磨。

库木吐喇石窟寺院中，窟群区的洞窟装饰最华丽。除中心柱窟中绘制的传统题材以外，新的因素也在兴起。如部分主尊不再立于壁龛中，而是放置在正壁前的高像座（68、70、71窟，这些洞窟中主尊为石胎），或立于低像座之上（72窟）；一些情况下，主室侧壁以塑像装饰（45、70、71窟）；多数情形下，主室窟顶中脊绘制团花和云纹，两侧则是一佛二菩萨题材。原本占据甬道和后室的涅槃题材逐渐减少，而立佛和菩萨题材却不断增多。

窟群区稀有方形窟，与龟兹其他遗址的同类洞窟相比，在建筑和装饰上差别较大。除了中型和小型洞窟之外，大型纵长方形窟均为券顶，叠涩简单、浑圆且厚重，通常还有一个摆放塑像的佛坛，这些特点不见于其他遗址中。正壁的装饰多是一幅经变画，侧壁则绘大型立佛，窟顶常绘千佛[1]。换言之，此类洞窟倾向于大乘题材的绘塑装饰。

三、结语

库木吐喇石窟遗址中存有数量最多的与洞窟开凿同时的纪年题记，但大多时代较晚，若要理解整个遗址的功能和发展，必须要建立可靠的相对年代。目前可以确定的是，库木吐喇石窟寺院在发展的某一时段出现了与龟兹传统佛教的断裂，本土特征虽有所保留，但大部分洞窟不再属于龟兹原初宗教和文化景

---

[1] C种风格装饰洞窟的千佛与B种风格装饰洞窟的千佛大不相同。B种风格洞窟的典型千佛是在菱格或方格背景中绘制佛像。C种风格洞窟的千佛则通常成排绘制在窟顶的白色背景上，相当松散且各自独立。

82

第三章　库木吐喇石窟遗址

观,反倒可以视作汉地佛教向西域的回流,这一现象不可能在7世纪中期龟兹设立安西都护府之前出现。

以上对库木吐喇遗址的分析,在很大程度上依赖于地面遗址和洞窟间的相对位置以及彼此之间的关系[1]。考古调查显示,谷口区有两个区段,第一区段由未装饰的长条形洞窟组成,第二区段则由带长甬道有装饰的方形窟组成。由于这两个区段中缺少足够的生活设施,僧人们可能住在乌什吐尔的地面寺院中,谷口区的洞窟便成为了地面寺院的有效补充,如第一区段中没有装饰的长条形洞窟很可能被用作禅定。窟群区的礼拜窟集中分布在两个内容相似的区段中(谷南与谷北区),谷内区的洞窟则分布在相对隐蔽的大沟崖壁上,最初用作居住和禅定。

正确分析库木吐喇遗址对于理解龟兹石窟的发展,及其与地面建筑的关系至关重要。谷口区夏合吐尔和乌什吐尔两处地面遗址以及洞窟,位于穿越却勒塔格山的木札提河谷谷口,属于扼襟控咽之地;苏巴什遗址东西两寺及禅定区洞窟的布局与之雷同,地位同样显要——据守着进入却勒塔格山北部的通道。两座石窟寺院的位置相当于古代龟兹国首都的门户,其重要性不言而喻。因而,两处寺院或许并非单纯的佛教场所,甚至不妨大胆推断龟兹最早的石窟寺院正建于此处,而谷口区第一沟的洞窟和苏巴什无装饰的长条形洞窟极可能属于龟兹国开凿年代最早的洞窟之一。

何恩之、魏正中著,王倩译《龟兹寻幽:考古重建与视觉再现》,上海古籍出版社,2017。

────────

〔1〕 因为承载了整个遗址中的特定功能,谷口区石窟考古报告应当包括乌什吐尔、夏合吐尔遗址。

第四章　克孜尔谷西区的石窟寺院

——兼谈"区段"概念在石窟寺院研究中的应用

克孜尔的洞窟往往彼此邻近以构成组合，同一类组合通常聚成一个区段。谷西区西段的洞窟组合类型明确，分布有序，界线清晰，是该石窟寺院中最有特点的区段，包括了1至43窟之间的所有洞窟。这一区段的边界易于辨认：第1窟位于整个遗址的最西边，43窟在水平方向往东百米内没有其他邻近的洞窟，上方的44至49窟与之相距15米，而且不相通，显然不属于该区段。这些特点都反映出该区段有强烈的独立性[1]。

此外，经过对整个克孜尔各类洞窟和洞窟组合考察，发现谷西西段的洞窟存在一些其他区段洞窟所稀有的特点，在这里即使是最普遍的洞窟组合也罕见于其他区段，本文探讨的对象即是该区段中最典型的洞窟组合。

一、谷西西段的典型洞窟组合

谷西西段最典型的组合一般由三个洞窟组成：僧房窟在一端，方形窟居于中央，中心柱窟在另一端。这类组合有四例，即2至4窟、15至17窟、27[2]至29窟、38至40窟。另有两例即8至10和33至35窟，虽然各自增加了一个方形窟，仍可视为同类。组合内不同类型的洞窟功能也各不相同。僧房窟供僧人居住，中心柱窟是礼拜活动的场所，方形窟的功能并不明确，可能是讲经

---

〔1〕 此前没有学者提出克孜尔石窟寺院的"区段"这一概念，只有宿白注意到谷西西段的独特性之后，指出谷西西段"至少在分布位置上可自成一单元"。参看北京大学考古系、克孜尔千佛洞文物保管所编《新疆克孜尔石窟考古报告》，2。

堂或僧侣进行其他集体活动之处。换言之,一组洞窟就是一座寺院[1]。

上述三类洞窟构成的组合核心在晚期也出现了扩建情况,通常表现为在核心组合的一端新凿一对对称的僧房窟。这种情况有三例:即2至4窟加5、6窟,15至17窟加18、19窟,27[2]至29窟加26、26B窟[2]。组合的扩展主要是为了增加僧人居住的空间,而非扩大礼拜或集会空间。僧房窟的增建也仅表示寺内僧人人数的增长,而非寺院原本设计或功能的改变。

1.38—40窟组合

下面主要描述谷西区所有典型组合,并分析其发展过程。谷西西段最典型的组合包括38至40窟组合(图55)。38窟是克孜尔著名的中心柱窟,大部分精美壁画都保存较好。主室壁画的构图、题材与克孜尔大部分中心柱窟相同。正壁塑绘帝释窟说法故事图[3],侧壁的题材为佛说法,顶部中脊有天相图[4],两侧菱格内绘一排本生及一排因缘故事[5];前壁门楣上方的半圆形区域内绘有菩萨天宫说法图,两侧有天人;前壁窟门两侧小龛内原塑坐像。甬道题材与涅槃有关:两侧甬道绘小塔,塔中绘坐佛;后甬道外壁绘涅槃图,内壁上方有两个小龛,下方绘五座小塔。39窟方形穹隆顶,壁面涂草泥,上刷白灰浆,没有壁画;前壁开有门道和宽大的窗户[6]。40窟是僧房窟,甬道正壁不开小室,是该区段的一

---

[1] 关于一座寺院所住人员的数目问题,释僧祐曾提到龟兹国著名的寺院所住比丘或比丘尼不到一百人。僧佑《出三藏记集》,410-411。僧祐提到的寺院很可能是地面寺院,由洞窟构成的寺院中的僧人数量也许会更少。

[2] 因为并非按照计划统一修建,所以后期增建的两个僧房窟通常与核心组合的方向和位置都不一样。开凿核心洞窟时,工匠选择崖面上最合适的部分,显然不考虑后期的扩建问题,故而后期增建的洞窟不得不做适当的调整。

[3] 中心柱窟正壁的装饰题材一直是学者关注的焦点。格伦威德尔、姚士宏、李崇峰等认为正壁所绘的是帝释窟说法。格伦威德尔《新疆古佛寺:1905—1907年考察成果》,112;姚士宏《克孜尔石窟探秘》,9-26;李崇峰《克孜尔中心柱窟主室正壁画塑题材及有关问题》,209-233。

[4] 大部分的中心柱窟顶部中脊都绘天相图。最典型的天相图是在两端绘日天、月天,中央绘金翅鸟、身体两侧出水火的立佛及雨神和风神。何恩之(A. F. Howard)认为此处表现的是与舍卫城双神变有关的佛陀的神通。何恩之、魏正中著,王倩译《龟兹寻幽:考古重建与视觉再现》,177-181。

[5] 通常顶部两侧绘菱格图案,菱格内表现的题材为本生故事或因缘故事。但只有38、91两个洞窟同时表现有两个题材,即一排本生,一排因缘故事。

[6] 该窟正壁和侧壁发现了红色的框线,框内未绘壁画,这造成了该洞窟没有完工的假象,其实不然。首先,在克孜尔方形窟中并没有发现正、侧壁通壁绘大幅壁画的现象。类似的框线也发现于若干僧房窟中,按照律典,僧房内不允许绘制壁画。其二,该区段的典型方形窟中通常不绘制壁画。

85

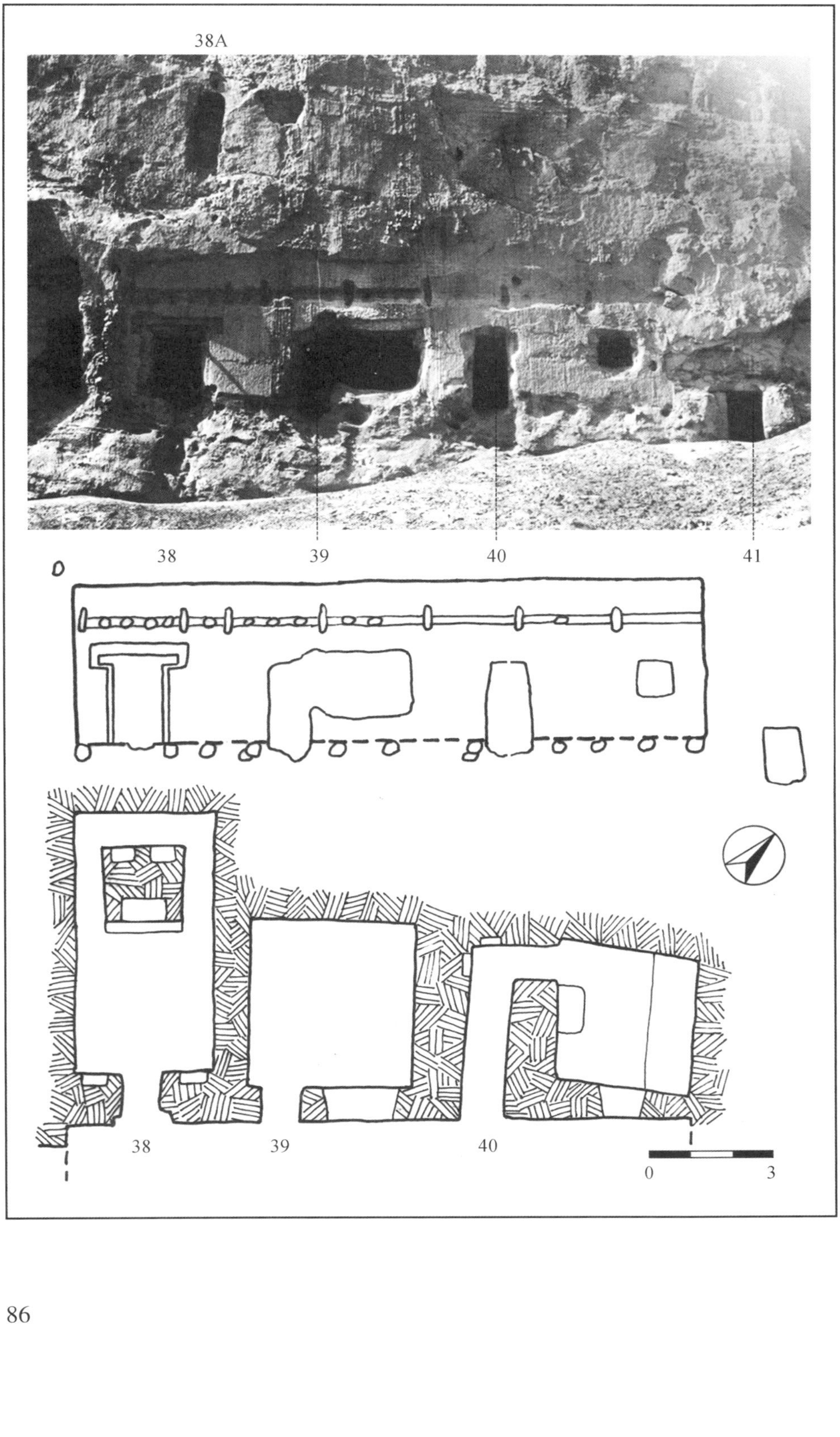

区段与组合——龟兹石窟寺院遗址的考古学探索

图55　克孜尔谷西西段典型洞窟组合——38至40窟立面分布图与联合平面图。照片显示了三窟共用一个栈道，38窟窟前的木结构更为复杂。克孜尔谷西西段的中心柱窟一般都有独立前室，或如38窟，窟前有更为精巧的木构建筑（照片由柏林亚洲艺术博物馆提供，编号为MIK B 1380）。

第四章　克孜尔谷西的石窟寺院

个例外。这一组合没有明显的扩大,只有后期开凿的36窟,可能与寺院的扩大有关[1]。结合平面图和实地观察,可以推断这三窟应为统一规划开凿,窟前有共用的木构栈道,而且从现存的安装木质构件的凹槽与凿孔看,38窟似乎被有意突出。

2. 14—19窟组合

14至19窟组合涵盖了西段第三排的六个洞窟,组合的核心为三个洞窟(参看图27):15窟是僧房窟,内有克孜尔目前保存最完整的壁炉;16窟是方形窟,纵券顶平缓,各壁无涂层,位于组合的中央。上述两窟位于同一水平面,而17窟是中心柱窟,位置高于前两者约1.6米,且有单独的前室[2]。17窟主室的绘塑题材和布局与38窟大同小异。后室甬道壁画变化比较明显,其题材仍以绘于后甬道外壁的涅槃场景为主,后甬道内壁壁画已完全损毁;两侧甬道外壁靠近主室处绘有立佛[3],甬道内外其他壁面绘两排小塔。晚期,该组合在东端与15、16窟同一水平位置上增建了对称的18、19号僧房窟。14窟的绘塑题材内容和布局与中心柱窟的主室一样,应该是一个特殊的、带有晚期因素的方形窟。据此,这个组合的发展最少可以分成两个主要阶段:第一阶段开凿了15至17窟,而18、19号僧房窟与14号方形窟属于后期。

3. 2—6窟组合

谷西西段的最下排洞窟是2至6窟所形成的组合,其核心为2至4窟(图56)。2窟是僧房窟,并无特别之处。3窟呈横长方形,券顶,原门道靠近左壁。正、右壁还存有部分壁画,但具体内容不易判断。4窟是中心柱窟,前半部分坍塌,但可以复原壁画,与同类型洞窟装饰相似。甬道残存的壁画显示出其内容的特殊性,即涅槃系列情节中独特的阿阇世王故事[4]。这一组合的窟前情况一

---

[1] 38—40窟与36窟的前室结构并不统一,而且两个前室间有间隔。

[2] 北京大学考古学系、克孜尔千佛洞文物保管所编《新疆克孜尔石窟考古报告》,203,图版83。

[3] 17窟右甬道外壁的壁画流失德国,并被错认为属于13窟。新疆维吾尔自治区文物管理委员会、拜城县克孜尔千佛洞文物保管所、北京大学考古学系编《中国石窟·克孜尔石窟》三,图版181。这幅壁画原位于17窟右甬道。

[4] 克孜尔绘有阿阇世王题材的洞窟共有八个,即4、98、101、178、193、205、219和224窟。姚士宏《克孜尔千佛洞的阿阇世王题材壁画》,18-32。姚氏指出,阿阇世王通常绘于右甬道内壁,后甬道外壁为涅槃图、内壁为焚棺,左甬道内壁为争、分舍利,外壁为第一次结集。4窟是谷西西段唯一绘制该题材的洞窟。

87

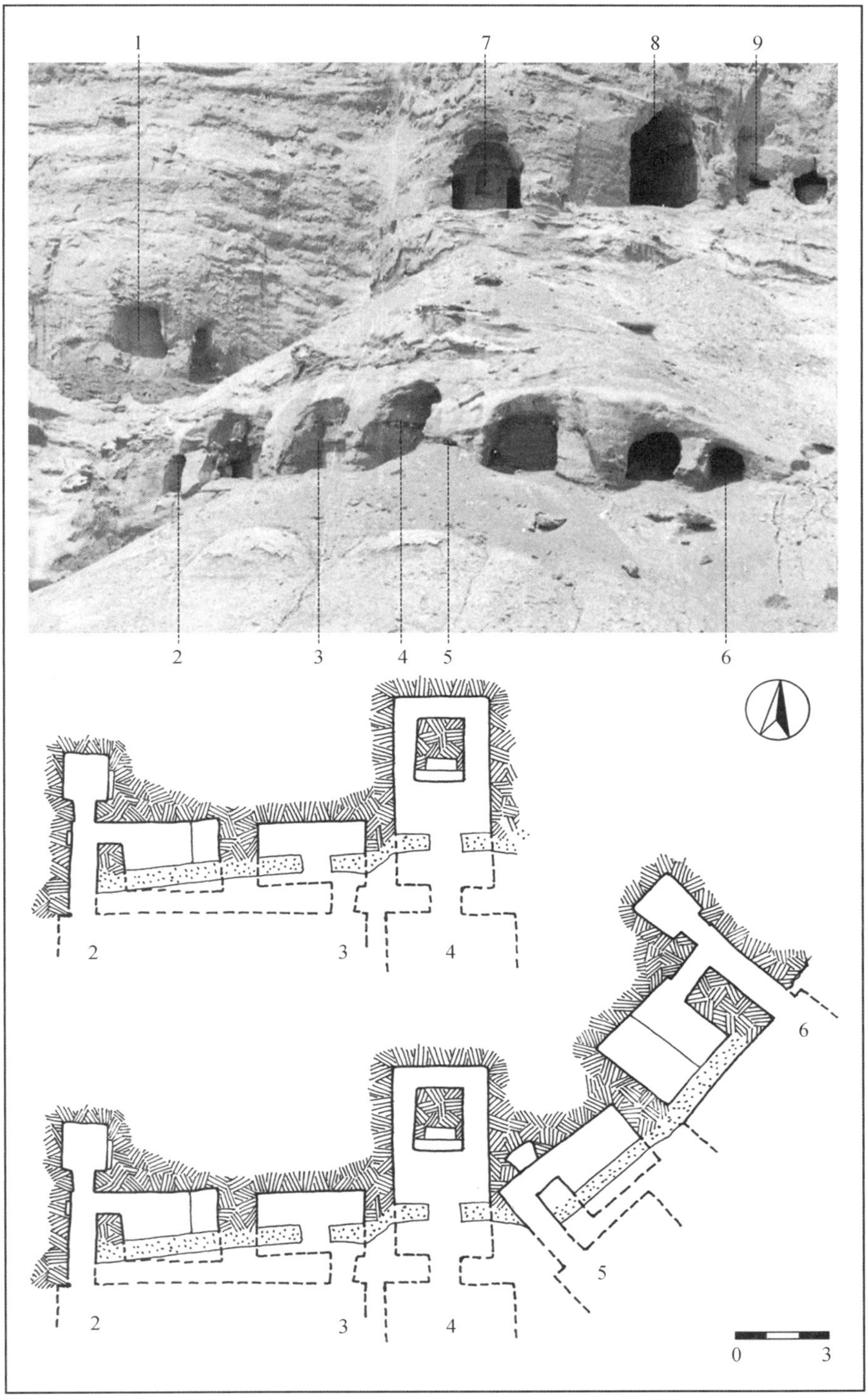

区段与组合——龟兹石窟寺院遗址的考古学探索

图56 克孜尔谷西西段2至6窟组合立面分布图与联合平面图。组合的原初核心为2、3、4窟，2、3两窟共用同一前室，4号中心柱窟有独立前室。组合通过增建5、6号僧房窟得以扩展（照片由柏林亚洲艺术博物馆提供，编号为MIK B 1256）。

第四章　克孜尔谷西的石窟寺院

直不明朗，但通过北京大学考古系的清理可以确认2、3窟共用同一前室，4窟拥有独立前室。在晚期，2至4窟的东侧增建5、6窟，也是一对对称的僧房窟。5窟十分独特，在门道外壁凿龛，此种作法很可能是为了代替该区段其他僧房窟甬道正壁上常见的小室。这是由于5窟十分靠近4窟，而且两窟方向不同，若在5窟甬道正壁设置小室则会打破4窟。整体看来，组合的发展可以分为两期，第一期开凿了核心的2至4窟，第二期增加了5、6两个僧房窟。

4. 8—11窟组合

在2至6窟组合之上、14至19窟组合之下的是位于第二排的8至11窟构成的组合（图57）[1]。8窟是体量较大的中心柱窟，窟内壁画华美，其布局和题材内容与多数中心柱窟大体相同。两侧的甬道中绘有16位佩剑的龟兹供养人，现存德国[2]。后室外壁预留的涅槃台上塑像无存，内壁所绘的分舍利图也已被德国探险者掠走。9窟为穹隆顶方形窟，四壁泥皮上只涂有白灰浆。前壁右侧开门道，左侧开宽大窗；整个前壁几乎被门、窗框占据，在克孜尔与之最为相似的是39窟。9窟之东的9A窟，为一个无前壁的方形窟，据其地面涂抹石膏的迹象，可推测该窟按计划完工。10窟是僧房窟，与该区段其他僧房窟的不同之处在于此窟不带小室，也许是由其北边小型的无涂层的11窟所替代。值得注意的是，该组合在一次性修建完毕之后再没有进行扩展。

5. 33—35窟组合

33至35窟是一个应给予重视的组合（参看图21），因为此组合中发现的打破关系是断定该区段内不同类型的洞窟组合的相对年代的重要依据。该组合最初由33号方形窟与34[1]号僧房窟构成，共用同一前室。这种无中心柱窟的组合在谷西区集中于东端，是克孜尔另一种流行的组合类型[3]。34[1]窟后期被

---

〔1〕 该组合的界线难以辨认，但可以确定8窟之西的7号中心柱窟与该组无关。主要因为两点，首先该区段的典型洞窟组合中只包括一个中心柱窟，而且7窟西边可能有其他洞窟与之形成一个组合，可惜崖面已经塌落。8—11的东边为12—13窟，显然不属于该组合，参看下文。

〔2〕 宿白指出，供养人服饰上的联珠野猪头纹和联珠团花纹样见于吐鲁番阿斯塔那墓及陕西三原县隋李和墓，年代为公元582—678年。宿白《新疆拜城克孜尔石窟部分洞窟的类型与年代》，33。

〔3〕 参见本书第二章。

89

区段与组合——龟兹石窟寺院遗址的考古学探索

图57 克孜尔谷西西段8至11窟组合立面分布图与联合平面图（照片由柏林亚洲艺术博物馆提供，编号为MIK B 1722）。

改建为34[2]号中心柱窟，34[1]窟的甬道后端用土坯封堵，窗户被改建成34[2]窟的门道，主室正壁开凿左右甬道和后室。在这一过程中很可能也同时增加了34A、35窟[1]。在33窟和34[2]窟之间可看到两排椽眼，下排被堵塞并涂平，很可能是早期33窟和34[1]窟所共用前室的遗迹，而上排椽眼也许是33、34[2]、34A、35窟组合的前室遗留[2]。

[1] 需要注意的是，僧房窟改建为中心柱窟，不仅反映着两个单体洞窟的年代顺序，还显示出两类组合的早晚关系：即最早的组合包括僧房窟和方形窟，后期的组合又增加了一个中心柱窟。这说明在早期谷西西段有僧房窟和方形窟形成的第一类组合，但后来又被包括中心柱窟的第二类组合所代替。类似的情况也见于27[1]—29窟组合，其中27[1]号方形窟被改建为27[2]中心柱窟。

[2] 新疆维吾尔自治区文物管理委员会、拜城县克孜尔千佛洞文物保管所、北京大学考古学系编《中国石窟·克孜尔石窟》一，图版75。

第四章 克孜尔谷西的石窟寺院

如今仍可从33窟残存壁画推断出原来的正壁、两侧壁绘有三尊大立佛，门道两侧各有一尊立佛。被改建为中心柱窟的34[2]窟，其形制和壁画布局最接近8窟。34A窟是一个规模较小、窟口敞开的方形窟，类似于9A窟。保存极好的35窟，显示出谷西西段僧房窟的特点[1]。由上可知，该组合分为两个阶段：第一阶段主要是方形窟和僧房窟形成的组合，第二阶段则是谷西西段典型的由僧房窟、方形窟和中心柱窟构成的组合。

6. 26A—29窟组合

26A至29窟位于2至6窟组合以东（图58）。由27[1]号方形窟改建而成的27[2]窟是克孜尔最独特的中心柱窟：中心柱被大立像主龛凿通，这在龟兹地区现存约150个中心柱窟中是仅有的例子。主室的装饰题材和其他中心柱窟并不相同，主龛两侧各凿三列小龛，上方凿若干小龛，整个正壁共有59个大小不同的壁龛[2]。主室两侧壁各开13龛，原有立佛像；顶为平棋状，凿16个内有塑绘的莲花方格。甬道壁画的主要题材仍是涅槃，绘于后甬道外壁；而在内壁龛的两侧，右边为焚棺，左边为分舍利。规模比较小的28窟，纵长方形平面，盝顶，正壁的两龛很可能是晚期开凿。29窟是僧房窟，前部崩塌严重，现已用水泥墙补修，窟内曾发现有改建现象。26和26B窟是一对僧房窟，开凿于27窟之西，虽然坍塌严重，但尚可辨认出它们的布局与前述呈对称分布的5和6、18和19窟相同。26B窟有一个小室，现已堆满沙土。26窟因修补了水泥墙，根据早期照片及已有的同类窟型推测原来可能也有小室，26B窟以西又有小型、不规则的26A窟。该组合的形成至少可分为两个主要阶段：早期建造第一类组合即27[1]至29窟，之后改造27[1]为27[2]号中心柱窟并继续增建26、26B窟，形成了第二类组合，即26A至29窟[3]。

---

[1] 格伦威德尔和宿白认为35和36窟为上下开凿的一组洞窟组合，其实不然。首先，从格伦威德尔绘制的平面图以及早期照片可推知35、36两窟门道的位置、方向和高度原是不同的，此外根据类型排比，36窟要晚于35窟。格伦威德尔《新疆古佛寺：1905—1907年考察成果》，110-111；宿白《新疆拜城克孜尔石窟部分洞窟的类型与年代》，27。

[2] 经实地考察发现主龛一侧每排有三个小龛，中央小龛安放坐像，两侧小龛安置立像。

[3] 27[2]窟的左甬道和28窟的右壁十分接近，以致两者之间的壁面坍塌，这种情况在克孜尔十分少见，所以我们推测27[2]的甬道应当晚于28窟凿建，这意味着27[2]号中心柱窟应是由方形窟改建而成，进而可推知27[1]—29窟原属第一类组合。

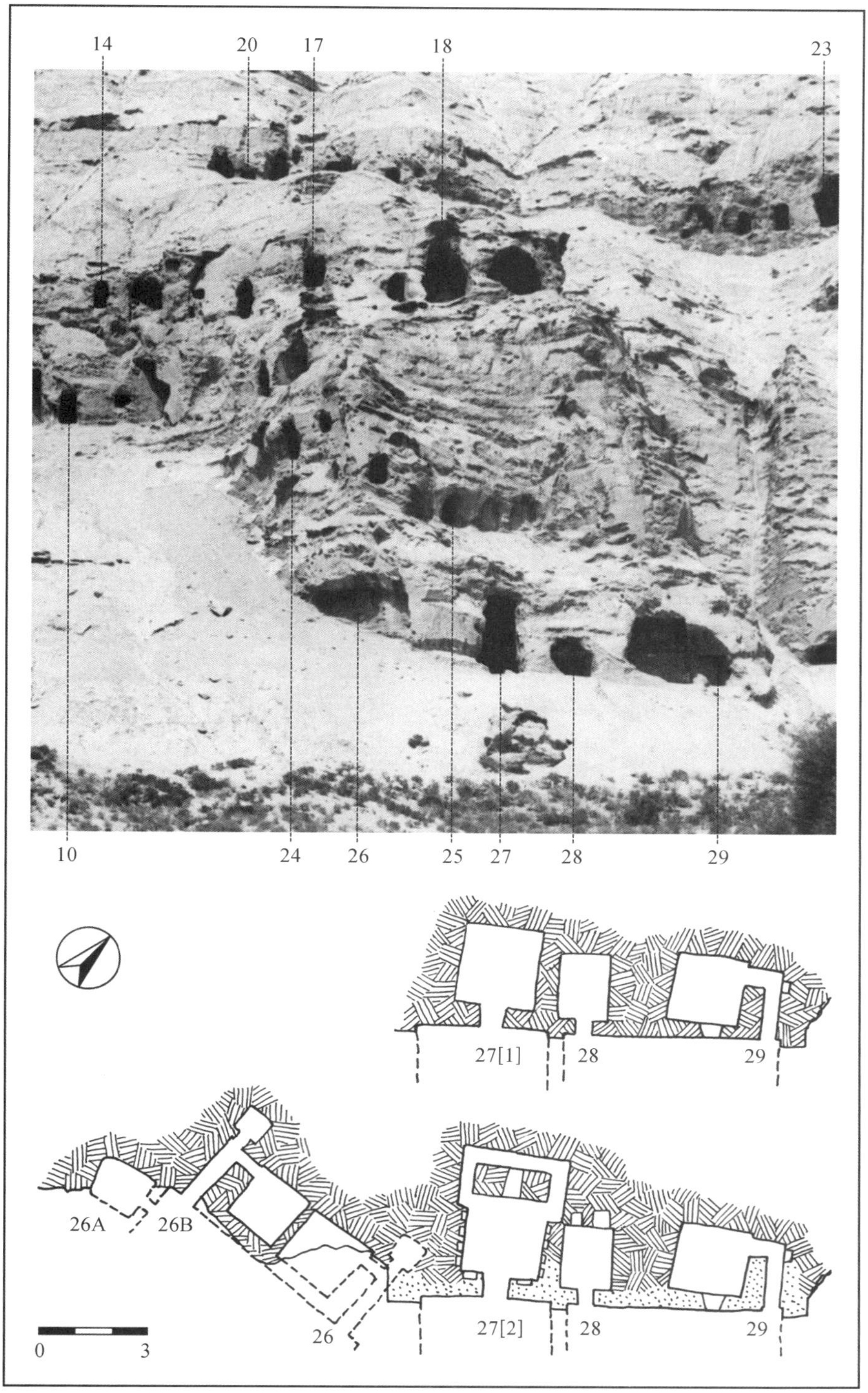

区段与组合——龟兹石窟寺院遗址的考古学探索

图58 克孜尔谷西西段26A至29窟组合立面分布图与联合平面图。组合原由27[1]、28号方形窟以及29号僧房窟构成，在后续发展阶段中27[1]号方形窟被改建为27[2]号中心柱窟，并增建了26、26B两个僧房窟。26A号小窟可视为该组合的最后扩展（照片由柏林亚洲艺术博物馆提供，编号为MIK B 1256）。

92

第四章　克孜尔谷西的石窟寺院

在谷西西段，还有两个组合在布局上与上述组合不同。首先是12、13和24窟构成的组合（包括25窟等周围的洞窟，参见图89、92）。12窟平面方形，纵券顶，其东为13窟，是一个中心柱窟，13窟的下方是24号僧房窟，这三个洞窟构成了一个上下两层的组合。另一个组合包括了30、31和32窟，分别是僧房窟、方形窟和中心柱窟，形成一个前后排列的组合。这两组在此不作细述[1]。

二、谷西西段的洞窟类型

在克孜尔谷西西段，不仅洞窟组合的类型与其他区段不一样，组合内的单体洞窟也跟其他区段的洞窟有差异。克孜尔遗址典型的僧房窟一般是由前室、甬道、门道和居室组成，在甬道入口和主室门道安装木门，前壁凿明窗，居室内门道附近设壁炉（图59）[2]。谷西西段的僧房窟有一些罕见于其他区段的特点。首先，大多数僧房甬道尽头的正壁都附有小室[3]。小室通常为平顶，内无涂层，门口安装小木门。室内体量不大，高1.6—2、进深1.1—2.7、宽1.5—2.4米之间，可能用于储藏物资。其次，所有僧房窟主室内都设有禅床[4]。禅床的做法有两种，有的为预留岩石，上面涂有泥皮或与地面同样的石膏。这一种禅床保存状况较好，容易辨认，见于2、5、10、20、22、24、35、36窟。还有一种土坯床，土坯基本不存，所以往往难以辨识。从现存遗迹看，墙壁约0.3米高处以下的草泥保存尚好，证明此处原本被禅床覆盖。另外，按一般情况，土红色的装饰带位于窟内壁面与地面相交处，但是在有禅床的地方，土红色带通常会绕行，这种床见存于6[5]、15、18、19、29、40窟。再次，该区段内僧房窟极多，僧房窟不仅在这一类组

---

〔1〕　30至32窟组合破坏较严重。

〔2〕　在克孜尔只有三个晚期的僧房窟（62、64和234窟）没有设计甬道，只在前壁一边开门道，另一边开凿窗户。

〔3〕　例外的情况见于上面已经描述过的5窟；10窟没有小室，但其旁边的11窟可能代替了小室的功能；36、37窟的情况与10、11窟类似；29、34[1]、40窟则完全没有小室；28、30窟现在无法判断原来有无小室。克孜尔其他区段有小室的僧房窟为51+52、90—93、94、140、158、162、164窟，其中的一些小室是晚期改建的结果。

〔4〕　由于没有清理发掘，26、26B和30窟禅床的情况不详。克孜尔其他区段有禅床的僧房窟只有62、64、75和90—97窟。

〔5〕　北京大学考古学系、克孜尔千佛洞文物保管所编著《新疆克孜尔石窟考古报告》，201，图版79、82。

93

区段与组合——龟兹石窟寺院遗址的考古学探索

图59 克孜尔2号僧房窟窟内设置。左侧残存壁炉的底部，紧邻壁炉处为原通向主室的门道，其上保留有安装木门框的凹槽和凿孔；右侧拐角较低处有一禅床，被同样涂抹于地坪的石膏覆盖（照片由柏林亚洲艺术博物馆提供，编号为MIK B 1377）。

第四章　克孜尔谷西的石窟寺院

合中必不可少，而且通常以增加两个僧房窟来扩大组合的方式出现。这与克孜尔其他区段的情况完全相反，不仅很少通过增设新僧房窟以扩大组合，还常常将原有的僧房窟改建成另一种洞窟类型[1]。最后，整个克孜尔共有70多个僧房窟，其中18个位于该区段内，其数量超过了壁画窟，于是也成为克孜尔僧房窟最为集中的地方[2]。

　　谷西西段的方形窟形式多样，平面布局、顶部形态、门道位置、叠涩的简繁和明窗的有无均不同，但也有一些共通之处。例如多数方形窟都不绘壁画，还出现壁面无泥皮的现象等[3]。以往许多学者认为，洞窟中没有壁画是因为尚未完工，但这个区段的大部分方形窟都没有壁画，由此可以推断方形窟的功能决定了它不需要绘制壁画，这是完全不同于克孜尔其他区段的。在其他区段组合内的方形窟中往往绘制华丽的壁画，或至少涂有草泥和白灰浆。这一类洞窟的功能目前难以确认，但至少可以看出它们既不是僧人的日常生活用窟，也不是进行礼拜活动的洞窟。方形窟通常占据着组合的中央位置，似乎有极为重要的功能。

　　上文讨论的寺院一般有一个用于礼拜的中心柱窟，这些中心柱窟之间的差异主要体现在平面、叠涩和有无小龛等方面。除了27[2]窟以外，其他洞窟都为券顶。装饰方面，主室的壁画布局和题材内容大体相同，大的变化在甬道处，这与克孜尔其他的区段相似。特殊之处是8、27[2]和34[2]窟前壁凿大龛，安装等人高的立姿塑像；另外，8和38窟侧壁只绘有三幅大型说法图。

　　出于僧人生活和宗教活动的需要，除了上述洞窟组合以外，还有几处禅定窟。保存比较好的一处四窟成排（第25、25A、25B和25C窟），通过24窟下方的隧道能够到达。24窟之西水平处原有一禅定窟。另一处位于12窟之西，尚未编号[4]。

---

〔1〕　克孜尔其他区段原有的僧房窟有时会改建为方形窟（如135、189窟），或中心柱窟（如80、98、172、198窟），寺院的扩大通常是通过增加新的中心柱窟（如107B和180窟）来实现。

〔2〕　谷西从1到43窟只有14个壁画窟，其中包括11个中心柱窟、3个方形窟。

〔3〕　该区段绘制壁画的方形窟有三座，3窟的壁画破坏严重，很难辨识，33窟内绘立佛，14窟是14—19窟组合中的最后一窟，窟内绘画保存极好，为后期增建，其功能跟前两者不同。

〔4〕　关于禅定窟的全面描述，参见本书第七章。

95

区段与组合——龟兹石窟寺院遗址的考古学探索

三、谷西西段的分期

克孜尔遗址的七个不同区段中,谷西西段是最单纯的区段,因该区段内典型洞窟组合通常延续时间较长,并且没有复杂的打破关系。洞窟组合的核心由三个不同类型的洞窟,即僧房窟、方形窟、中心柱窟构成,通常通过在一端增加两个对称的僧房窟来扩建。早期寺院的改建以及新寺院的不断建立,使该区段的洞窟比较集中,也反映出这一区段有一个漫长使用期[1]。

该区段还发现了另外两种类型的洞窟组合。上文描述的33号方形窟和34[1]号僧房窟原为一组,27[1]号方形窟,与28、29窟为另一组,都是见于谷西东端的方形窟和僧房窟的典型组合类型。两个组合都在晚期将早期的洞窟改建为中心柱窟,从而也由第一类组合转变成第二类组合。亦即,谷西西段早期只有第一类组合,在稍晚阶段才出现第二类组合。

另有一种组合类型仅由中心柱窟和僧房窟构成,这种组合类型主要流行于克孜尔其他区段[2]。在谷西西段最早出现于崖壁最高处的一排洞窟中,包括20号僧房窟和20A号中心柱窟以及22号僧房窟和23号中心柱窟,中心柱窟均未完工。另一组包括42号僧房窟和43号中心柱窟(图60),两窟共用木构前室,位于该区最东端[3]。考虑到这种组合在本区内的相对位置和洞窟类型,再加上三组洞窟都没有完工,不妨推测这一种组合都建造于谷西西段最后一个阶段[4]。新寺院类型不再设计方形窟,也许意味着到第三期该区段组合内僧团的日常生活又有了新的变化。

综上,通过分析不同的组合类型,我们可以将谷西西段的发展分为三阶段:

---

〔1〕 该区段壁画风格除43窟是C种风格外,其他都属于B种风格。

〔2〕 例如,171—172[1]、162—163、158—159、106—107A窟等组合。

〔3〕 早期照片显示43窟东侧原有开凿在岩体内的阶梯隧道,这表明42—43窟组合原来应该离地面有一定的距离。

〔4〕 谷西西段未完工的洞窟都属于这种僧房窟和中心柱窟组合类型。43窟的情况已见前述。20A、23号中心柱窟均未完工,23窟的情况最为明显。虽然在20A窟发现了塑像的残片,但该窟的正壁主龛太小,与洞窟不成比例。考虑到它平面接近的森木塞姆26窟和克孜尔尕哈21窟的中心柱在各面都开龛,可以认为该洞窟没有建完,主龛和塑像为晚期所补,情况与43窟类似。参见北京大学考古学系、克孜尔千佛洞文物保管所编《新疆克孜尔石窟考古报告》,113、135。

第四章　克孜尔谷西的石窟寺院

图60　克孜尔谷西西段42和43窟组合立面分布图与联合平面图。该组合并未完工，43号中心柱窟中没有绘制壁画，而现存的局部装饰是后期的补绘。组合内的两窟通过一个木构栈道相连，现保留许多安装痕迹。照片中43窟右侧尚可看到通向该组合的开凿于岩体内部的阶梯隧道（照片由柏林亚洲艺术博物馆提供，编号为MIK B 0788）。

区段与组合——龟兹石窟寺院遗址的考古学探索

第一阶段,典型的组合为僧房窟和方形窟组成。第二阶段,典型的组合由中心柱窟、方形窟和僧房窟组成,有时在一端扩建两个对称的僧房窟,该阶段是寺院建设的繁荣期。第三阶段典型的寺院由僧房窟和中心柱窟构成,三例组合都未完工便已废弃。后来仅零星加工,但未按计划完成,可能有某种外来因素使凿窟活动被迫中止[1]。

四、小结

本文在分析僧房窟、中心柱窟和方形窟的开凿、改建和组合演变的基础上研究了谷西西段的发展规律。该区段绘壁画的洞窟较少,因而绘画风格、题材内容、装饰布局等图像学方法难有用武之地。另外,寺院的开凿还可能与小乘佛教戒律有密切关系,因此对寺院演变规律的把握,也许也会有助于辨认克孜尔不同区段僧团所使用的毗奈耶。例如,33至35窟构成的组合是第二期典型的组合,取代了第一期僧房窟和方形窟的组合,意味着原来的寺院规划不符合第二期僧团活动需求,所以需要重新安排活动空间和寺院布局,也就是说,僧人的生活方式发生了变化。谷西西段僧房窟和其他区段存在较大的差异也为分析僧团生活提供了一些新线索,除了反映时间进程以外,也可能暗示了克孜尔佛教僧团存在着不同的教义。

本文曾以《克孜尔谷西的石窟寺院》为题发表于《燕京学报》新十六期,2004年5月,197–214。收入本书时,文字和线图都略有改动。

---

〔1〕 20、22号僧房窟壁炉有明显用火痕迹,这证明寺院的中心柱窟尚未完工就已经开始使用,并且寺院的扩大以及新开凿洞窟都是为了解决比丘的居住问题。晚期的20A号中心柱窟主室正壁开龛立像,43号中心柱窟扩建了安放塑像的主龛和涅槃台并绘壁画,但都没有最终完成。

第五章　克孜尔石窟的木结构建筑

在木扎提河北岸耸立的峭壁崖面上散布着许多大小不一的孔洞,近年虽然又增建了一些钢筋水泥结构,但这里仿佛依然萦绕着一种神秘的气息。回溯千年,全盛时期的克孜尔一定是流光溢彩。这里香雾缭绕,宝相庄严,一孔孔石穴满绘斑斓的壁画,还有精工雕刻的木质构件踵事增华,罗列辉映。远远望去,仿佛在一幅如霞光般绚烂的卷轴里,飞阁流丹,复道行空,空中也飘着阵阵佛音,声声梵钟……

可不幸的是,这些木结构现在都已荡然无存,后人也已经很难身临其境地感受龟兹佛寺的原始风貌。但我们仍可以根据那些深凿崖壁之中用来安插木构件的槽孔来进行复原研究。在这种情况下,克孜尔保存下来的以及早期探险家发现的少数木构件、克孜尔石窟修复前的老照片,以及窟内壁画中所绘的木构建筑都是可资参考的重要线索[1]。

笔者古代木结构建筑知识有限,克孜尔现存的建筑遗迹也并不完整,因此无法就这一专题开展全面研究[2]。不过,在梳理与分析田野工作期间的考察笔记、绘图和照片的基础上,本文旨在提醒学界同仁更加关注洞窟内外的木结构。木结构建筑是石窟寺院不可或缺的组成部分,一个洞窟竣工的标准,不仅仅是在岩体内开凿出了活动的空间,而且还应该包括大量木结构建筑的最终雕饰完成。克孜尔石窟内、外木结构的研究不仅能丰富我们对西域古代建筑的认识,还将为龟兹佛教的研究提供一些新材料。为行文方便,本文将分为三部分,即窟前木构建筑、木制门窗和窟内木结构。

---

〔1〕　本文还参考龟兹地区其他石窟寺院以及中原北方地区石窟寺院的相关材料。

〔2〕　近年来的崖壁加固,或为便于游览而增建的钢筋水泥结构,使壁面上遗留的原用于搭建木结构的凹槽和凿孔纷纷消失,而且又在崖壁上留下了大量新的痕迹。洞窟修复之前崖壁面貌详细记录的缺乏,使窟前木结构建筑的研究困难重重。20世纪初德国探险队拍摄的照片中保留了一些有益线索,是目前研究窟前木结构珍贵的参考资料。

99

一、窟前木构建筑

如前所述，克孜尔石窟的特点之一是洞窟的开凿位置通常彼此接近，从而构成组合关系。这些洞窟成排分布在崖面的不同高度上，位置最低的洞窟被掩埋在今天的地面之下，最高的距离地面40米左右。如此大的高差范围内显然会有不同形式的木构建筑，位置较高的洞窟组合由壁面外安置的木梯道或者开凿在岩体内部的阶梯隧道登临，它们彼此以栈道相连。栈道的设置还大大扩充了窟前的活动空间。

1. 栈道

目前可辨别出由栈道相连的洞窟组合有38—40窟、42—43窟、82—85窟、96—105B窟、110—111A窟、112—115窟、120—121窟、124—125窟、158—160窟、162—163窟以及171—172窟。下面我们以110—111A窟、162—163窟、96—105B窟与112—115窟四例组合为例展开讨论。

克孜尔石窟都是开凿在易被风化的砂岩与石灰岩上，无法像麦积山、炳灵寺或其他石窟寺院那样[1]，仅靠将木桩插入壁面上的槽孔内即可搭建起牢固的栈道。为解决这一问题，这里的石窟多在窟前预留一米多宽的平台，在平台上凿出地栿槽，槽内嵌放地栿。地栿的一端插入壁面的凿孔，另一端向外伸出，然后在上面平铺木板形成栈道的地面。门道上方有一排椽眼，木椽一端固定于椽眼，另一端伸到崖壁之外，然后上覆顶盖。上部木椽与下部地栿由竖立的木柱连接，形成稳固的木结构。为了进一步确保安全，相邻木柱间还要嵌置栏杆。

110—111A窟组合的窟前栈道非常典型，清楚地展示出栈道与崖壁的连接方式（图61）。这组洞窟位于谷内区，位置相对较高，独立于其他洞窟，包括高度相近的三个洞窟，即绘有佛传故事的110号方形窟、形制独特的111窟和位于111窟东侧的111A窟——该窟目前只有小部分抹草泥墙保留。该组洞窟可以经由110窟西侧岩体内的阶梯隧道登临，由于崖壁大面积坍塌，梯道现已

---

〔1〕 天水麦积山石窟研究所编《中国石窟·天水麦积山》，图版2、226。亦可参见甘肃省文物工作队、炳灵寺文物保管所编《中国石窟·永靖炳灵寺》，图版2、4、16。

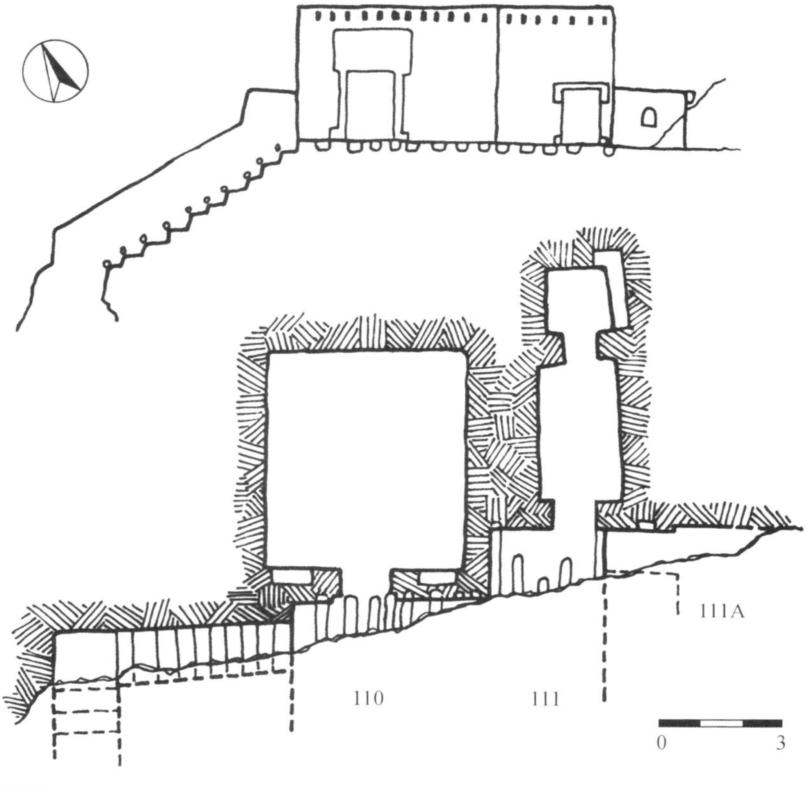

第五章　克孜尔石窟的木结构建筑

图61　克孜尔110至111A窟组合立面分布图与联合平面图（包括西侧梯道）。该组合开凿于谷内区的偏僻处，窟前部分坍塌，残损处暴露出了原来开凿于岩体内的阶梯隧道（照片由柏林亚洲艺术博物馆提供，编号为MIK B 1385）。

区段与组合——龟兹石窟寺院遗址的考古学探索

暴露无遗[1]。

在110窟前栈道所形成的活动面比较狭窄，另外两个洞窟前则较宽。这里虽然没有保存下木构件，但大量遗迹遗痕为了解栈道的搭建方式提供了充足的信息。栈道的承重墙，即分布有凿孔和椽眼的壁面，开凿得非常规整，同底面垂直，高约3.4米。110窟前预留的平台上凿有8个地栿槽，门道上方凿一排12个椽眼；111窟前有5个地栿槽，上有7个椽眼。

根据保存的地栿槽和椽眼，110—111A窟组合的窟前栈道的修建过程可以复原如下：首先在预留平台上的地栿槽内逐个插入地栿，地栿的一端牢牢嵌入承重墙上的凿孔，门道处则以横置的门槛固定，另一端伸出崖壁；当所有地栿各就其位后，在其上平铺木板建成栈道的地板。承重墙上方的椽眼内卡定木椽一端，木椽的另一端同样延伸到崖壁外。垂直的木柱将木椽与地栿连接起来，木柱间安装扶栏。发现于克孜尔的一些木构件残片表明，栈道的木构件上可能有大量精美的雕刻与彩绘。从远处眺望，可以看到凌空飞架的楼阁，给人一种佛国圣境之感。

162—163窟组合包括了162号僧房窟和163号中心柱窟（参看图13）。162窟前较宽的预留平台上凿有7个地栿槽，163窟前的预留平台较狭窄，凿5个地栿槽。在162窟正壁上方有5个大椽眼，其下有一条横贯壁面的水平凹槽；163窟的情况与之类似，稍为不同的是正壁上方凿9个较小的椽眼。根据这些痕迹，162—163窟前栈道的修建方式可以大致复原如下：地栿被逐个插入预留平台上的地栿槽内，一端固定于正壁凿孔，另一端伸出壁面，上平铺木板成为栈道的地板；木椽里端插入椽眼并且与横凹槽内的木梁咬合，外端伸出崖壁；椽眼上部及顶部的壁面没有草泥涂层，这表明木椽上可能有木制吊顶；上部木椽与下部地栿以竖立的木柱相连，木柱间置放栏杆，结构与110—111A窟前栈道十分相似。该组洞窟开凿位置较高，周围也没有发现阶梯隧道的痕迹，这说明到达

---

[1] 梯道原本是开凿于岩体内的阶梯隧道。在梯道上端的内壁上部保留了一个常见的安装门框的过梁槽孔，在已经坍塌的相对的岩壁上肯定也有类似的槽孔以安装门框。梯道每一层的拐角处都有一个小孔，可能用于安插小木棍，假如这一推断正确，那么在现在已经坍塌的相对的崖壁上也肯定会凿有与之对应的小孔。这些木棍的作用是使易磨损的砂岩阶梯外涂的石膏更加稳固。崖壁内的阶梯隧道是龟兹石窟寺院中最常见的梯道样式，其中保存较好的例子有克孜尔36、42—43、95A、110、113、120窟，另外153窟可能也有类似的梯道。还有森木塞姆48—49窟、库木吐喇窟群区21—24窟和68—72窟等。

102

此处的唯一途径是通过窟前木梯[1]。

96—105B窟组合由12个位于同一高度、间距相同、方向基本一致（南端的96窟和北端的105B窟与其他洞窟垂直）的洞窟构成，组合前的栈道长度超过50米，为克孜尔之最（参看图17）[2]。97—100窟的外立面高6.2米左右，保存较好，遗留了大量木结构安装痕迹。在其顶点处凿出与立面垂直的平顶，可惜大部分已经坍塌，很难推测平顶的原有长度。外立面上距离预留平台约3.9米处凿有一条横贯壁面的水平凹槽，预留平台上凿有一排较大的地栿槽，彼此间距约为1.2米。据此推测其栈道的建造方式和结构同上述两例基本相似，即将地栿插入预留平台上的地栿槽中，不过此处预留的平台几乎全部塌毁。稍有不同的是，门道上方的水平凹槽内安插木椽之后，椽与椽之间填塞石块和草泥加固。然后同样以竖立的木柱连接上部的木椽和下部的地栿，其间安装扶栏。

96—105B窟组合前的栈道具有不见于前述几例栈道的一些特点。99、102和105窟三个彼此间距相同的洞窟各有一个承担着重要结构功能的前室，但目前仅有99窟前室保存较好（图62）。该前室无前壁，前部地坪比后部低30厘米，其上凿有1a、1b与1c三个地栿槽，与99窟左右两侧洞窟预留平台上的地栿槽处于同一水平线，反映出两者具有一体性。前室左右两侧壁在距外立面约60厘米处各有一个纵贯壁面的竖直凹槽，凹槽中段深约25厘米（2b），下段（2a）与上段（2c）更深。正壁上方接近顶部的位置，有一条宽大的横穿壁面的水平凹槽（3a），约宽50、深20厘米，并延伸至左右侧壁形成了更深的凿孔（3b）。

通过这些痕迹，我们可以尝试复原前室的木构建筑格局。首先地栿被插入地栿槽1a、1b和1c中，外端向前延伸。然后将另一个地栿插入两侧壁凹槽下段2a中，这个地栿要压住1a、1b、1c中地栿的里端。再用一个高250厘米的木柱插入2b中，压住2a中的地栿。凹槽2b的上方再加一块横木板，高约100、宽20厘米，将此板两端分别插入左右侧壁上的凹槽2c中，如此一来横木板就横"嵌"于

---

[1] 栈道右端保留的遗迹遗痕暗示出这里原来可能有可以登临此组洞窟的木梯，而且木梯的一端应当固定在栈道右端的两根地栿上。因为损坏严重并被大量堆积覆盖，这一推断暂且无法证实。

[2] 过去发表的96—105B窟组合的线图误差较大。新疆维吾尔自治区文物管理委员会、拜城县克孜尔千佛洞文物保管所、北京大学考古学系编《中国石窟·克孜尔石窟》一，14。本书图17是笔者在田野考察期间的实测图。

    该组合内的洞窟开凿在同一水平高度而且间距相当，表明组合内洞窟的凿建依循一定的顺序，另外根据洞窟形制和装饰题材内容可以推断，组合应当始建自105A窟，然后依次向南发展。

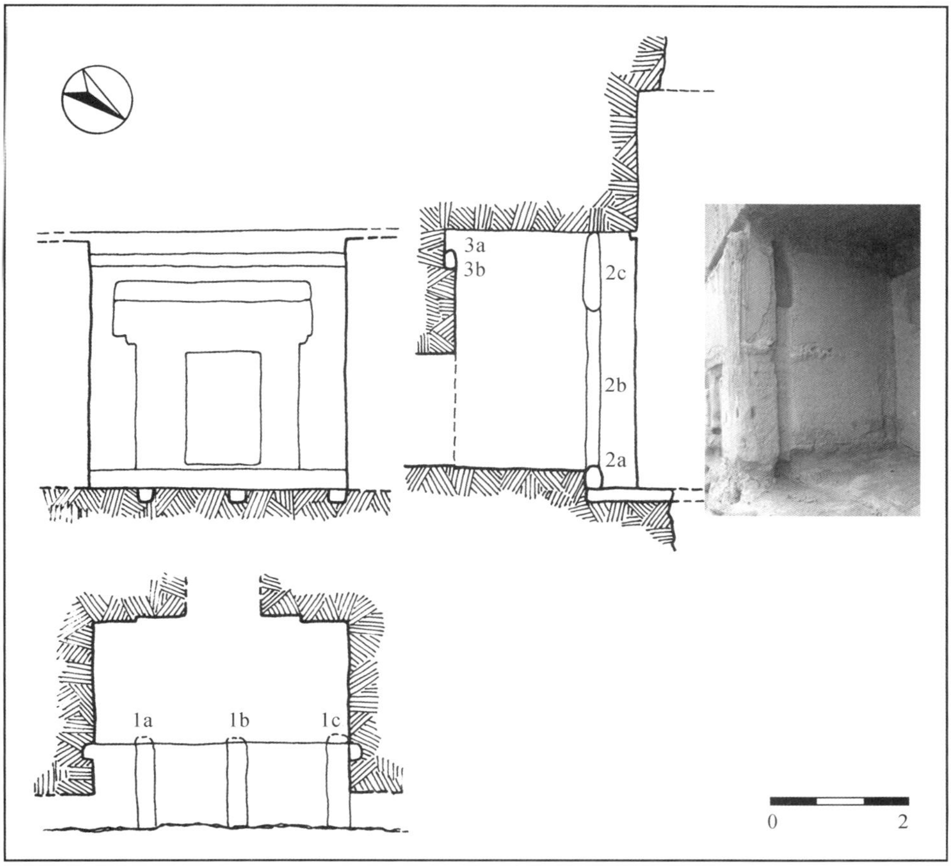

图62 克孜尔99窟前室平面图、正视图与侧视图。此图展示了木结构的搭建方式，照片中呈现了右侧壁面存留的安装木结构的凹槽及凿孔。99窟前室所采用的木结构可能同样被运用于102、105窟前室（参见图17）。这种木结构是固定长达50余米的龟兹最大的木构栈道的必要措施。

两侧壁之间，上距窟顶约20厘米。最后将椽子的一端插入正壁的水平凹槽3a中，经过2c承托过梁和顶部空间，继续向前延伸，高度与外立面上3.9米处的水平凹槽相同。这一由木柱和木板相互交叠而成的木结构结实牢固，而且可以加固整个栈道。102窟和105窟的前室木结构很可能与之类似[1]。在这组洞窟下方约15米处，有一段开凿于岩体内的阶梯隧道，经由该梯道可以从较低的位置到达一处较高的倾斜硬岩面，进而登临组合南端的96窟。

112—115窟组合前的栈道也有一些新的特征（图63）。在组合发展的早期

---

〔1〕 102和105窟两个前室的正壁在门道和窗户上方都有与99窟正壁凹槽类似的结构，这暗示出三窟似乎具有相似的木构建筑。值得注意的是，102窟并没有完工，这说明前室中的木构建筑并不仅是与洞窟本身相适应，更重要的目的是加固整个栈道。另外，由木柱和木板相互交叠而成的木结构还见于敦煌，如莫高窟北魏487窟的前室。潘玉闪、马世长《莫高窟窟前殿堂遗址》，81—97。

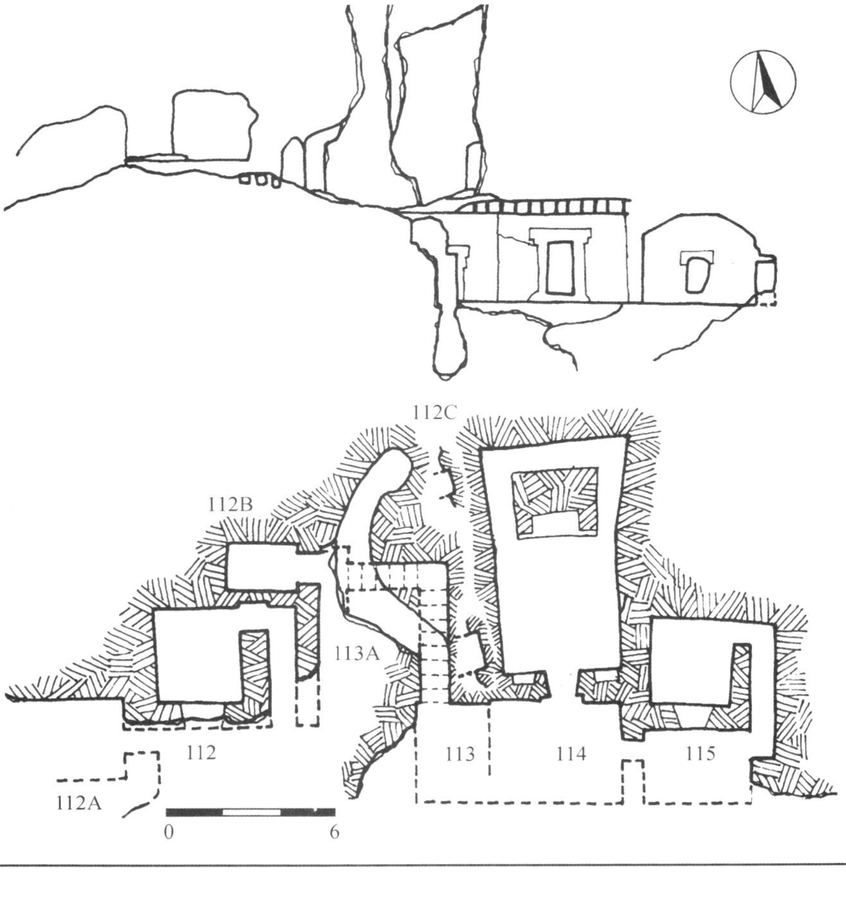

图63 克孜尔112A至115窟组合立面分布图与联合平面图。该组合最初由114号中心柱窟和115号僧房窟构成，后期通过增建113窟得以扩展。113窟实际是开凿于岩体内部的阶梯隧道，用于登临上部洞窟。113和114窟原本由同一木结构连接。

区段与组合——龟兹石窟寺院遗址的考古学探索

阶段，114、115两窟各有一个石凿前室。后期新增了113窟，该窟其实是凿于岩体内的阶梯隧道，主要用以登临上部洞窟。开凿113窟的时候，114窟的前室可能坍塌，于是又重新修建了一个栈道。从该窟外立面上残留的痕迹看，这个栈道也扩展到了113窟之前，其搭建方式与前述几例大同小异。

2. 石窟前室前部的木结构

第二类木构建筑指的是单个洞窟前室前部的木结构，拥有这类木构建筑的洞窟数量较少，如36、116和118窟等，下面仅以118窟为例予以介绍。

118窟是方形窟，开凿在谷内区朝南崖面较高处的中间位置。118窟原本有一个完全开凿于岩体内的覆斗顶前室，正壁开一门，门两侧各有一明窗（图64）。在稍晚阶段，该前室前部坍塌，壁面上的遗痕表明，该窟被改建以继续使用。在前室地坪前端凿出地栿槽，安装地栿以承托其上的木构建筑，但现已大部分毁坏。覆斗顶被废弃，两侧壁加高，还在正壁上方凿出一道水平凹槽，有八根木椽插入凹槽中，椽与椽之间填塞石块和草泥以防止松动。木椽与地栿之间用竖立的木柱连接。

118窟前的木构建筑是后期修复的产物，其修建与洞窟的开凿并不同时。

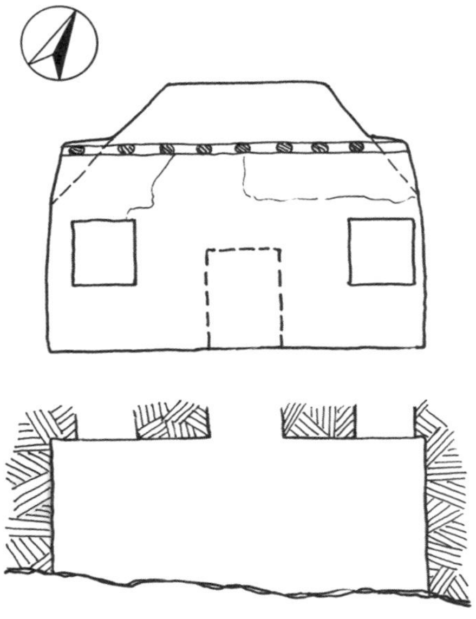

图64 克孜尔118窟前室。前室原为石凿，覆斗顶。后期为修复前室崩毁的前部，两侧壁被加高，正壁上开凿插放木椽的水平凹槽和椽眼，地坪前端凿出地栿槽，搭建起一个木结构以代替坍塌的前壁。顶部也被随之改建为木制平顶。

第五章　克孜尔石窟的木结构建筑

类似的改建情况亦见于116窟和36窟中，根据这些情况，我们可以认为，单个洞窟前室前部的木构建筑很可能是在维修损毁前室时建造的。

3. 重层窟檐

克孜尔的重层窟檐遗迹仅发现于161窟和156窟前，但严重崩塌的崖面已经使精细的复原工作再无可能。161窟有独立的前室，其上方的崖面上凿有用于安装枋子和椽子的三排水平凹槽和椽槽，估计是用来承托窟檐的（图65）[1]。

156窟主室前壁已大面积坍塌，只保留下来右侧的一小部分，窟内被煤烟熏得乌黑，因而常常被参观者和研究者忽视。该窟为套斗顶方形窟，侧壁上有成组的凿孔，最初可能用来安装泥塑立像。窟外右侧崖面上还保存了四排安装木

161

图65　克孜尔161窟外立面。前室上方的崖面上凿有数排槽孔，其内安插的椽子可能用来承托重层窟檐（照片由柏林亚洲艺术博物馆提供，编号为MIK B 1766）。

---

〔1〕　克孜尔全部洞窟的类型排比研究表明161窟的年代晚于右侧的158—160窟组合。

区段与组合——龟兹石窟寺院遗址的考古学探索

结构的凿孔,可能用于修建结构复杂的重层窟檐,重层窟檐结构似乎也反映出该洞窟的重要性。

4. 木梯道

克孜尔石窟寺院中有较多洞窟及洞窟组合开凿于崖面的较高处,除了崖壁内的阶梯隧道外,还应该修建了相当数量的木梯道以登临高处洞窟,但目前发现的遗迹极少,暂时可以分为两类。

第一类木梯全为木结构,都已毁废无存,但前室地坪上尚保留有安装木梯上端的地栿槽,如225窟的前室地面。在窟前平台上靠近右壁的地方有两个与其平行的地栿槽,彼此之间相隔约1米,地栿插入地栿槽内,原隐藏于涂有石膏的地面之下,里端固定于正壁上的凿孔内,外端向前延伸以连接并固定从低处通上来的木梯[1]。

另一类木梯外侧由木结构支撑,内侧固定在崖壁内。此类木梯的判断可以根据崖壁上遗留的凿孔,克孜尔遗址中没有发现保存较好的,最清晰的实例见于库木吐喇65窟。

上述崖面上遗留的大量槽孔都在证明克孜尔石窟窟前木构建筑的存在,另外,在洞窟外的堆积中还常常发现绿釉砖残片,其实也是窟前原来修建木构建筑的证据。因洞窟内(包括前室)的地坪上都涂抹石膏,绿釉砖显然并不用于窟内,而应该是窟前木构建筑的附属物。

通观整个遗址并结合类型学的研究成果便可以发现,在通常情况下克孜尔早期的洞窟开凿在接近地面的位置,空间占满之后,晚期洞窟便只能开凿在不易到达的崖面上部。不过,一些洞窟选择较高的开凿位置也可能是出于其他方面的考虑。如克孜尔谷内区有较多的洞窟或洞窟组合开凿于西崖面或北崖面的较高处,可能主要受地形影响,因为这里是一条幽深的峡谷,每天只能接受几小时的直接光照,开凿在西侧或北侧崖面较高的位置可以获得更长的日照时间。

---

[1] 在地面上凿两个地栿槽,地栿的一端向外伸出以固定从低处通上来的木梯,这类情况还见于库木吐喇69窟窟前。此外,前面注释中提到的通向克孜尔162—163窟的木梯也属于这一类型。

108

第五章　克孜尔石窟的木结构建筑

综上所述,窟前木构建筑习见于克孜尔以及龟兹其他石窟寺院中,木构建筑的类型不同,在功能上也有差异。栈道用来连接组合内的洞窟,梯道可用来登临位置较高的洞窟或洞窟组合;栈道和梯道都是位置较高的洞窟或洞窟组合不可或缺的组成部分,因此它们应该与洞窟同期开凿。单个洞窟前的木结构通常是前室崩塌后的一种补救措施,而重层窟檐象征着洞窟的重要性,并提升了美观程度[1]。

二、木制门窗

无论什么类型的洞窟,门道都是必不可少的组成部分。每个洞窟中至少会有一个木制门框和门扇。除了透光及供人出入之外,还为洞窟提供了安全保障,并使其免受恶劣天气的影响,同时精工雕刻的门窗也美化了洞窟的外观。不过由于自然和人为的破坏,多数现存的洞窟中都已经不见原来木门窗的踪影。但幸运的是,克孜尔石窟寺院中还保留了一些,如119窟中的两道门槛还在原来的位置,部分门框与门扉临时存放于57窟;另外还有一扇保存较好的门扉陈列在克孜尔文物展厅。

门框、门扉、窗框及其安装方式的复原工作主要依据以下材料,即克孜尔保存的木构件、早期探险家收集和记录的木构件、窟内壁画中描绘的木门窗,以及崖壁上开凿的安装木门窗的槽孔。

本节将首先介绍门框的基本结构,尝试复原其安装方式[2],然后详细介绍不同类型洞窟中门扉与门框的特点。

---

〔1〕 龟兹其他石窟寺院中也保留有大量窟前木构建筑的痕迹,例如森木塞姆1窟,库木吐喇窟群区2(参见图47)、36—38窟,克孜尔尕哈11—16窟,克孜尔尕哈23窟,玛扎伯哈2—3窟以及7—8窟等。

克孜尔石窟位于幽深的峡谷中,多数洞窟及洞窟组合都开凿在崖面的较高位置,因而该遗址保存下来的木构建筑遗迹主要是栈道;而在龟兹其他石窟遗址中,除个别情况外,洞窟都开凿在接近地面的位置,因而木构建筑主要为地面形式。这与中原北方地区的石窟类似,如敦煌莫高窟与云冈石窟。潘玉闪、马世长《莫高窟窟前殿堂遗址》,1985年;《云冈石窟窟前遗址发掘获重大成果》,《中国文物报》1994年1月16日第4版。

〔2〕 多数洞窟前端的门道均已残损,而僧房窟内通向小室和主室的门道保存状况较好,可以发现安装门框的凹槽痕迹。下文将介绍两个在僧房窟的门道中安装门框的例子,此种安装方式也见于其他类型的洞窟中。需要注意的是,门框和门的木构件可能在使用中被更换,因此现在保存下来木构件的年代可能并不是洞窟始凿年代。

109

区段与组合——龟兹石窟寺院遗址的考古学探索

1. 门扉、门框及安装方式

不同类型洞窟的门扉和门框只是大小上存在差异，它们不外乎有以下三种安装方式：

首先是最常见的门框安装方式，见于18号僧房窟通向主室的门道内口（图66）。上部凿有一道水平凹槽用来安放顶框（1），其上稍靠外侧另有一道凹槽（2），内置固定顶框的横梁。门道内口的两侧壁上各有一道纵向凹槽（3），用于安插两侧边框；在凹槽（3）中部处向岩体内凿出一个长方形凹槽（4）用于卡定边框上的固定木条[1]。两侧壁下部各有一个较深的凿孔，略高于地面，用于安插门槛（5）。

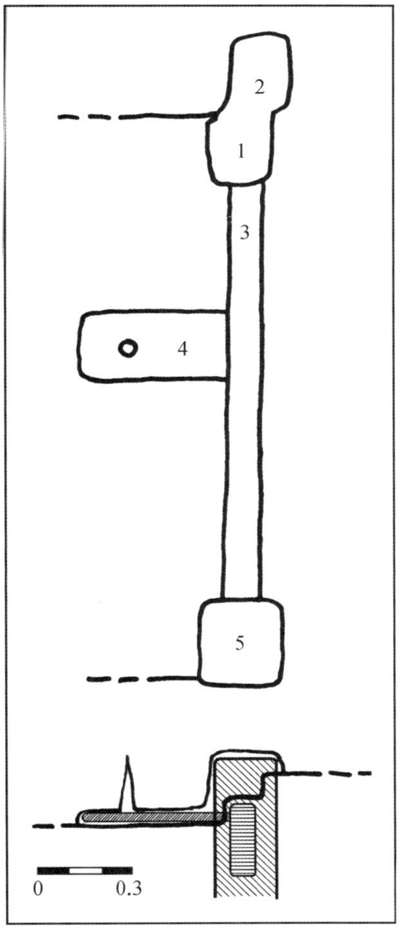

因此门框主要由门槛、顶框、边框、固定木条构成，门槛由一块木板加工而成，其成型特点是安装门扉后使之开阖自如，顶框的尺寸形制与门槛大致相同[2]。边框的两端都有榫，组装门框时将其插入门槛与顶框的卯中，中部也通过榫卯结构连接并固定木条。门框组装完毕后嵌入门道上的相应槽孔，为使门框更加牢固，木条插入长方形凹槽后用木钉固定，顶框上方嵌置一块木板，之后填塞泥土以防松动。最后窟内将涂上泥皮，这样门框就被封起来，变得更加结实牢固。

第二种门框安装方式较为少见，有一例保存较好，位于51+52号僧房窟的小室门道中（图67），根据安装槽孔可以进行复原[3]。

图66 克孜尔18号僧房窟主室门道内端门框安装痕迹，上方为侧视图，下方为俯视图。

0   0.3

---

〔1〕 除固定木条外，边框上有时还用金属固定，可据凹槽的形状判断。
〔2〕 门槛通常都略高于窟内地面，或者枕在预留的岩石台阶上，或者置于土坯做成的台阶上，也有门槛被直接放在地面上，之后被地面上涂抹的石膏层封住，不过这种情况极为罕见。
〔3〕 51+52号僧房窟的小室是后期增建的，其门框安装方式很可能是晚期的例子。221号僧房窟甬道外口的门框，可视为此种安装方式的又一例证。

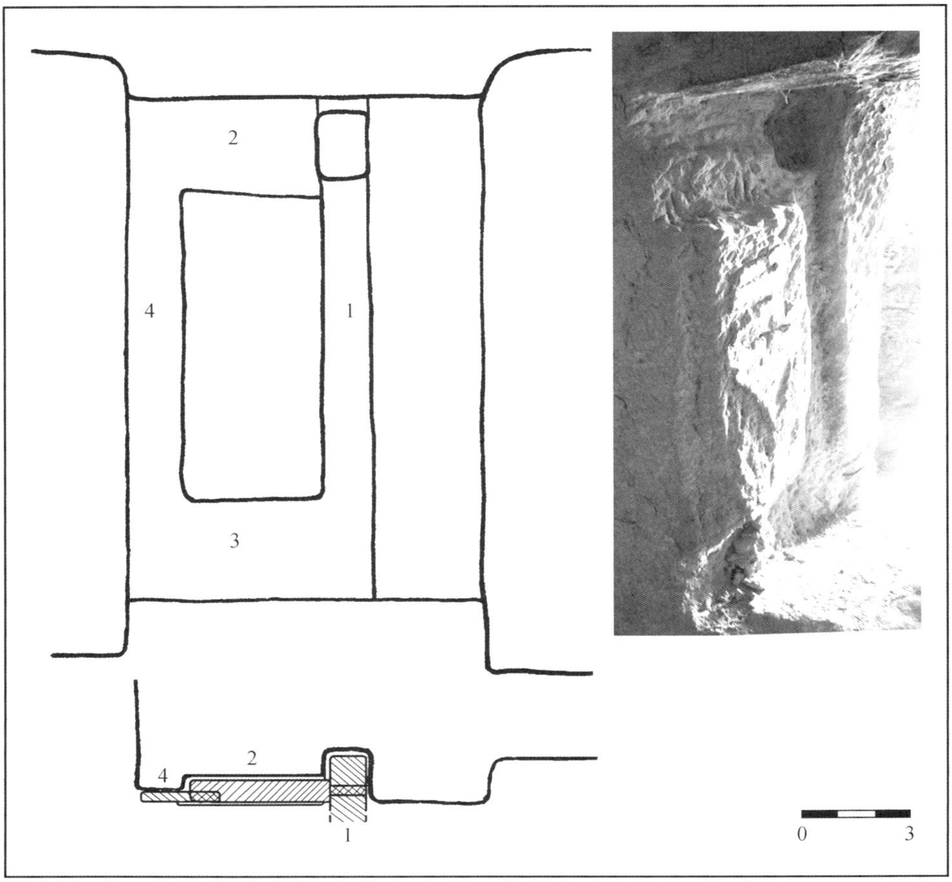

第五章 克孜尔石窟的木结构建筑

图67 克孜尔51+52窟小室门框安装痕迹示意图。

入口的两侧壁面上各开凿有四个凹槽：外侧纵向深槽（1）用来安装边框，顶部和底部的水平凹槽（2，3）以及内侧垂直凹槽（4）用来插放固定木条。

第三种门框安装方式的最好例子见于224号中心柱窟主室门道（图68）[1]。木制门框包裹墙体，大约与整个门道的厚度相当。前室正壁上开凿的槽孔显示，顶框（1）上方置有两块木板（2，3）；两侧凿有安嵌边框的垂直凹槽（4），下部有插门槛的凿孔（5）；门道顶部的凹槽（6）、主室前壁的凿孔（7，8），以及竖直凹槽（9）内均有用来安装固定门框的构件。

在大多数情况下，门扉是由约6、7厘米厚的木板通过榫卯结构拼合而成的，顶框和门槛上都凿有安插门轴的轴孔。119窟中的两道门槛各由一块单

[1] 38、208号中心柱窟中也可见到此种类型的门框安装方式。

111

区段与组合——龟兹石窟寺院遗址的考古学探索

独的木料加工而成，木料宽20、高12厘米，门槛上安插门轴以使门扇闭合严密（图69）。门槛两端各开一卯，用于连接边框的榫头。

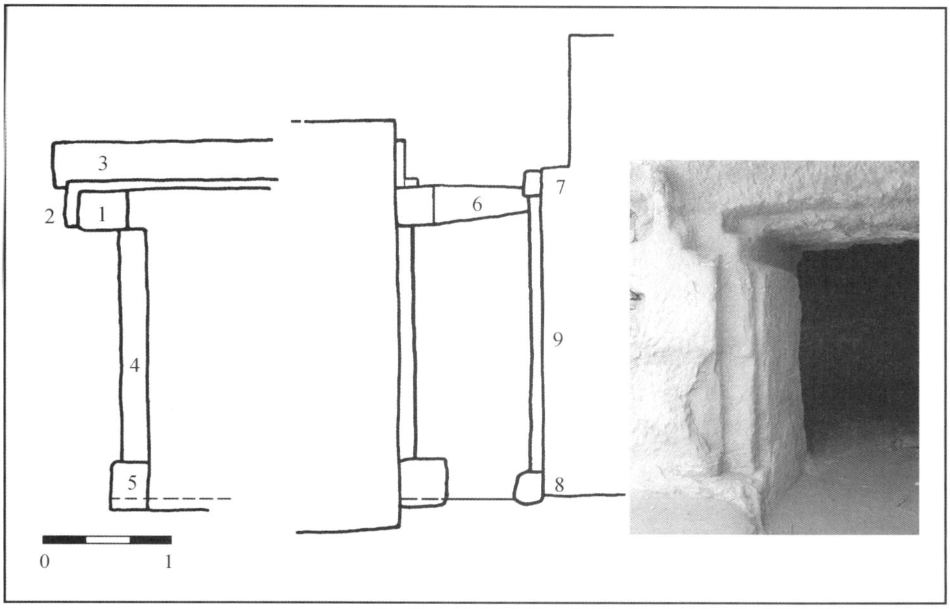

图68 克孜尔224窟主室门框安装痕迹示意图。

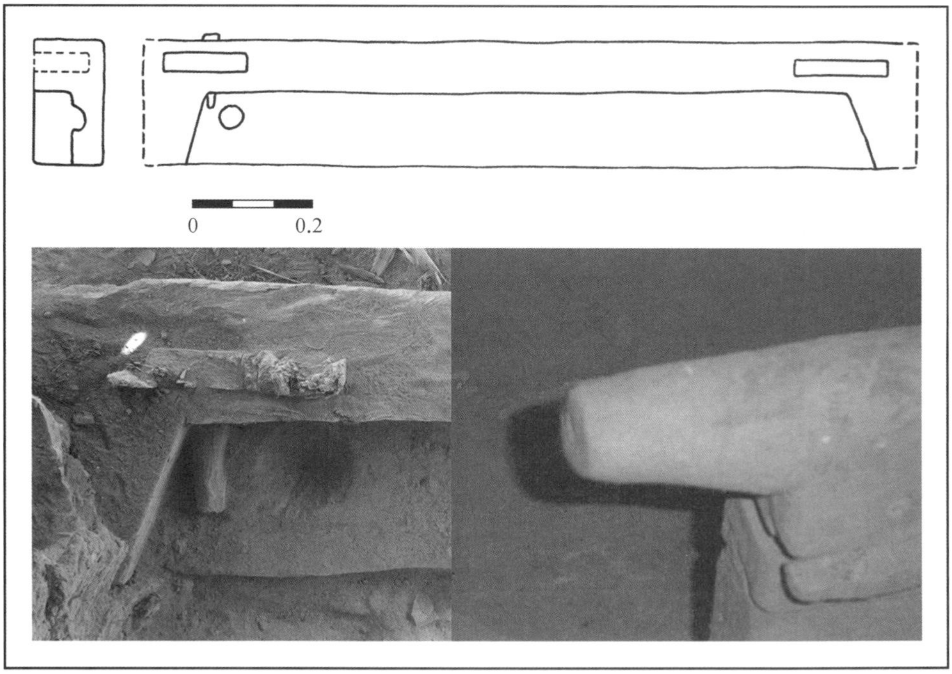

图69 克孜尔119窟门槛俯视图与剖面图。该窟的门槛还保存在原来的位置，在龟兹地区较为罕见。注意安插门轴的轴孔。

112

第五章 克孜尔石窟的木结构建筑

图70 左图应为克孜尔62窟发掘现场照片,注意残留木制窗框。克孜尔24窟窗框安装痕迹示意图（照片由柏林亚洲艺术博物馆提供,编号为MIK B 1806）。

大部分窗框都损毁得比较严重,但其结构与安装方式应该与门框并无二致（图70）。由于窗扇痕迹不明显,窗框也已不完整,这使复原工作变得相当困难。

仔细考察和记录洞窟中保留的安装门框、窗框的槽孔将会为洞窟的类型学研究提供可靠的资料,门、窗框相似的安装方式表明所在洞窟可能开凿于同一时期。在龟兹的石窟寺院中,大量的洞窟没有任何绘塑装饰,包含的年代信息极少,因此门、窗框安装方式的研究对于初步确立这些洞窟的年代早晚序列也是十分有益的。另一个需要关注的功能问题是门窗与所在洞窟的关系及其如何完善洞窟的使用,洞窟门窗等构件的复原将有助于我们更好地理解洞窟的使用方式及其功能。

2. 考古学语境及功用

在克孜尔大多数洞窟的主室前面,或者有开凿于岩体内的前室,或建有木构前室。对于前者,出入前室的门扉与门框是整个洞窟中唯一能在远处望到的部分。多数开凿于崖壁之上的前室都已部分或全部坍塌,仅有的少数残留依然可以提取出丰富的信息。

178窟是175—180窟组合发展至末期的中心。该窟前室的外立面是龟兹石窟寺院中保存最好的,也为复原该地区有独立前室的洞窟的外观提供了重要参考。在平整完崖面之后,首先在中央凿出门道（图71）,门道上下方各有一个水平凹槽,下方的用来安门槛（1）,上方的用来装顶框（2）。门道两侧的竖直凹槽（3）内安插边框。上面有一水平凹槽（4）,用来放置固定顶框的横梁,横梁

113

区段与组合——龟兹石窟寺院遗址的考古学探索

图71 克孜尔178窟外立面。门道下方的门槛、两侧的边框、上部安放横梁的凹槽至今仍清晰可辨。这是龟兹地区保存至今的最完整的前室外立面之一（照片由柏林亚洲艺术博物馆提供，编号为MIK B 1737）。

上还通过榫卯结构连接一块长约3、宽约1米的大门楣。外立面的顶部凿有一排六个椽眼（5），推测可能是支撑具有保护作用的窟檐。这些木结构在壁画中都有形象的展现，特别是在八王分舍利的佛传故事中。该故事发生在拘尸城，香姓婆罗门坐在城门上方，该城门的结构同178窟的窟门基本一致[1]。在夏合吐尔或乌什吐尔收集到的一个小型木雕上，还发现了此种门的立体形象[2]。

224窟的前室门道只有部分保存下来，而且已经被修复的保护墙遮盖，不过仍然可以发现，该门道是开凿于前壁中央的拱形门道，不安装木门。前室是敞开的，仅在通往主室的门道处安装一个木门，其安装方式在上文已有具体描述。99窟的前室没有石凿的前壁，通过栈道与组合内的其他洞窟相连。前室前部修建了大规模的木结构，以支撑前面的栈道。前室两侧壁间可能嵌置一道精巧木墙作为前壁，木墙上或许也会安装木门。

僧房窟除甬道外，主室门道也安装有门框，此外，主室的明窗还装窗框。若

〔1〕 此外，克孜尔163窟左甬道内侧壁的壁画中也描绘了这种门，还见于现藏德国的8窟壁画中。新疆维吾尔自治区文物管理委员会、拜城县克孜尔千佛洞文物保管所、北京大学考古学系编《中国石窟·克孜尔石窟》二，图版174；《中国石窟·克孜尔石窟》三，图版179。
〔2〕 Louis Hambis et al., *Douldour-Aqour et Soubashi*, plate. 79.

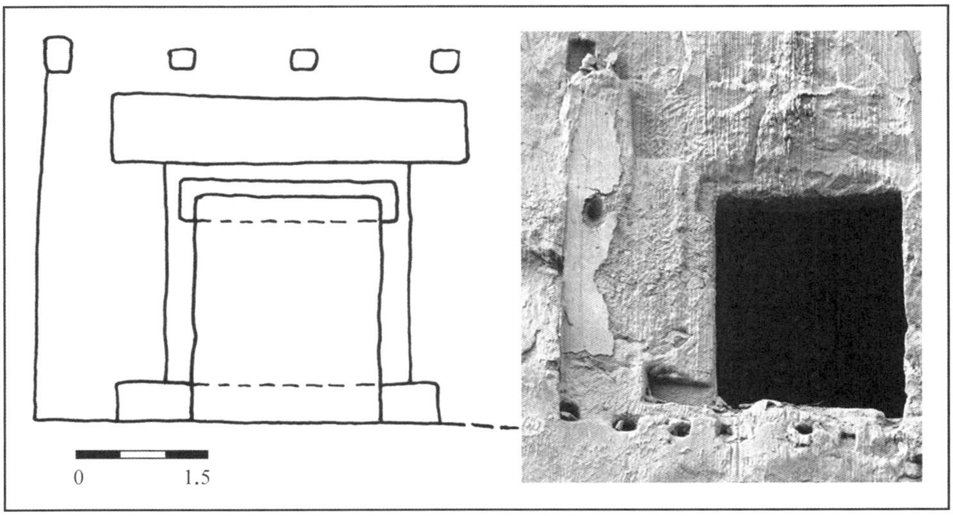

第五章 克孜尔石窟的木结构建筑

图72 克孜尔171窟主室门框安装痕迹示意图。左侧尚残存前室的部分绘有壁画的泥皮（照片由柏林亚洲艺术博物馆提供，编号为MIK B 0823）。

僧房窟附小室，则小室门道也装门框。门框和窗框的安装方式上文均已述及，此处不再赘叙。通常情况下，甬道和主室门道的门框上只装了一扇门，宽约90、高140厘米。

多数中心柱窟主室门道处的木门框早已毁废无存，但171窟门道处却较完好地保存了安装门框的槽孔（图72）。门道宽约2、高2米，下部凹槽内安装长3.5、宽0.4、高0.4米左右的门槛，上部安装顶框的凹槽较之短了将近1米。门框安装之后再在外部装饰精工雕刻的木板，不仅美化了洞窟的外观，还加固了门框。中心柱窟门道一般宽1.4—2.4米，似乎需要安装双扇门扉[1]。

方形窟是克孜尔洞窟中损毁比较严重的类型，很少能保留下前壁，因此门框、窗框及其安装方式也难以推知。残存的为数不多的方形窟主室前壁上遗留的痕迹，表明多数方形窟只开一个门道，部分方形窟除门道外还凿有一个或两个小型明窗。9、39、83、105窟似乎反映出还有开凿大型明窗的情况：窗框与门框连在一起，需要安装更牢固的木构件以支撑上方岩石传来的荷载；从外面观察，前壁几乎被木质构件覆盖，极似一座木构建筑。

龟兹大多数大像窟的主室前壁都已经完全坍塌，根据保存较好的洞窟推测至少部分大像窟安装有门。如克孜尔154窟残留的部分门道上有凹槽和凿孔痕

---

〔1〕 部分中心柱窟因前室门道处安装门，主室门道便不再安装，如193窟，主室前壁上只开凿一个拱顶门道。

115

区段与组合——龟兹石窟寺院遗址的考古学探索

图73 克孜尔154号大像窟门框安装痕迹。

迹，这些痕迹表明门的高度超过了7米，如此庞大沉重的大门一定需要十分高超的窟门修造技术（图73）[1]。

综上，克孜尔石窟寺院中绝大多数洞窟均安装有大小不一的木制门窗。门窗样式与安装方法的差异应该反映的是不同的发展阶段，因资料有限，目前还无法明确这种对应关系。门窗在发挥重要结构功能的同时，还装点美化了洞窟的外观。

三、窟内木结构

除了窟前的木构建筑及木制门窗外，窟内也安置了大量承担着重要功能的木结构，其中一些被草泥涂层封固，一些则显露于窟内，被精心雕饰，与壁画和塑像一道装点洞窟。

1. 支撑绘塑装饰的木结构

部分中心柱窟主室的两侧壁上各有一排方形凿孔，根据位置和功能可以将其分为三类[2]。

第一类开凿于侧壁上部，紧邻叠涩，其内安插方形小托板，或在托板上平铺一横梁以支撑叠涩，例如69[2]、224窟；或在托板上立一木板遮挡并修饰不甚规整的石凿窟顶，如114窟。这些木结构除托板外均被泥皮覆盖并在其上绘画，与窟顶融为一体，外露的托板则增加了叠涩的美感和复杂程度。

第二类开凿于侧壁叠涩之下约50厘米处，内插方形托板，托板之上平铺一块雕饰精美的横板，如此组成一个木像台，像台上通过榫卯结构连接小型木雕

---

〔1〕 库木吐喇窟群区大像窟的门相对较小，约3米高，见于2、36、38、65窟。
〔2〕 这些中心柱窟是：8、34[2]、新1[2]、69[2]、101、104、114、155、163、172[2]、195、196、198、224窟。

116

第五章　克孜尔石窟的木结构建筑

图74　龟兹洞窟内原插在壁面上的托板与水平放在托板之上的横板（线图据 *Douldour-Aqour et Soubashi*, figs.24-27 中的照片绘成）。

塑像（图74）[1]。38窟主室侧壁叠涩之下的壁画间接支持了这一推论，壁画描绘了像台上小龛中成对的伎乐天[2]。99窟侧壁上方的岩体上雕凿出了第二类木结构的样式，其上虽然被严重熏黑，但仍可推知曾绘有一排坐佛[3]。197窟的侧壁上部也有第二类木结构的石刻翻版，之上还绘有龛中天人。由此可以推测像台上安置的小型木雕像包括坐佛、天人和伎乐天。

　　第三类开凿于侧壁中部，其内安插方形托板，托板上平放一条木板，构成一个木像台。像台上倚壁放置真人大小的立像，如新 1[2] 窟和 69[2] 窟前室[4]。

　　一些中心柱窟的后室也有类似的方形凿孔，用以支撑木像台。还有一些中心柱窟后室前壁与后壁的对应位置上各有一较小的凿孔，可能用来插放横梁以作像台。

2. 中心柱前的木结构

　　克孜尔石窟中部分中心柱窟与大像窟的中心柱前地坪上残留有与中心柱同宽、互相平行的两条痕迹，尽头处有一条横向痕迹将两者连接起来，这些迹象

---

〔1〕　托板上放横板的实例见于夏合吐尔和乌什吐尔地面遗址，其尺寸与造型表明应该与洞窟内的情况相似。克孜尔展览厅中保存了一块出土于克孜尔遗址的带装饰的横板，在表面有规律地凿出了安插塑像的卯眼。L. Hambis, *Douldour-Aqour et Soubachi*, plates. 23 and 24.

〔2〕　新疆维吾尔自治区文物管理委员会、拜城县克孜尔千佛洞文物保管所、北京大学考古学系编《中国石窟·克孜尔石窟》二，图版99。有学者曾尝试复原该窟壁画中的建筑，傅熹年《中国古代建筑史》二，198。

〔3〕　新疆维吾尔自治区文物管理委员会、拜城县克孜尔千佛洞文物保管所、北京大学考古学系编《中国石窟·克孜尔石窟》二，图版87。

〔4〕　第三类在大像窟中较为常见。

117

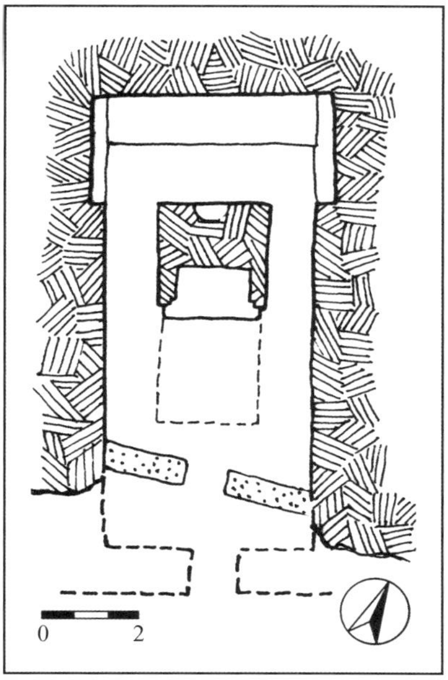

图75 克孜尔219窟平面图。主室地坪中央完好保存了安插木栏的痕迹（虚线表示），因被木栏圈围的部分不得进入，故而主室的活动空间极为有限。

暗示了此处原来应该有一个宽3—5厘米的木质围栏，围护着主室内的中央空间（图75）。木栏安插在刚涂好的石膏地面之中并以小木桩或木钉固定，部分桩孔和钉孔至今仍然非常清晰。木栏内禁止出入，所以在某些洞窟中还保留着涂红的地面。

3. 木质雕像

洞窟中无疑放置了木质雕像。如中心柱窟两侧壁的木像台上肯定安放了小型木质雕像，而且，也不能排除主龛佛像为木质的可能性。龟兹石窟寺院的中心柱窟主龛塑像无一保存，多数人认为主龛塑像为泥质，其实不然。笔者系统搜集并梳理了龟兹所有中心柱窟主龛结构的信息后发现，主龛底部的造型是为了便于安置一个活动底座；通常安放泥质塑像的壁面不绘壁画，而且会有固定塑像的槽孔，但龟兹中心柱窟主龛的正壁均绘有佛的头光和身光，而且没有凿孔。这意味着主龛内的佛像是可以被移动的，由此推测佛像极可能由轻便的材料制成，如木材。大像窟内也供奉许多木雕，除了正壁的泥质大立佛有木骨支撑及固定木骨的木结构之外，两侧壁的顶层木像台上也安放了许多半身木雕像。

4. 窟顶木构件

部分洞窟通过安装木结构来加固窟顶。如114窟，在顶部中央开凿了一条连接前壁和正壁的凹槽，其内安插木梁后，涂抹草泥将之覆盖，并在涂层上绘制壁画。60窟在窟顶开凿了三条类似的凹槽，凹槽中的木梁在后期被移除，用草泥将之填平后绘制壁画。谷东区175—193窟之间的绝大多数洞窟在靠近窟顶的前壁和正壁上都各有一个凿孔用来安插圆杆，这一外露圆杆很可能承担着重要的装饰功能[1]。

---

[1] 除了176、178、179、184、186、188和192窟之外，187号小型洞窟内也有同样的结构。说明在某一特定时期，这一建构方式与其说是技术手段，倒不如说是一种流行元素。

第五章　克孜尔石窟的木结构建筑

四、结语

克孜尔石窟在建造和使用中采用了大批木材,并于窟外窟内安装了大量栈道、木梯、木门窗、木像台等木结构,这些建筑兼具了结构功能与装饰作用。以前几乎不曾有著作专门论及洞窟内外的木结构,但对于洞窟的凿建而言,木料承担着与岩石同等重要的作用。大量木料的使用也涉及许多值得研究的问题,比如这些木材以何种方式被运至克孜尔。20世纪50年代保护洞窟时,修建木门所用的木材都是沿木扎提河漂流而来。考虑到进入遗址的困难性以及洞窟附近没有森林这一现实情况,可以推测当年建造洞窟所需的木材也可能采用了类似的方法。开窟活动可以随时开始,而修建大型木结构所需的大量经过风干处理的木材显然要提前准备,甚至会是一项长期规划。

另外,通过对栈道的系统考察可以发现,至少在一些洞窟中,石凿前室前部崩塌后,木栈道随即修建,以便洞窟或洞窟组合持续使用。所以一些洞窟在古代已经被修复,研究时要特别注意区分洞窟的原初形态及后世修补痕迹,以避免混淆不同时期的遗存。

克孜尔的中心柱窟保留了较多绘塑装饰,是目前学界探讨龟兹佛教礼拜仪式的重点关注对象。中心柱窟通常都有窟前木构建筑,不仅能反映洞窟所属的特定组合,而且还暗示了洞窟内所进行的礼拜活动。已经消失无存的窟内木结构也可以揭示一些有关洞窟功用的重要信息。由于大多数中心柱窟主龛内的主像都可以灵活地移入和取出,这似乎反映出一种特殊礼拜活动的存在,即窟外拜像。根据文献记载,尤其是在重要的佛教节日,古代西域诸国常见的行像仪式都颇为盛大。公元400年,法显记录了于阗国的一次行像仪式的盛况:"作四轮像车,高三丈余,状如行殿,七宝庄校,悬缯幡盖。像立车中,二菩萨侍,作诸天侍从……车车各异。一僧伽蓝,则一日行像。"[1]两个多世纪之后,玄奘在龟兹也遇见了一次类似的行像仪式[2]。中心柱窟是洞窟组合中的核心洞窟,其中只有一尊主像可以被移动,所以主像似乎也可以被移置于其他场所供僧侣瞻

---

〔1〕　法显《佛国记》,2。
〔2〕　"诸僧伽蓝庄严佛像,莹以珍宝,饰之锦绮,载诸辇舆,谓之'行像',动以千数,云集会所",玄奘《大唐西域记校注》,61。

仰膜拜，甚至在重大的佛教节日里被用作巡行的佛像。大部分中心柱窟主龛前的地坪上均有方形围栏遗迹，一旦立起木质围栏，栏杆与前壁和侧壁间的距离仅存大约1米，这样主室内只能供僧侣绕中心柱礼拜，不能用作禅定场所，也无法举行大规模的集体活动。只有考虑了围栏的存在，才能真正理解洞窟内绘塑装饰的题材内容与布局设计以及这些装饰对观者的视觉影响。中心柱窟后室后壁安装塑像的木像台揭示出龟兹佛事活动的另一个侧面，即与主室相比，后室内有更多的塑像，而且涅槃佛的规模远大于主室的主像。这表明中心柱窟的涅槃题材在早中期占有举足轻重的地位。

大像窟彼此各不相同，是否安装有木门以及木门的规模，都是考察其内所进行的宗教活动的重要线索。有关这一问题的具体论述将于第六章展开。

克孜尔石窟的年代问题至今尚未解决，这也影响了木结构的断代。门窗以及窟内的木结构是洞窟不可或缺的组成部分，它们应该与洞窟的开凿年代相当。克孜尔的大部分洞窟都开凿于3至7世纪中叶，所以石窟内外的木结构也应属于这一时段。

木结构以及与之相关的技术问题有待专家学者展开进一步的深入研究，本文并不是从古代木建筑的角度讨论木结构的技术问题，而仅仅是对若干关键问题进行的初步分析，主要以寺院生活及僧侣礼拜仪式为立足点，来考察克孜尔石窟内外的木结构。残损缺失的洞窟，漫漶不清的壁画以及片言只语的记载早已无法使石窟寺研究产生新的突破。考古学的系统记录和整理也许能提供一些新的线索与视角，石窟内外的木结构遗痕便是其中之一，这一长期被忽视的重要问题，或许会帮助我们更加深刻地认识和理解克孜尔石窟寺院。

本章的一部分曾以《克孜尔石窟前的木构建筑》为题发表于《文物》2004年10期，75-83；全文曾以"The Wooden Architecture of the Kizil Caves"为题发表于 *Journal of Inner Asian Art and Archaeology* 1/2006，pp. 11-27.

第六章　龟兹大像窟

公元629年，初入龟兹的玄奘被"大城西门外路左右各有立佛像，高九十余尺"的景象深深震撼，如果这一记载属实，那么当时的龟兹就建有通高超过25米的塑像，其高度可以让西来东去的旅者远远地望到，像前还"建五年一大会处，每岁秋分数十日间，举国僧徒皆来会集"，是龟兹国"上至君王，下至士庶"定期举行重要宗教仪式的场所[1]。这尊龟兹王国中最高的大像因为玄奘的专门提及而举世闻名，但除此之外，这里应该还有其他大像。"王宫雕镂，立佛形像，与寺无异"[2]，根据这一记载，在龟兹国数以百计修饰华丽的佛寺主殿内似乎都塑有大像。遗憾的是如此珍贵无比的大像现在都已消失无存，幸而在龟兹石窟寺院中还保存了众多为安置大像而开凿的洞窟，通过洞窟内遗留的安装大像的痕迹可以复原当时大像的基本面貌。需要特别强调的是有关建造这些大像所用材料的问题。大像窟中安置大像的遗迹遗痕显示，龟兹洞窟内的大像都是木骨泥胎，而非岩石雕琢。实测结果表明，洞窟内最高的一尊大像仅是文献记载中都城西门外佛像高度的一半。事实上，文献记载的都城西门外的这尊高九十余尺的大立佛也很可能是泥质塑像，倚西门门楼而立，上有顶棚遮盖。这都表明在龟兹有建造泥质大像的深厚传统。

"……开大像窟和雕塑大型立佛，或许是龟兹佛教艺术的一个特点，这个推测，如果可以成立，则龟兹型的佛教文化……还有一个以大型立佛为中心的大像窟这个重要内容。"[3]在宿白这一观点发表后的25年间，还没有学者尝试对龟兹大像窟进行专门研究。我们通过长期对龟兹大像窟的调查和思考，发现了

---

〔1〕　玄奘《大唐西域记校注》，61。
〔2〕　僧祐《出三藏记集》卷十一《比丘尼戒本所出本末序第十》，410。
〔3〕　宿白《克孜尔部分洞窟阶段划分与年代等问题的初步探索》，22。在文章中他将大像窟界定为原塑有10余米高的佛像的洞窟，并根据一些典型实例，分析了克孜尔大像窟的发展历程。

121

区段与组合——龟兹石窟寺院遗址的考古学探索

一些有利于系统研究大像窟的重要线索,本文将讨论几个有关大像窟的关键问题,希望能够重新引起学界对大像窟的关注。

一、大像窟的定义

什么是大像窟?这是我们首先面对的问题。在梳理分析了龟兹所有大像窟后,我们将大像窟定义为:在主室倚正壁有一尊立于像台上高于真人的木骨泥胎大像的洞窟[1]。龟兹现存洞窟中可识别出28个大像窟,分别是克孜尔47、48、60、70、77、139、148、154、157窟,克孜尔尕哈12、16、23窟,森木塞姆5、11、43、44窟,台台尔5窟,库木吐喇谷口区2、3、33窟,以及库木吐喇窟群区2、27、36、38、52、55、63、65窟。

如前所述,窟内大像无一幸存,但用于稳固木骨泥胎佛像的凹槽,以及用来固定头光和背光的凿孔却保留下来。这些遗痕清楚地表示出佛像的身高和姿势,这些佛像应均为立像。其中克孜尔47窟的大佛最高,约15米;其次是森木塞姆11窟,超过13米;最小的是克孜尔157窟和库木吐喇窟群区52窟,高仅3米左右。

现存的大像窟都有不同程度的残损,我们从中选取三座大像窟,即最为复杂的克孜尔47窟,位置显要的克孜尔尕哈23窟以及以大立像代替中心柱的克孜尔70窟进行初步研究。

二、龟兹三座大像窟

1. 克孜尔47窟

克孜尔47窟或是龟兹大像窟中年代最早、塑像最多的洞窟,通过复原其修建、改造和修复的一系列过程,可以揭示出洞窟的原貌,进而推测僧徒的礼拜形式。

开凿这一洞窟需要考虑两点因素,即突出的位置和岩石质量。因为大像窟

---

[1] 大像窟的关键因素是大立像的尺寸和位置,而非洞窟本身的高度。事实上有一些中心柱窟比部分大像窟还要高,但在中心柱窟中礼拜的主体通常是相对较小的坐像,或置于中心柱正壁龛中的高度不足2米的立像。

122

第六章　龟兹大像窟

不仅需要确保能从远处望及，而且也要持久延续。因此，47窟开凿在距地面约20米高，面向木扎提河的一处崖壁上，该崖面在早期曾凿有若干储藏窟，如44、45、46A窟等，其中一些因47窟的开凿不得不被废除或改建（图76）[1]。47窟东侧是48号大像窟。西侧是46窟，是一个没有改建完便遭废弃的洞窟，从残留迹象判断，46窟似乎被计划改凿成以47窟为中心与48窟对称的大像窟，但因岩石质地不佳，改建工程未竟而止。所以，46、47、48三联大像窟或许是后来的发展而非最初的统一规划。

为了最大程度地突出主室中的大立佛，47窟仅在崖面上开凿了极浅的前室，这直接导致了窟前的石质活动面过于狭小，不足以容纳多人集会。在清理该窟的窟前部分时，姚士宏曾发现有等距离的凹槽，凹槽内尚有碳化的大型地栿[2]，这些遗存应是扩展活动空间的木构建筑遗留。凹槽用来固定地栿的一端，地栿的另一端向外延伸以承托其上的木结构。

龟兹石窟寺遗址中未完成的洞窟提供了如何凿建洞窟的线索，仔细观察这些洞窟便可发现洞窟开凿方式的一致性，还可以重建洞窟开凿的不同阶段。在完成所选崖壁的修整之后，如果开窟计划包括前室，那么第一项任务便是开凿石质前室，或者搭建木构前室，然后开通进入主室的门道。门道成型后，为了更好地控制洞窟的尺寸和倾角，工匠们同时开凿墙壁、地面和平坦的窟顶，将空间凿成六面体，前室和主室完工之后，再修建其他附属结构，如中心柱窟和大像窟的甬道，最后再根据需要在平坦的窟顶上凿出不同类型的叠涩，并将窟顶修凿成券顶、穹隆顶等不同形状[3]。但是这种开凿方式主要用于修建中型洞窟，而大像窟由于规模较大，其开凿方式或许稍有不同[4]。

---

〔1〕　47窟原本应从东侧登临，如今的水泥台阶不仅有损于崖壁的外观，而且误导了登临洞窟的正确方向。在龟兹将特殊的洞窟开凿于垂直崖壁的高处是提高洞窟地位的一种手段。修复之前拍摄的照片显示，47窟之下15米处的42、43窟保存状况良好（除了共用的木质前室损毁之外，两窟均保存完好），所以这一位置的崖壁没有经受任何严重的损坏。47窟以西还有许多小型不规则的未装饰洞窟，它们其中的一些被凿除，以便为开凿大像窟提供空间。

〔2〕　姚士宏是当年龟兹研究所的所长，他当时组织了对洞窟的清理，但并未做线图或文字记录。这些信息来自于2005年夏天笔者与他在克孜尔的一次交谈。

〔3〕　通过龟兹一些未完成的洞窟，如克孜尔23窟（中心柱窟）和森木塞姆38窟（可能为一方形窟），可以观察出洞窟的不同开凿阶段。

〔4〕　不同形制的大像窟，例如门道宽大可以从外望见大像的洞窟（克孜尔47窟）与门道窄小的大像窟（库木吐喇窟群区65窟），其开凿方式也会有差异。

123

区段与组合——龟兹石窟寺院遗址的考古学探索

图76 克孜尔47号大像窟全景图。照片完美地展示了47窟最初凿建于垂直崖壁较高处的意图。此处属于第二区段，原用于凿建储藏窟（照片中也可以看到44、45、46、46A号储藏窟，还可解读出欲将46、47、48窟建成三联窟的构想，但这项工程并未完成）。（照片由柏林亚洲艺术博物馆提供，编号为MIK B 0607）。

以47窟为例，我们可以推测在开窟时首先是将崖壁整平，然后稍微向内凿出极浅的前室，接着在前室正壁中央凿出通向主室的门道。残存的遗迹反映出门道的规模较大，而且没有安装木门。主室平面几近方形，边长约7.3、高约16米（图77）。室内最突出的特征是正壁中央塑有一尊大立像。值得注意的是，主室平滑的正壁上有规律地分布着一些横凹槽和凿孔，表明开窟时计划塑造一尊大泥像，而非雕琢石像。

现在虽然大像早已坍塌不存，但却暴露出了安置大像的横凹槽和凿孔，这不仅可以用来估算高度，也可以反映出大像的关键特征。通过分析横凹槽和凿孔的相对位置，我们可以重建47窟大像。首先，像座是任何佛像不可或缺的一

124

第六章　龟兹大像窟

图77　克孜尔47号大像窟平、剖面图（照片由柏林亚洲艺术博物馆提供，编号为MIK B 0788）。

部分：如森木塞姆11窟，克孜尔尕哈16、21窟，以及库木吐喇窟群区63窟都可以见到半圆形莲瓣像座，47窟内也应该有类似的像座。正壁下方有两列凿孔，每列各三个，用来固定佛像双腿的木骨；中部凿有三条平行的横凹槽，用于安放木梁，每个横凹槽延伸至两侧壁处还各有一个凿孔，用于卡住木梁两端，使其牢不可动。三条凹槽内的木梁与佛像上身的木骨榫卯连接，将佛像固定于正壁。凹槽的高度分别与大像的肘部、肩部和头部对应。与肘部对应的横凹槽之上有两个较大的凿孔，用于插放佛像两前臂的木骨，并以横凹槽内的木梁与凿孔内伸出的木骨咬合。与头部对应的横凹槽之下，也有一个较大的凿孔，其中安置

125

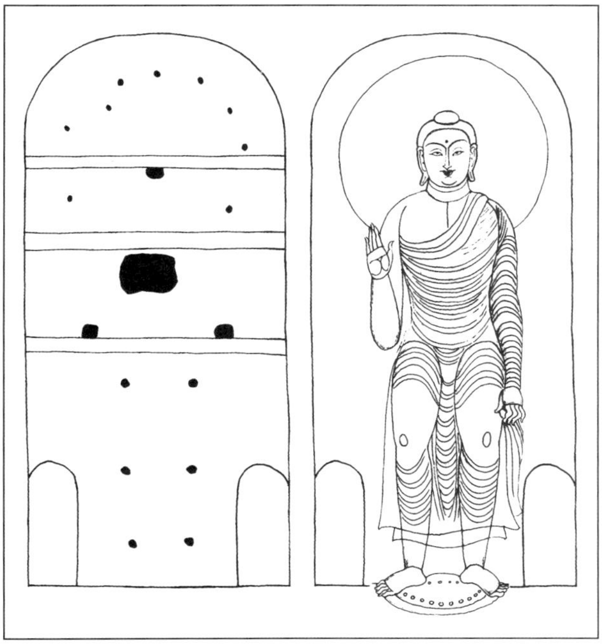

图78 克孜尔47号大像窟主室正壁大立像复原图。根据主室正壁安装大立像的凹槽和凿孔复原。

着支撑佛像头部的主要木骨，另外，此凿孔也是一圈用于固定背光的较小的凿孔的中心。上述支撑结构的遗痕遗迹显示，佛像整体高约15米。

大像窟中的大立像是礼拜的主体，其手印的判别对于正确理解整个洞窟的图像起决定作用。在细致地调查龟兹地区所有大像窟之后，我们发现安置前臂木骨的两个凿孔有着不同的倾角，即右侧凿孔几乎垂直于壁面，而左侧凿孔则向下倾斜，这一现象也显见于47窟左侧的48号大像窟。据此可以推断龟兹大像窟中的主像常施无畏印：右臂前伸，轻微举起，掌心向外，左臂向下，左手持佛衣一角（图78）。

47窟的主室正壁立一尊大型佛像，两侧壁完全对称，其上满布塑像，壁面各凿五排长条形凿孔，每排间隔2.2米，底部残留有石像台遗迹。每个凿孔内插放一块托板，并填塞泥土使之固定在合适的位置。五排托板之上各水平放置一条木板（与图74所描绘的托板及横板类似），形成了五层木像台，加之底部的石像台，共有六层像台。底部的石像台之上约1.6米处有七个凿孔，彼此间隔1米左右。自下而上的四层木像台情况类似，即每层像台之上约1.6米处有七个彼此间隔1米的凿孔。由此推测，七尊真人大小的佛像倚靠墙壁立于五层像台之上，佛头与凿孔对应，原来应该有木钉使之固定，佛身两侧用黏土修塑，与壁面连成一体（图79）[1]。值得注意的是，五层像台上的佛像同高等大，暗示出当时使用模具造像的可能性[2]。最顶层木像台之上墙体向顶部收拢，空间所限，这层木像台上不太可能放置大型塑像。根据龟兹地区保存较好的洞窟中的类似情况推测，此处放置的塑像很可能是天人半身像。该层木像台之上的壁面没有发现凿孔，表明这些半身像或是由木榫固定于像台上的木雕像。前壁残损严重，已不见壁画。窟顶最初满绘壁画，以表现大飞天为主。

〔1〕 通过仔细研究克孜尔新1[2]窟仅存的几尊塑像可以复原这些塑像的安装过程。

〔2〕 侧壁上装饰的等身佛像在地面上制成之后被安放于洞窟内的相应位置。在西域，模具十分流行。

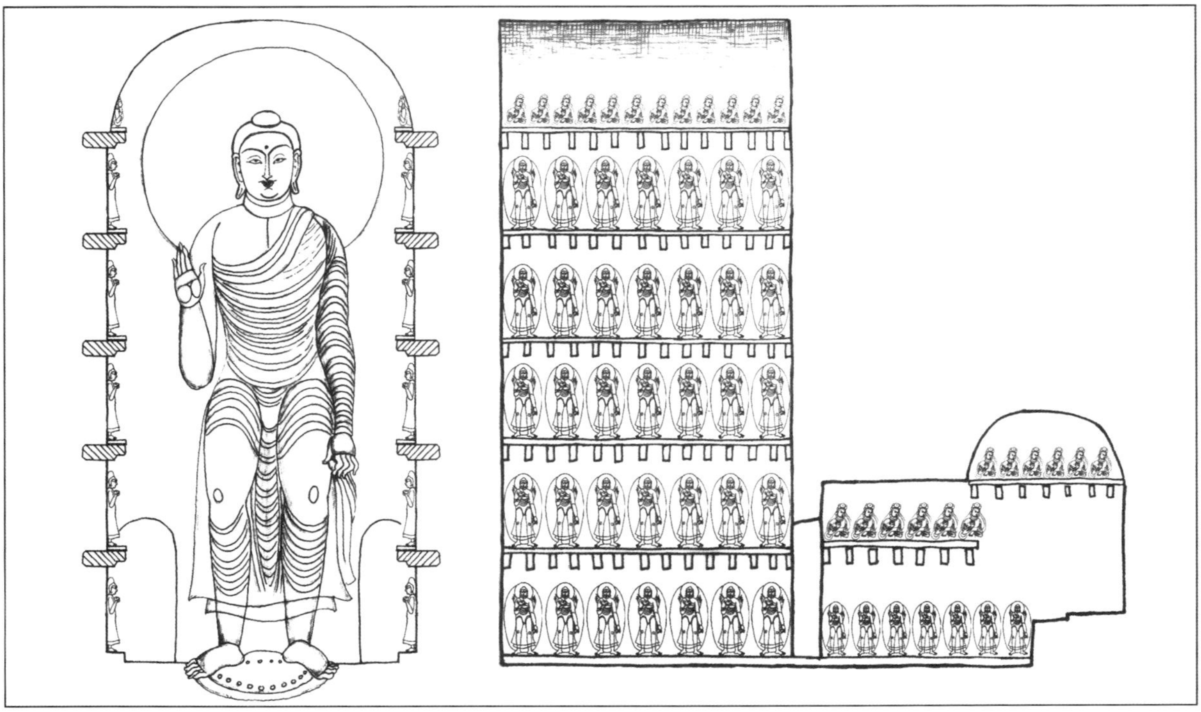

众所周知，洞窟内的模塑和绘饰应当从窟顶开始，随后是四壁，最后才是地面。修造过程中需要搭建木质脚手架，伴随工程的进行，脚手架被逐渐拆除，最后铺设地坪。先铺一层掺入碎草的黏土，接着撒上一薄层石膏，如此重复若干层，最后涂抹一层夹沙石膏从而制成平整耐用的地面，待其干燥后全部装饰彩画[1]。

虽然所有塑像和大部分壁画都已遗失，但细致的分析和类比仍然可以复原主室装饰的题材内容。正壁一尊施无畏印的大像立于莲瓣像座上，由侧壁70尊等身大小的佛像和众多的天人半身像拱卫，窟顶绘制飞天。所有这些绚丽的图像和雕塑都呈现在一个洞窟中，在龟兹可谓前无古人，后无来者。

47窟的甬道及后室与主室相比略向右倾斜，右侧甬道后期的扩展更加剧了左右侧的不对称性（参看图77）。事实上，甬道及后室数百年间经历了多次修

图79　克孜尔47号大像窟右侧壁塑像复原图。依据壁面上残留的安装塑像的凹槽和凿孔复原。因后室经历多次改建，有关后室壁面安装塑像的复原图所呈现的仅是某一特定发展阶段。

---

〔1〕棕红色颜料的痕迹仍见于许多中心柱窟。目前保存最好的地坪彩绘有两例，一例在库木吐喇窟群区41窟的主室内，红棕色背景上绘有莲花；另一例在克孜尔13窟的甬道内，绘有绿色的浅滩，其内有游鱼及盛开的莲花。

区段与组合——龟兹石窟寺院遗址的考古学探索

复和改造，形成了许多叠压打破关系，以至于很难明确不同时期塑绘的题材与内容。券顶甬道宽约2.2、长约4.7米。在某一时期，沿着甬道的外侧壁底部设有石像台，台上立七尊塑像；其上有一排凿孔，原本应该安装立有天人半身像的木像台，类似于主室侧壁最顶层木像台。考虑到外侧壁在后期的扩大，用于固定塑像和安放木像台的凿孔应当开凿于晚期，但不排除塑像是最初制作的。左、右甬道的内侧壁各凿一大龛，通过现存的打破关系表明该龛应当开凿于晚期，并且历经数次改造。后室的装饰以表现涅槃为重，后壁底部塑有一个涅槃台，其上原有一尊泥质大型释迦牟尼侧卧像；壁面影塑的身光之上有一排凿孔，用于安装木像台，台上原立有梵天、帝释天、四大天王及其他天人的半身像，这是龟兹常见的涅槃题材。卧佛像的头足处还可见两棵残存的泥质娑罗树，足部附近的壁面上还绘有跪拜的僧人，以及从远处飞来的僧人。后室的前壁，可分上下两层，下层中心开有一龛，内原有塑像，龛外两侧原各有一立像。上层有五组凿孔，每四个为一组，组成了五个像座，每像座之上约1米处有一凿孔，用于安装塑像（图80）。

甬道及后室历经改造之后形成了错综复杂的叠压打破关系，很难厘清遗存之间相互关系以及洞窟发展的不同阶段。尽管解读这些关系需要后续的更为细致的分析，但目前仍能识别出一些重要现象：如后室向右扩展及涅槃台向前扩展，很可能与重塑一尊更硕大的卧佛像并扩大其头光和身光发生于同一时

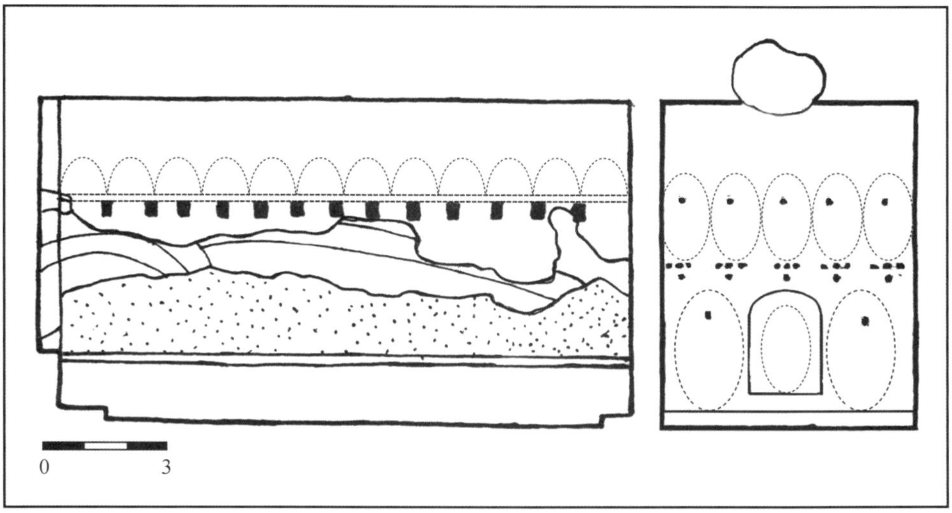

图80 克孜尔47号大像窟后室前、后壁装饰布局。

128

期；后室顶部在后期开一明窗；右甬道向外扩展，其顶部及侧壁也相应地重新修整、绘塑；左、右甬道外侧壁原放立的塑像被拆除；中心柱各面在后期开凿壁龛，龛内的塑像有改动。从这些现象中可推测，在后室及甬道发展的某一阶段，涅槃台、像台及壁龛中会陈列大小不一的塑像，故事性的壁画则局限在窟顶。后室及甬道壁画的重绘较为常见，有些地方甚至有多达五层的叠压关系，所以很难将显露的壁画残片拼合起来以复原每层画面的题材内容，因而也很难将之与某一特定的发展时期相对应[1]。以上简要的分析揭示了后室及甬道在建筑结构和绘塑装饰上数量庞大的叠压打破关系，而主室与之相比，则显得异常简单，只有出现结构问题时才进行了一次改造。

这源于主室的顶部在某一时期开始出现的裂缝以及伴随的岩石坠落。为解决这一大隐患，修葺改造工作随之展开，首先是要移除顶部危险的岩石，用黏土填堵裂缝，在草泥脱落之处重新涂抹一层，甚至覆盖原壁画[2]。值得注意的是，尽管花费了大量的人力物力来搭建脚手架，修葺窟顶，但重新涂抹过草泥的壁面并没有绘制壁画，甚至窟顶残损的壁画也没有重绘。另外，中心柱正壁上部在相当于原来大像心脏位置处穿凿出一扇可以为后室提供光线的明窗，这暗示出在修复时大像很可能已经坍塌，但是并不准备重塑（图81）。主室中的修复和改建情况表明，窟顶的破裂甚至坍塌以及大像的严重损坏导致了主室被废弃，而以涅槃为主要绘塑题材的后室及甬道则通过重修得以沿用[3]，而且这里仍然是克孜尔洞窟中礼拜空间最大的场所之一。

龟兹其他的大像窟在建筑结构和绘塑装饰方面都不曾经历过像克孜尔47窟那样剧烈的变化，47窟窟内的叠压打破关系之多在克孜尔绝无仅有，这对于解决相对年代问题来说是最为关键且可靠的线索。上述对克孜尔47窟凿建的描述，对绘塑题材内容的复原以及对一些叠压打破关系的分析，不仅可

---

〔1〕 A、B两种绘画风格交替出现，排除了B种风格代替A种风格的可能性。47窟后室和甬道保存的大量叠压打破关系还需要系统调查和研究，结合颜料的化学分析结果，不仅可以揭示出题材与风格的发展演化序列，还可以为判断其他洞窟的相对年代提供珍贵的参考信息。

〔2〕 47窟主室顶部裂缝的修复部分崩塌之后揭示出一种古时所采用的技法：在裂缝的两边钻孔，孔内嵌入木钉，以支撑填补的黏土。在古代，针对洞窟的残损已有相应的修复技法，识别这些不同的技法对于判断洞窟是否经过重修以及甄别不同时期的修复内容具有重要意义。

〔3〕 后室和甬道内部分塑像的尺寸与主室侧壁的塑像相同，推测在主室弃用后，一些塑像被移置于后室或甬道。

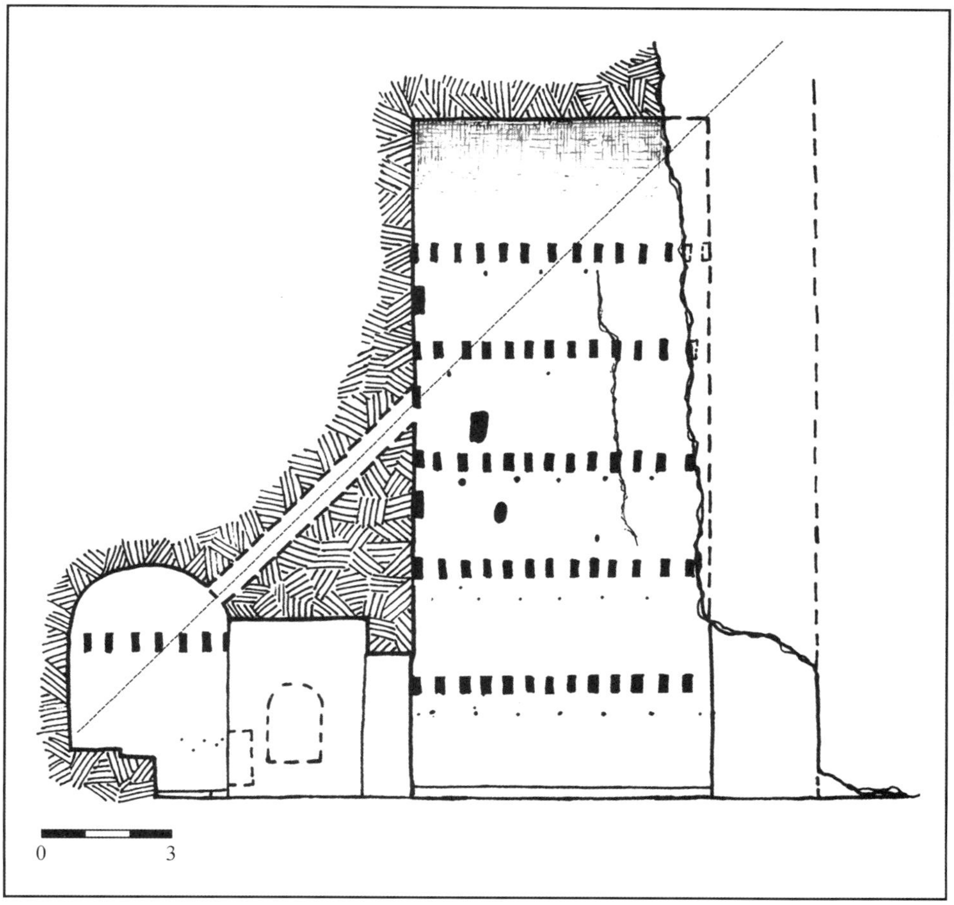

区段与组合——龟兹石窟寺院遗址的考古学探索

图81 克孜尔47号大像窟剖面图。明窗的位置暗示其功用在于为洞窟提供光线，而这一功用只能在主室窟顶前部坍塌之后发挥，因此在主室经历了一次大的崩毁并且无法修复以持续使用时明窗才被开凿。

以揭露洞窟原来的装饰面貌，而且会厘清洞窟经历的发展阶段，同时也加深了对龟兹最重要的洞窟类型的理解。

2. 克孜尔尕哈23窟

接下来我们将以克孜尔尕哈23窟为例继续有关大像窟的讨论。克孜尔尕哈是最邻近龟兹国首都的石窟寺院，23窟又是该寺院中最为宏伟的洞窟。该窟开凿于遗址中岩性最佳、体量最大的崖面上，面向首都，这一显要位置应该也是精心规划的结果。

克孜尔尕哈23窟也由前室、主室、甬道及后室构成。前室宽约11、残深约8米，三个壁面上保留的凹槽和凿孔都表明这里曾建过一个以三壁为支撑的高耸

130

第六章　龟兹大像窟

木构建筑，可能比崖壁还高，从远处即可望见。前室正壁居中开门道，宽3.5、高6米左右，安装一宽大的门框及两扇门扉（图82）。

方形主室在开凿时充分利用了崖面的可用空间，规模不大，边长约5.2米，最高处仅有7.8米，但室内的布局设计却使其显得高大而宽敞。主室内地坪上

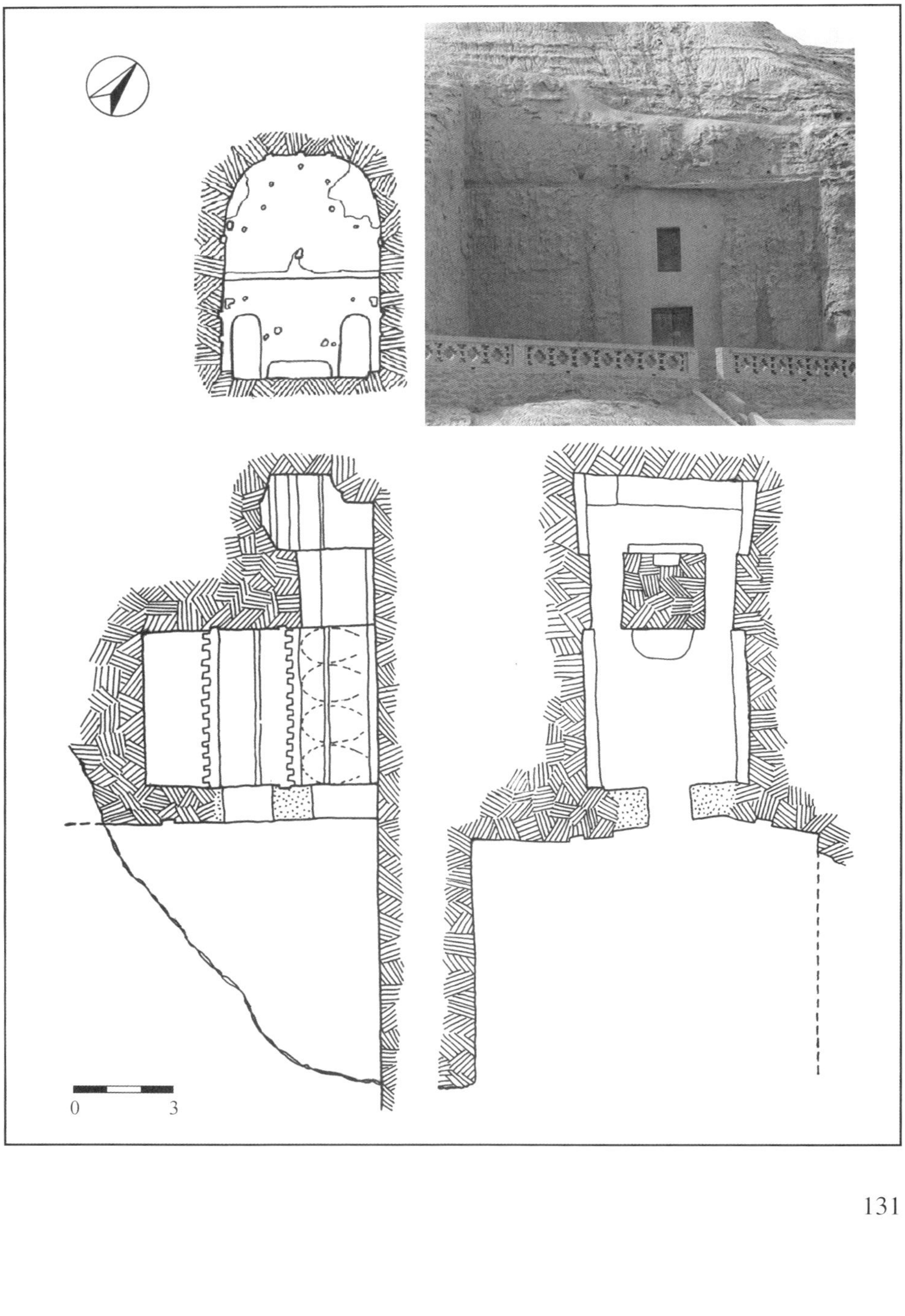

图82　克孜尔尕哈23号大像窟平、剖面图。主室正壁剖面图及前室照片（上），主室平面图及右侧壁剖面图（下）。

区段与组合——龟兹石窟寺院遗址的考古学探索

保存有一些状况不同的石膏涂层，显示了洞窟内不同部分的功用：中央部分的地坪上略显深赤土色，且保存较好，这部分原来被一圈栏杆环绕，可能是为保护佛像而设，内部还可能摆放供台；沿侧壁和甬道的地坪上还有浅槽，在古代已用石膏填充修复，这部分应该用于绕行礼拜中心柱。正壁底部佛像石凿莲座高约60厘米；壁面上遗留的一些凿孔和横凹槽，一方面反映出塑像的高度，另一方面也表明，该窟固定塑像木骨的做法类似于克孜尔47窟，但佛像的体量不及47窟大像的一半，因而凹槽和凿孔的数量也少得多。正壁中央凿有一条横凹槽，其内原本安插木梁，木梁的两端固定于两侧壁相应的插孔内。横凹槽的位置约相当于佛像的肘部，佛像前臂的木骨榫接于凹槽内的木梁上。壁面上的凿孔可归为上下两组，分别用于支撑泥塑的头光和身光，这也是判断佛像姿势及其高度的有力依据——佛像立于莲座上，身高约6.5米。另外在正壁左上部的壁画残片上尚可辨别出金刚手坐像，其背景为宝珠和花蕾。

主室两侧壁沿底部各凿一石像台，根据台体上部壁面遗留的泥塑头光痕迹判断，像台上原有四尊塑像。与克孜尔47窟相比，这些塑像的安装方法有所不同：石像台之上约1.2米处凿一横凹槽，其中放置一根木梁；木梁的两端固定于主壁和前壁上相应的凿孔内，中部凿四个卯眼，以安插木钉固定塑像。石像台之上约2.1米处又凿一横凹槽，上部有13个凿孔与之连通，凹槽内安放的木梁承托凿孔内插入的托板，托板之上还水平放置一块木板，如此就形成一个木像台。木像台上安装塑像的方法和数量同于石像台。该木像台之上约2.2米处另设一个形制与之相同的安放半身天人像的木像台[1]，所以侧壁的装饰应该由三排塑像构成：下两排各有四尊真人大小的立像，上排有若干尊半身天人像（图83）。

主室前壁残存部分装饰。门道左侧下方有一个依稀可辨的站立的龟兹供养人，根据其位置及尺寸，我们推测门道左右两侧原应各绘上下两排供养人。门道上方的装饰原应包括壁画和塑像，但目前仅见两身天人画像保存于壁面两端。这些残留的装饰布局暗示出原来的壁面被划分为凡间和天界两部分。

---

[1] 小型木雕塑像安放于顶层木像台上之后，背后的壁面粗略地涂抹上深赤色作为背景，这一做法常见于龟兹石窟中，尤其是大像窟和部分中心柱窟，如克孜尔8号中心柱窟。新疆维吾尔自治区文物管理委员会、拜城县克孜尔千佛洞文物保管所、北京大学考古学系编《中国石窟·克孜尔石窟》一，图版16、17。

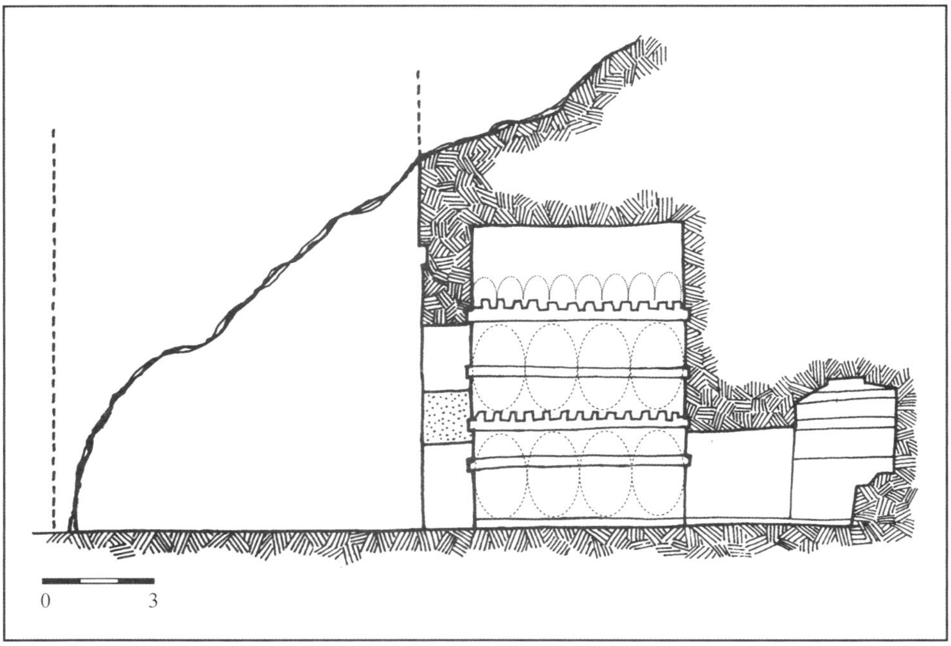

第六章　龟兹大像窟

图83　克孜尔尕哈23号大像窟右侧壁剖面图。注意主室塑像的位置。

　　23窟券顶中部有三道凹槽，其内原各安插一根小木梁，以支撑窟顶的壁画涂层以免脱落。凹槽及其内的木梁原被草泥覆盖且绘有壁画，在使用时并不可见，如今木梁塌落，这一防止窟顶泥皮坍塌的方法才得以重见光明[1]。窟顶仍残存部分壁画，据之可以推测原有的装饰题材和内容，即在中央绘两列飞天，两侧菱格绘因缘故事。

　　克孜尔尕哈23窟主室的绘塑题材通过残留的遗迹可以复原，复原洞窟的装饰内容是研究大像窟的一个不可或缺的前提。23窟主室内塑有16尊真人大小的立像，其数量无法与克孜尔47窟的70尊相提并论，但23窟主室内精美富丽的壁画加之主室与大立像巧妙的比例设计所形成的视觉效果，为23窟营造出一派宏伟庄严的气象。

　　23窟的后室及甬道提供了更多洞窟装饰的信息。左右两甬道原本满绘壁画，目前残损严重，尚可辨识左侧甬道内侧壁绘大幅本生故事，右侧甬道内侧

————————

〔1〕 23窟开凿时，应当吸取了龟兹若干早期洞窟窟顶泥皮脱落的经验。在窟顶凿凹槽，内嵌木梁以防泥皮脱落的技法在晚期普遍使用，因此可以被用作断代的一项依据。目前保存最好的一个实例为库木吐喇窟群区72窟。

133

壁后端残有三身飞天。后室后壁前设有一大型涅槃台,右侧凿出枕头,台上原有一尊泥塑释迦牟尼卧像。左右侧壁底部各有一石像台,其上泥塑立像现已不存。石像台之上的壁面可见一些横凹槽及凿孔,应属于安放泥质小塑像的小型木像台的一部分。与狭窄的甬道及其绘制佛经故事画的平滑壁面相比,较宽的后室两侧壁上则被大小不同的浮塑覆盖。后室前壁的中上部有一焚棺台,以火焰纹和八座佛塔作为背景。后室顶部中央绘有十六身飞天及宝珠和花蕾。

克孜尔尕哈23窟并不是龟兹最大的大像窟,但考虑到该窟开凿于岩质不佳、极易崩裂的山体内,而且几乎将山体凿空,历经一千多年风雨依然能保存至今,无疑是一项了不起的工程。从遗址的南部观望,23窟所处的中心位置及其前室宏大的木构建筑,突显了该窟的重要性。如果在窟前建有宏大的木构建筑这一推测可以成立,那么23窟壮丽的外观可能远远胜过了它华美的内饰。

3. 克孜尔70窟

与前两窟相比,克孜尔70窟遭受了严重的破坏,主室的顶部和绝大部分侧壁均已塌毁。该窟接近地面,位于69窟和崖壁转角之间,位置不甚突出,在龟兹的大像窟中较为罕见,似乎暗示出70窟的年代较晚(图84)[1]。70窟是一个由大立像替代中心柱的大像窟,绕行礼拜活动环绕大立像的脚部进行。该窟残深约4.2、宽约4.9米,原高11米左右(图85)。

大像损毁后正壁上也暴露出了一些横凹槽和凿孔,可知该窟采用了同于上述两窟的塑像安装技法。两侧壁大面积塌毁,残留部分仍然有助于装饰原貌的初步复原。左右侧壁下部各保存一个高2、宽0.9、深0.6米左右的壁龛,其位置表明两壁面相同的高度上原来应该各凿有一排同样的壁龛,内立泥质塑像,这种做法常见于主室狭小的大像窟中,基本不占用窟内活动空间[2]。壁龛之上有

---

〔1〕 69窟的开凿活动可分早晚两期。早期69[1]窟是一个带前室的方形窟,坍塌后,在原来主室的正壁中央开一较深的门道,然后凿建了晚期的69[2]号中心柱窟,而69[1]窟的主室变为69[2]窟的前室。

〔2〕 龟兹石窟寺院中,大像窟的主室较为窄小时,通常在壁面的中下部开壁龛立塑像或只绘壁画的方法来保留窟内更多的活动空间。如克孜尔139窟,将塑像立于两壁下部的壁龛中;克孜尔48窟的塑像只放置于中上层,在下层装饰壁画。

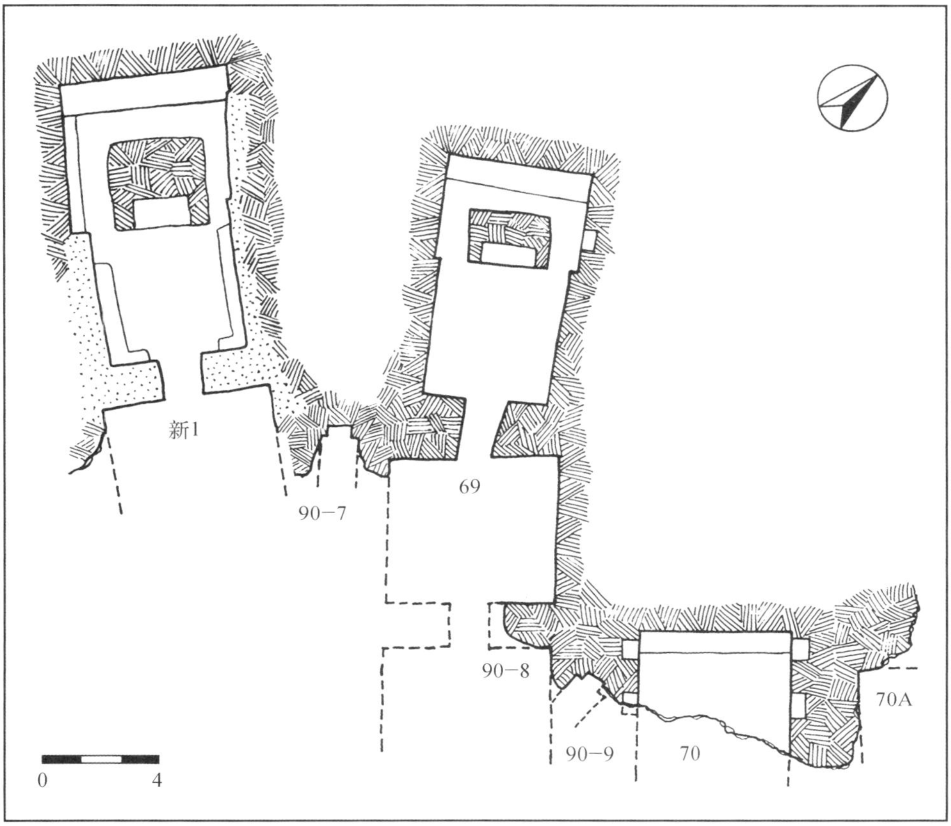

第六章　龟兹大像窟

图84　克孜尔70号大像窟联合平面图。注意该窟与西侧新1[2]、69[2]窟，和东侧已坍塌的70A窟之间的相对位置关系。新1[2]、69[2]窟原为方形窟，在69[1]窟崩毁后被改建为中心柱窟。

一排凿孔用于支撑木像台，与47窟木像台的情况类似。像台之上安放一组立像，此层木像台之上约2米和4米处为另两个木像台，其上放置两排小型塑像。综上，两侧壁下部壁龛中放置真人大小的立像，中部木像台上有两排大于真人的立像，顶部木像台之上是一排相对较小的塑像，或许是半身像。

70窟的后室仅为一条绕像礼拜的甬道，其后壁保存有部分描绘涅槃场景的壁画残片；两侧壁仅是主室侧壁的延伸，各设一放置坐像高1、宽0.7、深0.6米的小龛。与其他大像窟的绘塑装饰相比，70窟主室同上述两窟十分相似；尽管后室依然绘有表现涅槃的壁画，但塑像的缺失以及无法供多人聚集礼拜的狭小空间表明此时的涅槃题材已不如先前重要，也就是说，礼拜活动主要是绕行大立像。晚期的大像窟，尤其是库木吐喇窟群区的大像窟，尽管仍有中心柱，却延续了由70窟开创的发展趋势：后室变得窄小，仅相当于一条甬道，后室后壁绘塑涅槃题材不再是惯例，涅槃像基本不见，涅槃画时有时无。

135

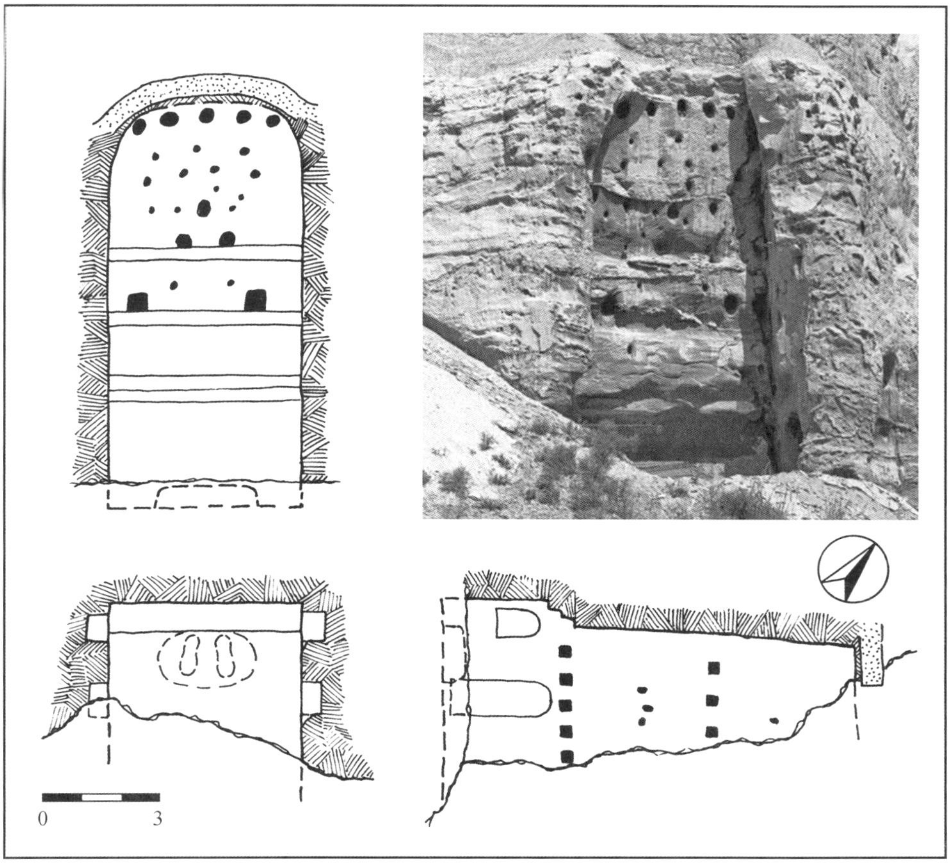

区段与组合——龟兹石窟寺院遗址的考古学探索

图85 克孜尔70号大像窟立、平及剖面图。主室正壁及侧壁剖面图（上），主室平面图（下）（照片由柏林亚洲艺术博物馆提供，编号为MIK B 1381）。

三、相关问题探讨

以上我们在描述并初步分析克孜尔47窟、克孜尔尕哈23窟以及克孜尔70窟的基础上获得了一些重要信息，如大像窟在石窟寺院中的相对位置、凿建的过程、绘塑装饰的修复，以及改建洞窟的年代早晚等。下文将论述以下几个关键问题：大像窟在龟兹石窟寺院中的相对位置，发展规律与分期，形制与功能的关系以及塑像装饰的重要性。

1. 大像窟的相对位置

龟兹的石窟寺院中一般会有一座最重要的大像窟，通常凿建于居高临下的突出位置，显要的位置暗示大像窟的凿建年代相对较早。如克孜尔寺院中

第六章　龟兹大像窟

年代最早的47窟,选用遗址中最高的崖壁,开凿于距地面约20米处,这样窟中的大立像在远处便可看到(参看图11、77)。除位置外,大像窟的重要性有时还通过增建一个巨大前室来彰显。如克孜尔尕哈23窟选凿于遗址中的最佳位置,也就是面向首都的高崖上,主室建有一个以三面岩壁为支撑的巨大木构前室,其高度甚至超过了崖壁,以此来进一步突显该窟的重要性(参看图82)。一般来说,大像窟位置的突出与否以及重要程度可以反映他们年代的早晚。克孜尔70窟的位置不甚突出,靠近地面,而且开凿在69窟和崖壁转角间的局促空间中,这表明70窟的年代相对较晚,而且不在克孜尔的重要大像窟之列(参看图11)。

2. 大像窟的发展与分期

龟兹的大像窟彼此各不相同,主要体现在建筑形制和绘塑装饰上,这些不同点是类型学排比的重要依据。通过分析可将大像窟的发展大致归纳如下:就建筑形制而言,由早期宽大的主室和后室发展至中期进深较小的主室和相对较大的后室,此时还出现了以大立像代替中心柱的大像窟;晚期,主室又有所扩大,而后室变小,与左右甬道相当。就绘塑装饰而言,主室侧壁的变化经历了由壁面密布塑像,到塑像的数量逐渐减少,壁画增加,到最后塑像几乎被壁画取代的过程。甬道及后室的变化体现在:甬道早期外侧壁满壁布列塑像,内侧壁绘壁画;中期外侧壁塑像时有时无,内侧壁开龛置塑像;晚期内外两侧壁均通壁绘制壁画。后室后壁早期雕琢的大型释迦牟尼涅槃像被中期绘制的涅槃场景替代,晚期一些大像窟中后室的涅槃叙事彻底消失。

晚期大像窟中涅槃题材的消失值得深思,因为这一现象暗示信仰和仪式的变化,即由众多奉佛者汇聚于后室参拜涅槃佛演变成个人绕行大立佛礼拜。这种变化可能与安西都护府的设置有关,在安西都护府设立之后,涅槃题材的重要性降至谷底,其他绘塑装饰也发生了改变,壁画变成C种绘画风格,但大像窟内塑大立像的传统却保持不变。

对大像窟进行分期研究的重要性不可低估。长期以来巴米扬大佛的年代问题争论不断。根据龟兹大像窟的初步分期,巴米扬大像窟的类型与龟兹大像窟中期以大像代替中心柱时的类型相当,而这一类型在安西都护府设立时已经

137

区段与组合——龟兹石窟寺院遗址的考古学探索

不流行。可见,龟兹大像窟的分期和相对年代以及绝对年代研究有助于解决佛教艺术史中颇有争议的问题[1]。

3. 大像窟的形制与功能

大像窟功能的不同可能导致了其形制上的诸多差异,其中最为重要的差异包括前室的结构、主室门道的体量、后室的有无以及大像窟的组合。

由于多数大像窟的前室均已塌毁,其结构的具体细节已经无法知晓,但从保存较好的例子可看出前室或为石构或为木构,而且会依据不同的需求建造。前文提到的克孜尔尕哈23窟拥有巨大的前室,其规模超过主室,23窟是龟兹都城朝圣仪式的目的地,一天即可步行往返。我们推测,在重要的节日皇室显贵以及高僧大德聚于较小的主室内,而普通民众集中于大前室中进行隆重的礼拜活动。与此类前室相比,一些前室仅是在凿平的崖面上稍微向内凹入,根本没有活动空间。

主室门道的规模差异更大。一些洞窟主室的前壁形同虚设,如库木吐喇谷口区2、3、33窟和克孜尔70窟。一些洞窟主室的前壁上凿出规模极大的门道,大到不太可能安装门扉,如克孜尔47窟、森木塞姆11窟。也有一些洞窟主室的前壁上凿有相对稍小的门道,目前还残存安装门框的遗痕,如克孜尔154窟[2],库木吐喇窟群区38、65窟。根据上述前室和主室门道的差异可推断,规建大像窟时,内部的大立像或被设在从远处便可望及的位置,或被设在进入主室才可以膜拜的位置。前者对应较浅的前室和宽大的门道,而后者通常拥有大型石构或木构前室[3],门道相对较小。值得注意的是,浅前室、大门道而且安装有门扉的大像窟,如克孜尔154窟,在敞开门扉后,从远处可以看到大立像,表明在特殊的日子里,这类洞窟可以进行佛像展示仪式。

后室的有无是体现大像窟功能差异的第三个要素。早期大像窟的后室宽敞,其后壁安放一尊释迦牟尼涅槃像,是整个后室的叙事中心;后室其他部分与宽大的左右甬道被大小不同的塑像覆盖,完整地表现出释迦牟尼涅槃前后的场

---

〔1〕 宿白《克孜尔部分洞窟阶段划分与年代等问题的初步探索》,21-22。

〔2〕 克孜尔154窟保留的用于安装门框及大型转轴的痕迹表明原有的两扇门扉的宽度大于3.5米,高约7米。

〔3〕 原有木构前室的大像窟包括克孜尔尕哈23窟,库木吐喇窟群区36、38、65窟等。木构前室虽突出了洞窟的重要性,却遮挡了外部观像的视线。

景。晚期的大像窟,后室逐渐缩小成一条甬道,左右甬道也变得窄小,繁缛华丽的塑像被简洁的壁画取代,涅槃题材逐渐减少其至消失。可以肯定,早期大像窟中宽敞的后室除了可进行绕行礼拜之外,还提供了聚集场所及参拜卧佛的空间,而在晚期的大像窟以及大立像代替中心柱的大像窟中,狭窄的后室仅可供绕行礼拜。

最后一项差异是大像窟的组合。大像窟形成组合是晚期的发展,目前仅见于库木吐喇窟群区,共两组。其一为36、37、38三窟组合,装饰为C种绘画风格的36、38号大像窟,开凿在中心设像台、券顶的37号方形窟两侧,三者共用一个木构前室(参看图51)。另一组为63、64、65三窟,B种绘画风格的63号大像窟和C种绘画风格的65号大像窟,开凿于64号小型洞窟两侧,三者也共用一个木构前室(参看图50)[1]。两例组合中大像窟位于两侧,中间为一个其他类型的洞窟,三者共用一个木构前室,如此的布局设计,表明晚期的奉佛者会同时礼拜三窟。

4. 大像窟内的绘塑装饰

龟兹一般的洞窟通常仅绘制壁画,或仅有一尊或几尊塑像,而大像窟内满饰形态各异、大小不同的塑像,与之形成了鲜明对比。目前学界在论及龟兹佛教艺术时过于关注壁画,这一误解的产生无疑是因为洞窟中没有塑像存留,而且龟兹地区收集的以及世界各地博物馆展出的小型塑像和塑像残片,也都无法代表龟兹雕塑家的真实水平[2]。历史文献的记载和洞窟实例的展示不约而同地强调了龟兹王国塑造大立佛的浓厚传统,而且不仅在石窟寺院中,在首都和王国的大型寺院中都可能塑有大立像[3]。建造大立佛无疑是一项艰巨的工程,但技艺精湛的龟兹雕塑家并不青睐石料,而对高难度的大型木骨泥胎塑像情有独钟。早期大像窟内大卧佛的工程量也不可小觑,然而这并不存在技术难题。大立佛和大卧佛应是当场修建,较小的塑像只需制成后移入洞窟的相应位置。大像窟两侧壁像台上形制统一的塑像,表明造像时采用了模具,这项技术除了能

---

〔1〕 参见第三章。
〔2〕 库木吐喇谷口区最后一尊完整的塑像于2006年4月11日丢失,但在新疆龟兹石窟研究所2009年编著的官方报告《库木吐喇石窟内容总录》中却只字未提。
〔3〕 龟兹佛教中塑像的重要性也体现在其他洞窟类型中,如所有中心柱窟正壁主龛中的佛像以及部分方形窟中央像台之上的塑像,均作为礼拜的主体。

提高效率外，也确保了较高的艺术审美标准，此外还可能促成了工匠间的劳动分工，因为至少存在专门制作模具以及使用模具造像等两种工匠。大像窟是龟兹的雕塑艺术的顶峰：不仅因为窟内安置硕大的佛像，还因为容纳了数量最多的塑像。克孜尔石窟寺院拥有龟兹过半的洞窟，其中九个大像窟所包含的塑像数量就远远超过了其他三百多个洞窟塑像数量之和。数量庞大的塑像使得大像窟成为龟兹独具一格的洞窟类型，即以巴洛克式繁缛的立体塑像装饰区别于其他类型洞窟的简约建筑线条和平铺壁画形成的清肃风格。晚期洞窟内部塑像数量逐渐减少，尤其是C种绘画风格的洞窟，这暗示了传统正在发生变化，同时也佐证了满布塑像的大像窟是龟兹佛教的原创。

大像窟内塑像的装饰形式极好地诠释了龟兹佛教艺术的一种独特传统，即装饰元素的倍增与对称，这在克孜尔47窟主室的两侧壁上得到了最完美的呈现。47窟左右两侧壁上各有六层像台，每层像台上的一组塑像与其对称像台上的一组塑像如出一辙。其他大像窟尽管没有如此众多的塑像，但都从属于同一传统。从这一角度来看，早期的大像窟内应该有一对大像，即主室大立佛和与之对应的后室大卧佛[1]。

四、小结

多角度的分析和论证不断地促使我们认为，大像窟很可能是龟兹的原创。一尊大立佛被侧壁像台上布列的众多塑像拱卫，如此壮观而且独特的场景仅见于龟兹。在首创大像窟之后的几个世纪，尽管洞窟形制和绘塑题材可能因为佛教新趋势的影响而发生改变，但大像窟的开凿活动却持续不断。所以凿建大像窟以及塑造木骨泥胎的大立像不仅是龟兹佛教的独创，也是龟兹佛教中最为持久且突出的特征之一。

何恩之、魏正中著，王倩译《龟兹寻幽：考古重建与视觉再现》，上海古籍出版社，2017。

---

〔1〕 关于龟兹佛教艺术传统中装饰元素的倍增和对称问题，见何恩之、魏正中著，王倩译《龟兹寻幽：考古重建与视觉再现》，108-123，199-202。

第七章 龟兹禅定窟

　　禅定是小乘佛教僧人的主要修行方式之一,对周边环境有较为严格的要求。禅定窟数量众多,是当时寺院的基本构成,普遍存在于古代龟兹的佛教石窟寺院中。经过长期的田野工作,笔者辨识出了相当数量的禅定窟,如此庞大数量的洞窟在以往研究中却鲜受关注,很多论著甚至没有提及,这很可能与禅定窟的不事张扬和朴实无华有关,另外几近彼此复制的简单结构和装饰的缺乏都使得确立类型学序列变得十分困难。

　　古代龟兹的山丘和悬崖中可供选择开窟的地质构造是多种多样的,岩性不同的砂岩层、泥岩层和砾岩层在这些遗址中交叠分布。若要凿建恒久长存的洞窟,对崖面适合雕凿部分的选择,对不同类型石材的抗压性的了解,以及根据实际情况调整雕造技术均至关重要。然而一些难题依然无法避免,因为石窟开凿的完成便意味着以风化作用为主导的无情侵蚀过程的开始,同时开窟活动也加大了崖面坍塌的风险。崖壁的风化与坍塌对所有洞窟都无一例外地造成破坏,但洞窟大小不同,受损程度也会有差异,规模较大的中心柱窟、大像窟或方形窟等,可能只有一部分会遭到破坏,根据残存的遗迹仍有可能予以复原;而规模较小的禅定窟则大不相同,一旦崖面坍塌便无迹可寻。

　　洞窟的辨识是研究禅定窟的起点。洞窟内或绘或塑的窟中禅定的佛陀、僧侣或苦行者形象,为了解禅定窟的形制和规模提供了重要参考。例如克孜尔171窟主室顶部绘有一苦行者盘腿坐于窟中修行的画面,画中窟的两侧壁向上逐渐内收形成拱顶(图86)。另外,在龟兹绝大多数中心柱窟的正壁拱形龛内,如克孜尔171窟,通常塑绘的佛于毘陀山窟中的禅定场景为我们提供了禅定窟的立体形象[1]。

---

〔1〕 犍陀罗浮雕中极为常见的佛于毘陀山窟中禅定故事中,其禅定窟的形制和规模与龟兹石窟
　　　绘塑中表现的禅定窟相似。

141

区段与组合——龟兹石窟寺院遗址的考古学探索

图86 克孜尔171号中心柱窟主室顶部壁画窟内苦修场景（新疆维吾尔自治区文物管理委员会《中国石窟·克孜尔石窟》三，图版11）。

171窟龛内尽管没有佛像保存下来，但其头光和背光依旧残留于龛的后壁，大小仅容一尊盘腿修行的佛像（图87），这两个例子应该是真实存在的禅定窟的忠实摹写。

事实上，在龟兹的确发现过类似的拱顶的方形禅定窟，克孜尔223A窟即为这类禅定窟的典型实例。该窟平面近方形，拱顶，宽约1.2、高1.6米。窟内仅能容下一人盘坐，若端坐窟中，后壁上的正投影与以上列举的图像资料若合符节。参考其他禅定窟（如克孜尔229窟、苏巴什1窟）可以推测该窟原有前壁，厚约0.25米，与后壁相比，窟口略窄，宽约0.7米，这种设计可能是基于遮风避雨的考虑。窟内墙面涂草泥，洞窟上方的崖面凿有窟檐，表明窟前原来可能有某种石构建筑（图88）。

142

第七章 龟兹禅定窟

图87 克孜尔171号中心柱窟主室正壁小龛。主龛及周围的三维立体山景通常被视为佛三摩地于毘陀山禅定窟中（新疆维吾尔自治区文物管理委员会《中国石窟·克孜尔石窟》三,图版2）。

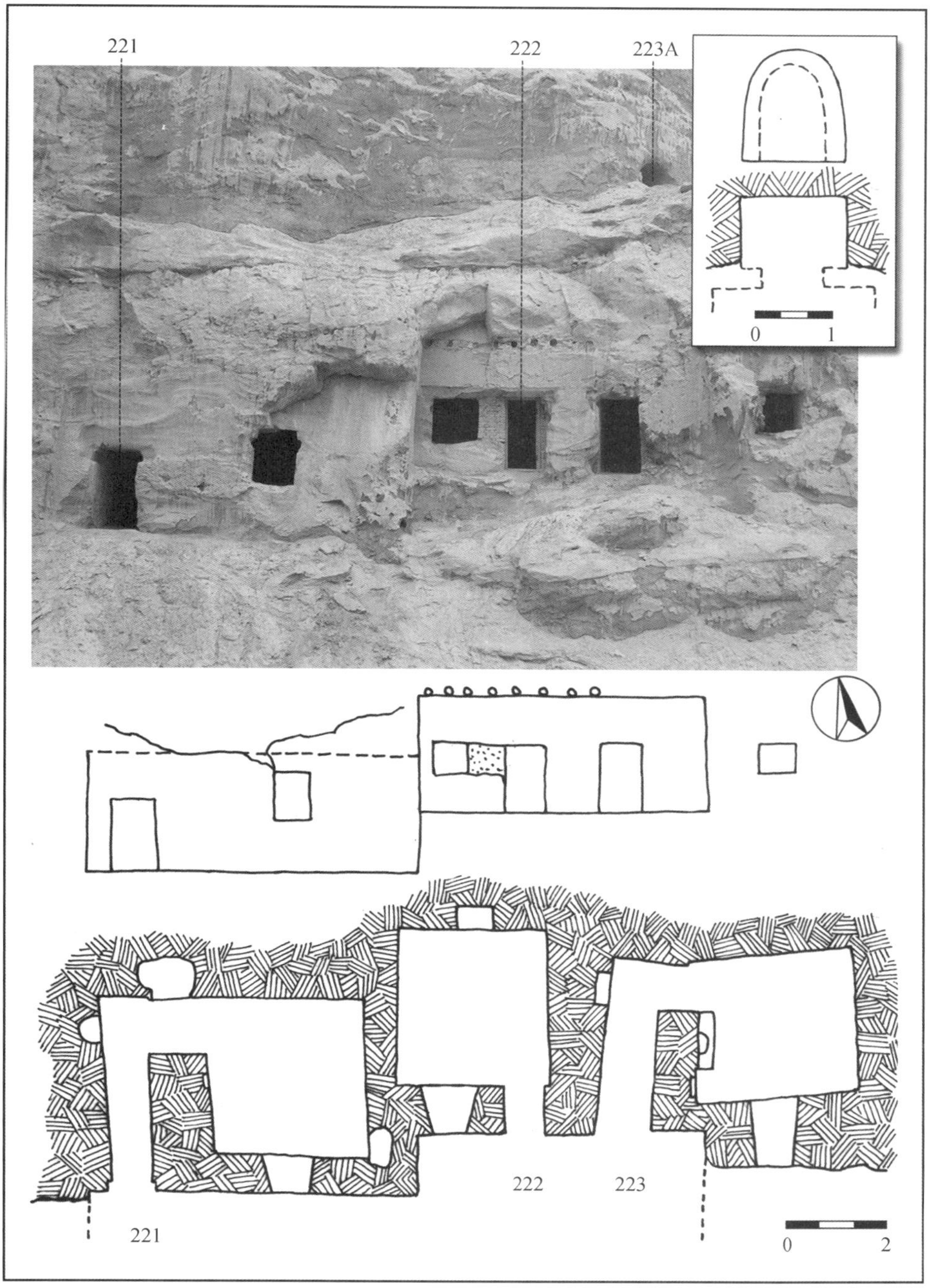

区段与组合——龟兹石窟寺院遗址的考古学探索

图88 克孜尔221—223窟组合立面分布图与联合平面图以及223A号典型禅定窟平、剖面图。

144

第七章 龟兹禅定窟

克孜尔25窟是另一类型的禅定窟，可称之为闭关窟。其形制与上述典型禅定窟类似，但规模稍大，进深约2.9、宽1.6、高2米。25窟与25A、25B、25C窟成排分布，可能共用一个前室。后三窟均为典型禅定窟，供僧侣进行日常禅修，而25窟面积较大，可供一人在窟中长期闭关修行（图89）。

以上两类禅定窟都只能容纳一人修行，是龟兹禅定窟的常见类型；在苏巴什西寺北区、库木吐喇谷口区和玛扎伯哈千佛洞还可以见到另外两类可供多人修行的禅定窟。第一类平面形制特殊，长条形两侧壁凿有数个仅容一人盘坐的小室，如苏巴什西寺北区5窟（图90）；第二类是长条形洞窟，如玛扎伯哈2窟（参看图5）。在这一分类的基础上，我们将逐一分析讨论各遗址中的禅定窟。

图89 克孜尔25、25A、25B、25C窟立面分布图与联合平面图。25窟为闭关窟，25A、25B、25C三窟为典型禅定窟，左侧较高处有一条隧道通向24窟。

145

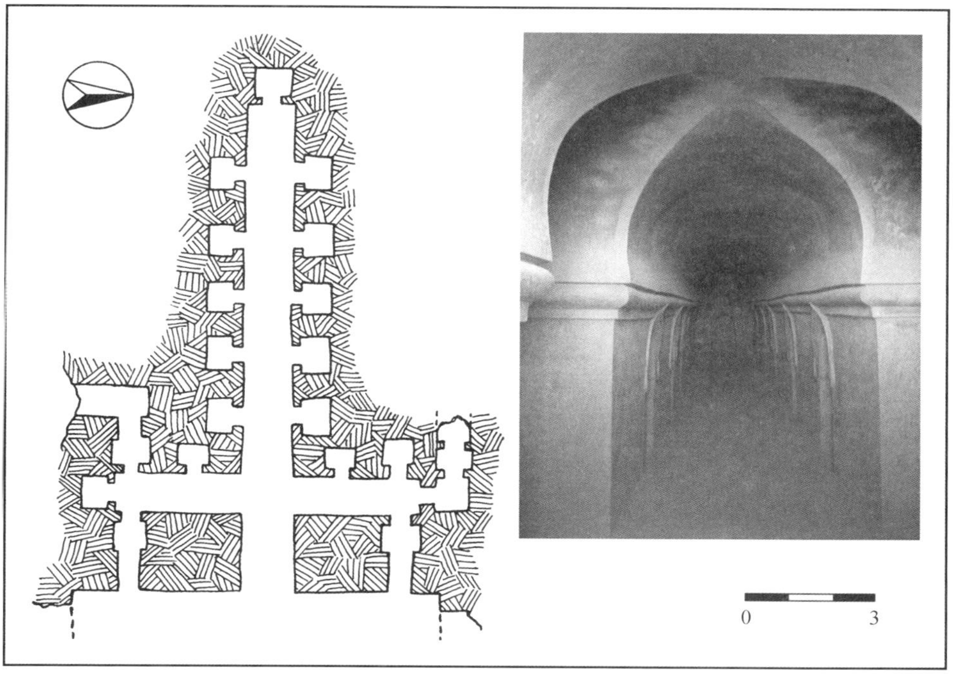

图90 苏巴什西寺北区5号禅定窟。该窟可能是龟兹最复杂的禅定窟，两侧壁约凿有20个供禅修的小型窟室。侧翼坍塌并被大量堆积填充，洞窟原应更大，中央甬道侧壁较低部分被重修，窟顶残存部分原初壁画，其中描绘了许多禅定修行的僧人。

一、龟兹石窟遗址内的禅定窟

1. 克孜尔禅定窟

克孜尔可以辨识出二十多个禅定窟，需求不同，禅定窟的形制也不尽相同。109B窟开凿于谷内区深处险峻的峡谷里，实际上由四个成排分布的禅定窟组成，现在已经险不可攀，在周边宏伟环境的映衬下显得尤为渺小，洞窟嵌于高耸幽静的崖壁上，其规划显然经过了深思熟虑（图91）。其开凿也颇费心思，四个洞窟大小相同，间距规律，外立面轮廓分明并涂草泥。最北端的洞窟部分风化坍塌，填满泥石。从远处观察，似有共用前室的坍塌遗迹，这些洞窟是龟兹千佛洞中保存最好的成组禅定窟。修行的僧侣们在窟中面向西方禅定的时候，其视野会被对面的山崖所隔断，便于专心修习。该窟附近还有109窟和109A窟（均为方形窟），它们位于克孜尔最为僻静的角落，周围没有其他洞窟，而且破坏严重，之间的关系并不明朗。

如前所述，谷西区的25、25A、25B、25C窟是成排分布的四个禅定窟（参看图89）。它们通过低矮的甬道与24号僧房窟相连，24窟前有悬空的木制平台，

第七章　龟兹禅定窟

图91　克孜尔109B号禅定窟。照片展现了一处不同的禅修场所——只能望见窟前陡崖峭壁的荒远之地。109B窟实由四个禅定窟组成，目前无法登临。

并通过栈道与之上的12、13窟相连，由此25号禅定窟、24号僧房窟、12号方形窟和13号中心柱窟组成一个开凿于不同高度的洞窟组合。12窟西侧的崖壁上还可以看到两个禅定窟正壁的遗迹，24窟西侧亦有一禅定窟（图92）[1]，这些禅定窟也应该属于这一组合。此例洞窟组合表明，禅定窟也可作为组合的一个构成部分。

　　谷内区的112A—115窟组合由开凿于不同时期位于不同高度的洞窟组成。根据它们的相对位置和打破关系来分析，最初的洞窟组合包括114号中心柱窟和115号僧房窟（参看图63）[2]，113号是连接较低的114、115窟与较高的112、112A、112B、113A窟的阶梯隧道，后四窟虽凿于同一高度但彼此方向不同。112窟是僧房窟，通过栈道与112A窟相连，后者已塌毁，但可以通过崖面上的一些凿痕分辨出来。112B窟进深2.5、宽1.8、高2.5米，壁面涂草泥但未绘壁画[3]；

---

〔1〕　后来这些禅定窟被修整以搭建一条水泥过道。当地居民犹记得在修复前有"很多"禅定窟，从洞窟的位置及崖面情况来估计应有三四个。最清晰的图片参见北京大学考古学系、克孜尔千佛洞文物保管所编著《新疆克孜尔石窟考古报告》，168，图版三。

〔2〕　113号阶梯隧道现已被从上方台地流下的雨水冲毁。

〔3〕　龟兹石窟研究所并未记录该窟，笔者在田野调查时再次发现了这个洞窟，巴图斯（T. Bartus）曾考察该窟并于1913年3月8日签名留念。由于可能还有其他禅定窟尚未发现，该区应当仔细调查，以加深对我们要讨论问题的理解。

147

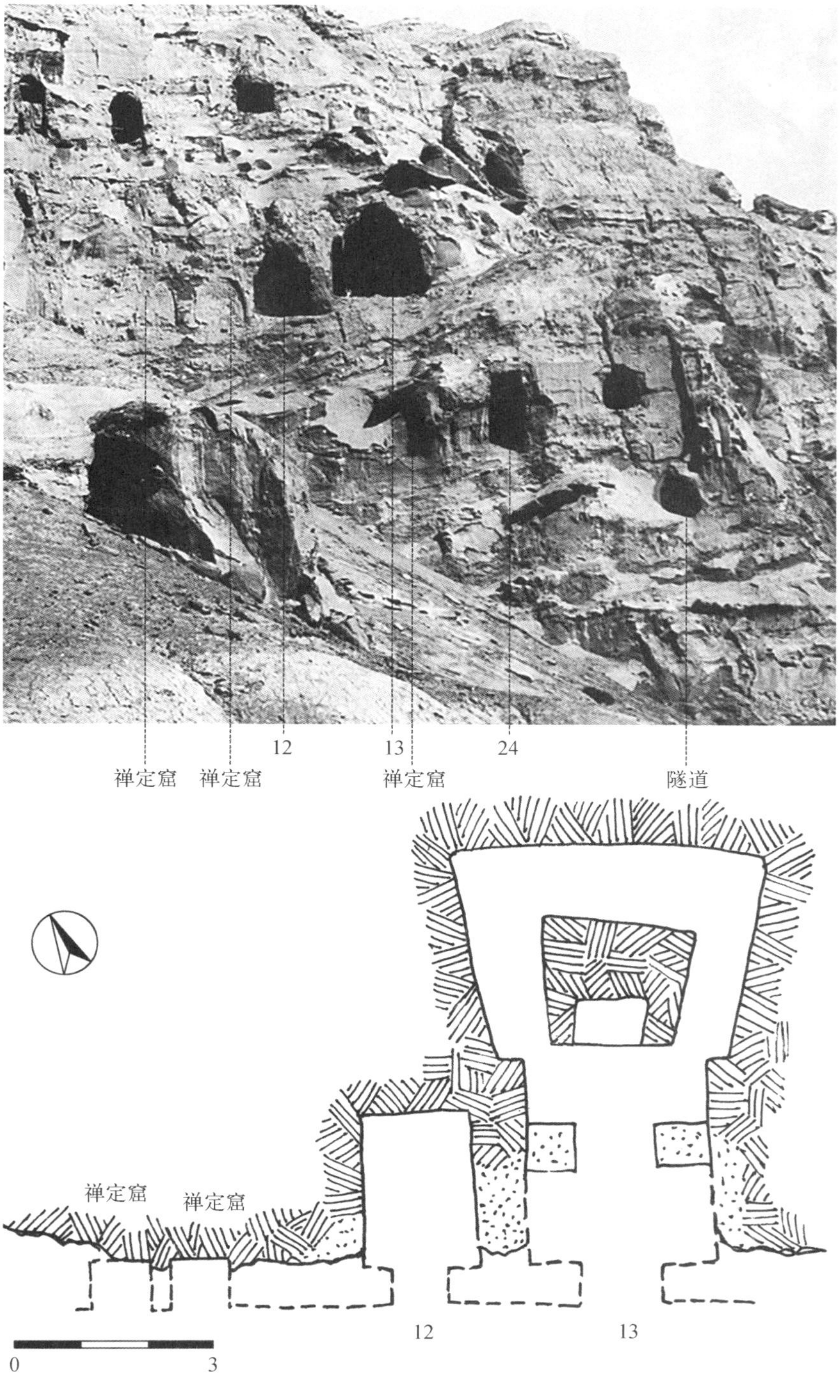

区段与组合——龟兹石窟寺院遗址的考古学探索

图92 克孜尔12、13、24窟组合立面分布图与联合平面图。从照片中可以看出这组复杂洞窟组合内洞窟之间的相对位置。下图中需注意12窟左侧两个禅定窟的残迹（照片由柏林亚洲艺术博物馆提供，编号为 MIK B 0786）。

148

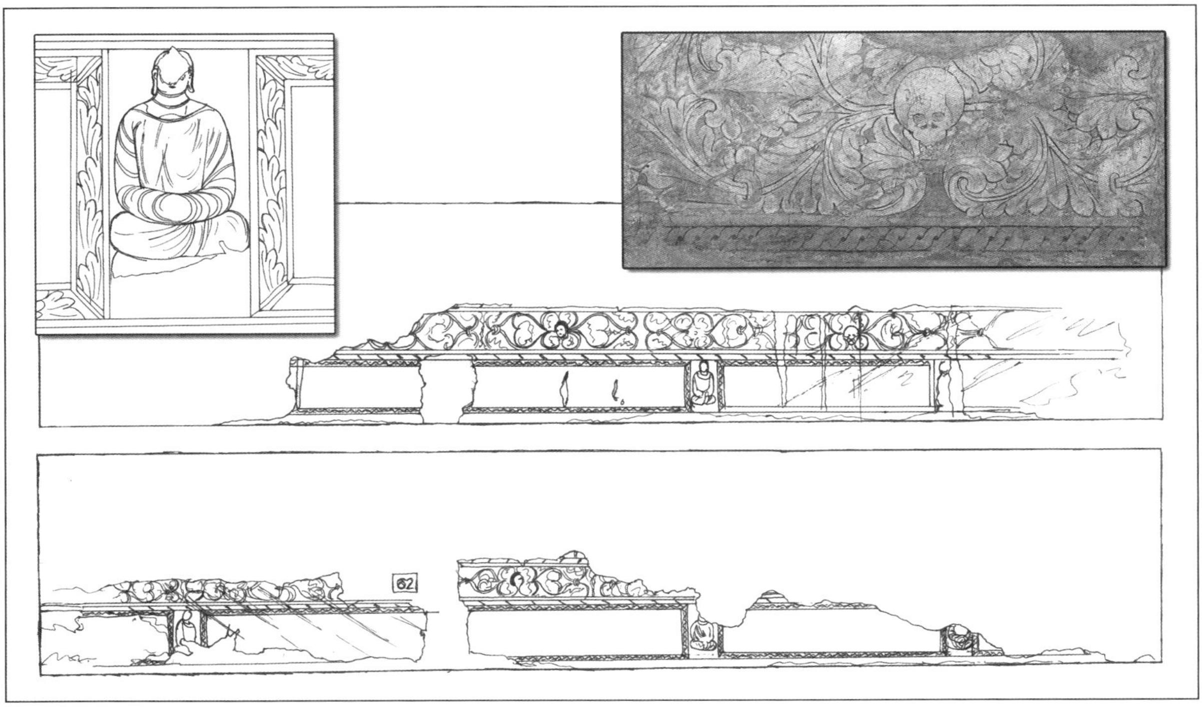

第七章　龟兹禅定窟

113A窟与112B窟相似，但保存状况不佳，二者均为闭关窟。另外在目前已不可及的更高位置有一个较小的临时编号为112C的洞窟，可能是禅定窟，此窟周围可能还有其他洞窟。

　　后山区有三类禅定窟。第一类是典型的禅定窟，如216A、216B、216C窟，属于包括216、218号僧房窟，217号方形窟和219号中心柱窟的洞窟组合；同区已描述的223A窟，属于包括222号方形窟和223号僧房窟的洞窟组合。第二类是闭关窟，如位于后山区最东部的228、229窟，229窟中绘有简化的因缘故事[1]。212[2]窟是该区中的第三类禅定窟的代表，长条形平面，两侧无小室。212[1]窟是横券顶的横长方形窟，进深约2.8、宽约3.2米；后来被改造成长条形的212[2]窟，进深11、宽3.2、高3.5米（图93），这一改造很可能是为了满足后山区对禅定场所的需求。窟内残留的壁画均绘于改造后，侧壁壁画被居中的装饰带分成上下两层，该装饰带由间距均匀的人头、骷髅及分布其间的植物纹构成，上层所绘

图93　克孜尔212号禅定窟两侧壁残存壁画示意图。该窟原本为规模较小的横向洞窟，后被改造为纵向的长条形窟。侧壁上部的佛教故事壁画被德人攫取（由郭峰临摹）（新疆维吾尔自治区文物管理委员会《中国石窟·克孜尔石窟》三，图版217）。

---

〔1〕　克孜尔晚期的开凿活动仅限于在先前已存在的大窟附近开龛，或在已废弃的洞窟中绘壁画，所以229窟中的汉风壁画，不一定与洞窟的开凿或使用同时。

149

区段与组合——龟兹石窟寺院遗址的考古学探索

的佛教故事已被全部移走,今存柏林亚洲艺术博物馆,下层则绘有间隔均匀的禅定僧人像。

总而言之,克孜尔石窟寺院中至少有二十余座禅定窟,包括通常成排分布的典型禅定窟、闭关窟,以及长条形禅定窟。当然不排除其他类型的洞窟也用于禅定。

2. 克孜尔尕哈禅定窟

克孜尔尕哈是龟兹国中布局最为整齐有序的石窟寺院。礼拜窟位于遗址的中央,僧房窟占据了东区,西区为禅定区。禅定区位于小山谷内,其位置的选择似乎既考虑到要靠近礼拜区,又需要与世隔绝,其成片分布也暗示了禅定行为的集体性。谷内侧崖壁的严重损毁妨碍了对遗址原有禅定窟总数的精确统计,目前所见均为典型的禅定窟,如37A、38、38A、38B、38C、38D、38E、49、50、51、52窟。由于禅定区的岩石质量良莠不均,导致洞窟的布局不甚规整,但仍能感受到其中潜在的规划(图94)。另有部分晚期的禅定窟由于内侧崖壁缺乏开凿新窟的岩石与空间而不得不开凿于崖壁外侧,面向沙漠。崖壁内外两侧的禅定窟均面向东南,表明可能主要在下午使用。同样,在克孜尔尕哈也不排除其他类型洞窟用于禅定,如讲堂窟和僧房窟。

图94 克孜尔尕哈西段部分禅定窟。

3. 托乎拉克艾肯禅定窟

最壮观的成组分布的禅定窟发现于托乎拉克艾肯。与克孜尔尕哈相似，该遗址的北区也是专门的禅定区（图95）。在金字塔状的山顶上目前分布有四排多达30个以上的禅定窟，原始数目可能远多于此。尽管破坏严重，排与排之间供出入洞窟的小径仍清晰可见。每个洞窟的轮廓和尺寸相同：方形平面，宽约0.9、高约1.2米，洞窟间以0.4米厚的石墙隔开。洞窟的东南朝向使其暴露于上午和中午的烈日里，这些洞窟更有可能是在下午使用。在其下方的较低位置有一个中心柱窟，是禅修前后的礼拜场所。除此之外，距离这组洞窟较远的北区东部还有两个规模较大的闭关窟，供僧侣进行长期的禅定修习。如此小的遗址竟有三十多个禅定窟，远多于遗址内其余洞窟的总和，这种极高的比例至少可以有两种解释：或者代表了龟兹石窟寺院的普遍状况，其他遗址禅定窟发现较少是因为保存不佳；抑或该遗址是一个特例，可能为龟兹国专用的禅定区，与特定的佛教部派有关。

4. 苏巴什禅定窟

位于库车河东西两岸的苏巴什是龟兹王国规模最大的地面佛教遗址，现存的壮观废墟会激发人们对往昔荣光的无比向往。苏巴什东、西寺各有一个开凿禅定窟的特定区域。苏巴什东寺的禅定区范围较广，但笔者仅有机会考察了其中的一个两侧无小室的长条形禅定窟及与之毗邻的一个带装饰的方形窟，两者均破坏严重。西寺又可以细分为南北两区。南区有很多地面建筑，包括多座佛塔遗迹、残破的寺院高墙以及可能的居住遗迹等。北区则是禅定窟集中区，这些洞窟均受到一定程度的破坏，其中的一些填满碎石无法进行彻底的调查。经近世修复且保存最好的是5窟（参看图90）。已公布的测绘图以及对原址的调查均表明该洞窟之前还应该有一个宽大的前室，很可能是一个地表木构建筑；除主要窟口外，在横长前室的两侧各有一个门道可供出入。洞窟由两条十字交叉的长条形券顶甬道构成，纵向甬道长16米，横向甬道长7米，两者在距入口3米处垂直相交并在相交处形成了一个十字拱顶。纵向甬道的每侧壁都凿有五个小室，每个小室都有拱形的浮雕门楣，门楣两端下翼向外弯翘。这些带券顶的小室几乎以相同的尺寸凿造，雕工精细。另外，在纵向的长甬道尽头也凿有一个小室，规模较大且为穹隆顶。从窟内观察，横甬道两侧十分对称：甬道尽头，以及

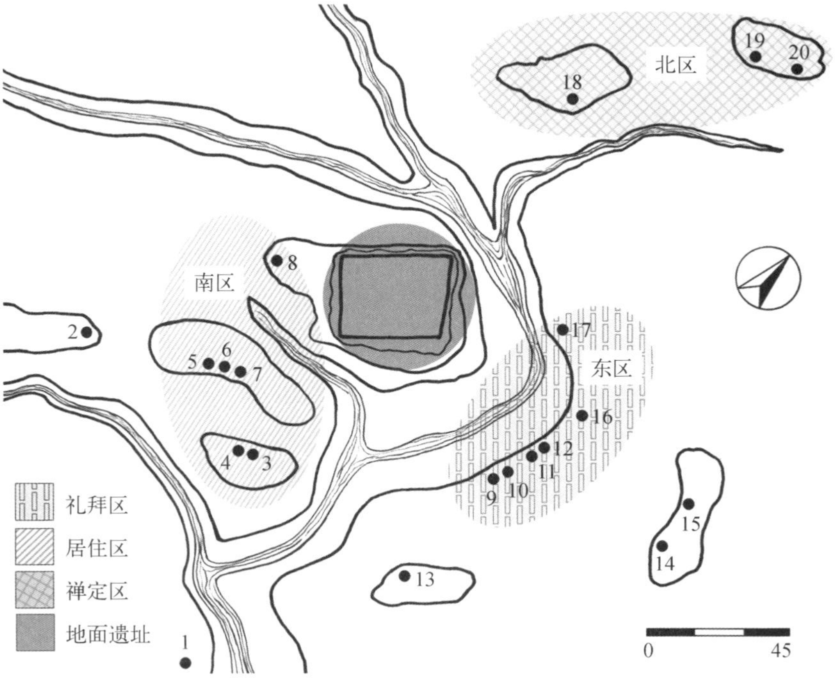

区段与组合——龟兹石窟寺院遗址的考古学探索

图95 托乎拉克艾肯遗址全景图及洞窟分布示意图。照片突出了北区段，从中可看到18号中心柱窟及其上方四排三十余个典型禅定窟，更北处还开凿有间隔一定距离的19、20号闭关窟。

152

第七章　龟兹禅定窟

与之相邻的两侧墙，都凿有小室，内壁也凿有小室，规模稍小。与窟内观察的对称效果相比，实际的洞窟平面则有所不同。经后世修复，甬道侧壁以及部分窟顶已经涂抹草泥，但从残存的窟顶壁画中仍可分辨出树下池前禅修的僧人形象。与5窟邻近的3窟，规模适中，十字形布局，窟内满绘壁画[1]。

苏巴什也有其他甬道侧壁开有小室的长条形洞窟。例如1窟有两条长约5.4米近似平行的纵向甬道，与长约7.7米的横向甬道相连，呈倒U形。横向甬道的后墙开有五个小室，约进深0.8、宽0.7、高1.3米；其两端相对开凿一对大小相同的小室，小室有拱形浮雕门楣，门楣两端下翼向外弯翘，龛内涂草泥。除了1窟，其两侧至少有八个禅定窟并凿于长达26米的崖面上。尽管侵蚀严重，而且部分洞窟后期可能被改造，但仍可断定该窟曾用作禅修，也就是说，1窟内外至少可以供15位僧侣同时禅定（图96）[2]。

在苏巴什西寺北区有另一类长条形窟：形制简单，券顶，侧壁有叠涩，不带小室，壁画中也能辨别出禅修中的僧人形象。目前所见的长条形窟的宽度均不超过2米，由于坍塌严重，窟中填满碎石，其进深和高度都已无从知晓[3]。这类洞窟至少有五六个，都分布在两侧开小室的长条形禅定窟附近，并与之形成了禅定区，所以这类洞窟很可能也被用作禅定。

苏巴什西寺北区与南区相对隔绝，但并非远离，这表示地面佛教寺院在规划设计时对禅修地点曾有特别考虑。另外北区除了禅定窟之外，还可见到土坯建筑遗迹，可能原是佛塔；东寺的禅定窟旁边有一个带装饰的方形窟，与托乎拉克艾肯情况类似，表明这里的禅定区也有自己的礼拜场所。

5. 玛扎伯哈禅定窟

玛扎伯哈也有两侧不开小室的长条形窟，长达10米，宽度小于2.5米，洞窟构造与苏巴什极为相似，推断这些洞窟应用作禅定。此类窟常与僧房窟相邻成组，两窟共用一个宽大的前室，前室通常开凿于两者前方，如果空间匮乏，也会开凿

---

[1]　焉耆七格星遗址地面佛寺附近类似的侧壁开小室的长条形窟也可视作上述推论的旁证。Oldenburg, *Russkaya Turkestanskaja Ekspedicija 1909/1910 goda*, 203–204, plate XI.该遗址洞窟的年代被断为唐代。

[2]　巫鸿主编《汉唐之间的宗教艺术与考古》，163–182。

[3]　目前苏巴什西区北部的长条形窟并无系统编号，分布和数量都不清楚，这里仅能依据笔者的个人调查。

153

图96 苏巴什西寺北区1号禅定窟。

在两者之间（参看图6）。这里的岩石质量并不理想，推测这些前室很可能用木材搭建起屋顶。在龟兹的石窟寺院中，除了少数大像窟之外，玛扎伯哈的这类前室的规模是最大的，其庞大的体量远远超过了附属于前室的两个洞窟，形成了一个宽敞明亮的活动空间。长条形窟与僧房窟构成的组合至少有五例，这是该遗址最显著的特色，这种普遍性似乎反映出玛扎伯哈很可能是因禅定而修建。

6. 库木吐喇谷口区禅定窟

库木吐喇谷口区因保存状况不佳而变得情况复杂，某些洞窟极难抵达，我们也不得不根据那些已公布的不完整的资料[1]。在第一沟，亦即最靠近乌什吐尔地面遗址之处，我们发现了一些与苏巴什的情况有些类似的洞窟。9窟是龟

〔1〕 新疆龟兹石窟研究所编《库木吐喇石窟内容总录》，2008年。

兹唯一一座与苏巴什1窟有些共性的洞窟：垂直于崖面的两条平行的长甬道与窟内的一条横向甬道相接（参看图44），该甬道后墙凿有尺寸不同的小室，其中仅有两个涂草泥，其余的有可能凿于后期。整个洞窟可能并未完工，所以也从未作为禅定窟使用过。另外还有一些长条形窟，例如15窟的内墙虽然已经倒塌，但残留的窟长仍然超过15米，宽约2.8、高2.3米，窟内没有叠涩，券顶较平，同一立面上还凿有作为方形窟的13、14窟（参看图43），应为一个特定的洞窟组合[1]。

7. 库木吐喇窟群区禅定窟

库木吐喇窟群区内洞窟布局非常清晰，数量较多的中心柱窟和方形窟集中分布于面向木札提河的崖面上，而少量的僧房窟和闭关窟均位于谷口区。74窟可能是瘗窟，窟内近北侧有一甬道与75窟相连，是进入75窟的唯一途径。75窟进深1.7、宽1.5、高1.7米，原有一个现已塌毁的前室（图97）[2]。如果74窟作为瘗窟的判断无误，那么它便是前往75窟禅定窟的必经之路，这样的布局或许是有意为之，即通过74窟传达出佛教的无常和轮回观念，旁边的75窟则利用74窟进行无常观或不净观的修行[3]。

同区的78窟开凿在一个相对偏僻隔绝的地点，其进深1.9、宽1.6、高1.8米，原本有一个前室，现已倒塌。与75窟类似，也应该是闭关窟。该窟位置较高，需通过开凿于洞窟左前侧崖壁上的台阶才能进入，这无疑加大了开窟时的工程量，也进一步反映出这些洞窟在开凿设计时有严谨的规划。已发表的材料显示76窟与78窟的形制和规模非常类似，应该也是闭关窟。在晚期，76窟的正壁开凿了小龛，并在东侧开凿了77窟（参看图97）[4]。

上述库木吐喇窟群区的三个闭关窟具有不见于龟兹其他石窟寺院的共同特点：窟门近侧壁，不在正中，窟前置前室，面向北方，有可能是闭关窟类型在本地的新发展。

---

〔1〕 连接该窟与14、16窟的通道为后期所建，并非洞窟的原有构成。
〔2〕 窟内壁画也有不同的解释，应于开窟之后主墙上绘一正在禅修的僧人，沿侧壁绘回鹘风格的礼拜者。
〔3〕 无常观或不净观修行这一题材常见于龟兹洞窟的壁画中，画面或表现为比丘观想骷髅骨，如克孜尔110、212窟；或描绘比丘于冢间观想死尸腐烂，飞禽走兽分食尸体，如克孜尔116、222窟。
〔4〕 晁华山《库木吐喇石窟初探》，182–183。

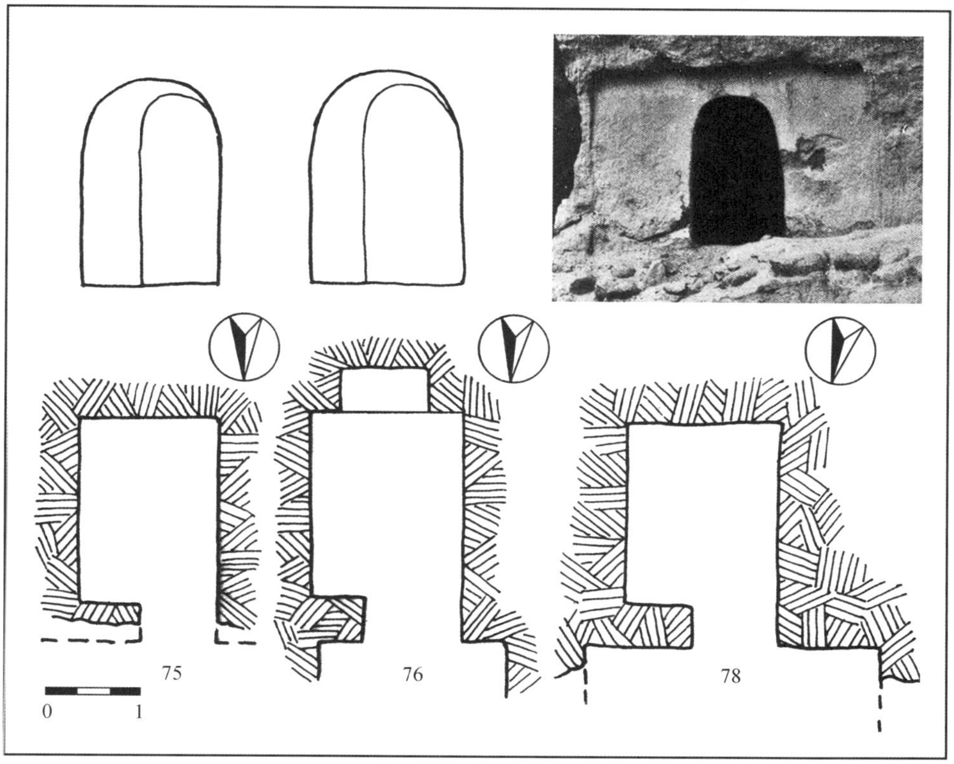

区段与组合——龟兹石窟寺院遗址的考古学探索

图97 库木吐喇窟群区75、76、78号闭关窟（照片由柏林亚洲艺术博物馆提供，MIK B 0865）。

8. 其他遗址的禅定窟

台台尔的洞窟保存状况极不理想，但其洞窟构成与克孜尔的谷西西段十分相似，谷西西段至少可以确定有七个禅定窟，所以，虽然目前台台尔只发现了一个禅定窟，但有理由相信该遗址原来禅定窟的数目要多得多。温巴什遗址破坏严重，目前仅有一个洞窟可以确定为闭关窟。森木塞姆没有发现禅定窟，僧团可能住在地面寺院中，并在地面建筑中禅定。龟兹地区还有一些规模较小的石窟群，资料所限，目前无法确定这些遗址是否会有禅定窟。

二、相关问题小议

1. 禅定窟的类型

综上所述，龟兹现存的禅定窟可以分为四种类型，即典型禅定窟、闭关窟、长条形两侧开小室洞窟以及长条形洞窟，这些洞窟可供上百个僧人同时禅

156

定[1]。同时,也不能排除其他类型的洞窟,例如讲堂窟、僧房窟被用作禅修的可能性。禅修行为在龟兹的佛教活动中非常普遍,很多遗址在规划设计时便预留出凿建禅定窟的特定区域,有时甚至将整个区段作为禅修之所。不同的寺院类型还配有不同类型的禅定窟,例如石窟寺院中常见典型禅定窟和闭关窟,而地面佛寺附近常常有长条形洞窟。

保存状况较好的一些遗址比较容易辨识出禅定区。例如托乎拉克艾肯的北区段、克孜尔尕哈遗址的西区、苏巴什西寺北区、玛扎伯哈的中央区段等。克孜尔虽没有特定的禅定区,但多数禅定窟分布集中,例如包括12、13、24窟的组合内含有七个禅定窟,112—115窟组合至少包括三个闭关窟,109B窟四个禅定窟成排分布等。

禅定窟的不同类型也反映出禅修方式的差异。开凿于崖面上的禅定窟视野开阔,光线明亮,长条形洞窟则沉浸于微光和静寂之中。禅定时间也有长短之分。开凿于僻静之处、彼此隔绝的闭关窟可资个人进行长期修习,成片分布的典型禅定窟和长条形洞窟能供多数僧人同时进行较短时间的禅修。由于典型禅定窟一般凿于崖面上,根据其朝向判断,上午容易暴露于烈日下,故最佳的禅定时间为下午。

禅定窟附近应有相应的礼拜场所,或为中心柱窟,或为佛塔之类的地面建筑。如在托乎拉克艾肯,成排分布的禅定窟之下的中心位置凿建有18号中心柱窟;苏巴什5窟之上有佛塔残迹;克孜尔绝大多数的禅定窟都与带装饰的礼拜窟相近。似乎在禅修前后,某种形式的礼拜行为是必要的[2]。

2. 禅定窟的分期

禅定窟的分期断代研究也很重要,因为形制简单,目前只能做一些初步的推测。中心柱窟正壁的主龛是禅定窟的再现,其形制的变化也应是禅定窟演变的真实反映。以克孜尔219窟的主龛为例,其主墙有改造痕迹,导致壁龛略有扩大。禅定窟前后的主要变化体现在拱顶的弧度上:与早期壁龛较尖的顶

---

〔1〕 这仅是对龟兹禅定窟的初步思考,因为我们并未遍访古龟兹王国的所有佛教遗址,禅定窟极易塌毁的特点也会影响到洞窟数目的统计,并给以此为基础的推论带来风险。

〔2〕 宿白《中国石窟寺研究》,346。

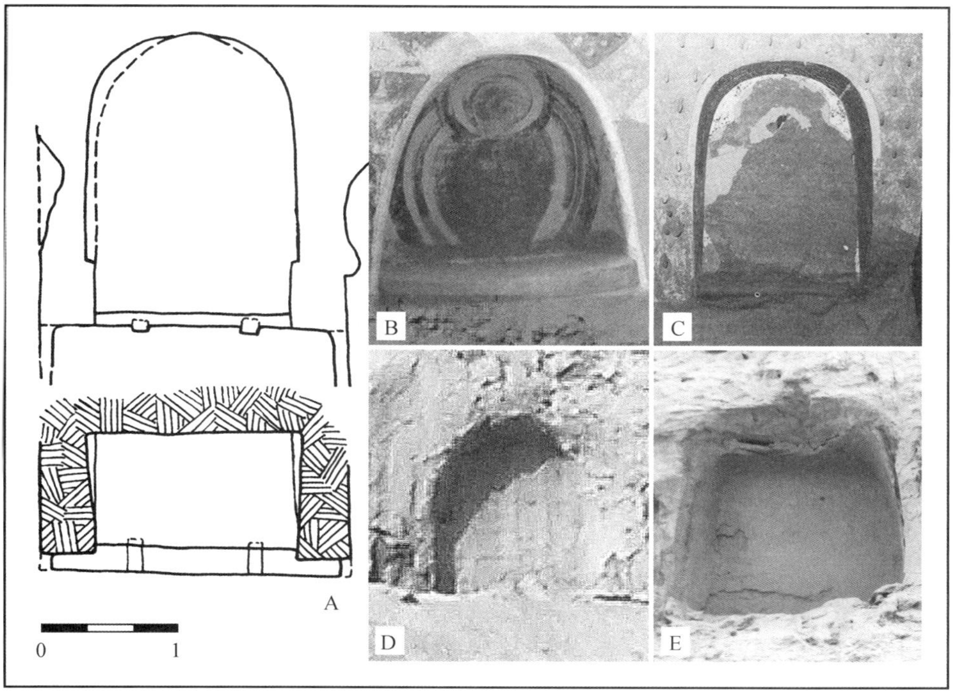

区段与组合——龟兹石窟寺院遗址的考古学探索

图 98 龟兹禅定窟发展演变示意图。图中A为克孜尔219窟主室正壁主龛,B为克孜尔17窟右甬道外侧龛,C为克孜尔224窟主室正壁主龛,D为克孜尔25B禅定窟,E为克孜尔尕哈38窟禅定窟B,C:新疆维吾尔自治区文物管理委员会《中国石窟·克孜尔石窟》一,图版72;三,图版135。

部相比,晚期壁龛的拱顶更为平缓(图98)[1],类似的差异也反映在中心柱窟主室的窟顶上。亦即禅定窟的窟顶如同中心柱窟的主龛顶及其主室窟顶(例如克孜尔224窟和克孜尔尕哈的38窟),体现出由尖顶到相对平缓演变的时代特征。这一值得注意的细节也许会有助于将来更为精确的断代研究。

3. 禅定窟与禅修

以往研究虽然指出禅修行为在寺院生活中的重要地位,但由于没有识别出龟兹所有类型的禅定窟,故依据汉文佛经得出了僧人可以在中心柱窟中入定的结论,而且认为中心柱窟的壁画与观像有关。然而中心柱窟应该主要用于绕塔柱礼拜,其主室的中心区域被围栏圈起,并没有合适的地方供禅修的僧人端坐入定[2]。

另外值得注意的是,克孜尔发现的《梵文禅定修习法要》(*Yogalehrbuch*)

---

[1] 克孜尔43窟也是说明此种变化趋势的有力证据。

[2] A. F. Howard, "In support of a new chronology for the Kizil mural paintings," 68–83.

写本对于探寻龟兹地区的禅修思潮无疑也是一大刺激,施林洛甫(Schingloff)重构和翻译了这一写本[1]。此禅修手册以梵文写成,属于说一切有部,未见有其他语种的文本记载。写本记录了禅修的技巧,包括作为观想所缘境的形状颜色在修禅者面前的生起和现观。此种禅修的独特之处在于修禅者所缘境的形状颜色并非源自外境,而是发自禅修者自身,这种独特的禅修方式似乎在整个中亚都非常流行。本章对龟兹地区各种各样的禅定窟的初步描述和分类或许会有助于我们理解古代龟兹的这类禅修行为。

---

〔1〕 D. Schlingloff, *Ein buddhistisches Yogalehrbuch*, 1964.

第八章　克孜尔石窟寺院年代探索

佛教石窟蕴含了丰富的罕见于其他考古遗址的信息，可以进行多角度的解读。石窟中的建筑、雕塑和壁画研究属于艺术史范畴，石窟凿建的最初动机及其装饰题材属于佛学研究领域，石窟寺院发展背景的研究则要依靠历史学，石窟寺院遗存的描述和解释应当由考古学承担。在全面记录遗存面貌的基础上，考古学首先面对的是年代问题，这也是考古学最能起主导作用的领域。确切的洞窟年代是其他研究得以有效进行的基础，也能推进我们对石窟寺院的整体理解。

由于可以发现大量的纪年题铭以及历史文献记载，中国中原北方地区的大多数石窟寺都已被准确断代，然而新疆及中亚、南亚地区的石窟因缺少此类资料，其年代问题依然悬而未决，克孜尔石窟壁画的编年研究也是如此，学界众说纷纭，莫衷一是，甚至想在近期内解决克孜尔石窟的年代问题都是不切实际的。

考古学对遗存的解释和断代通常是在发掘和整理工作结束之后进行，但克孜尔的情况有些特殊，这里缺乏层位关系，一些洞窟还没有清理，一些洞窟仅有部分暴露于地表，一些洞窟还可能被深埋在崖壁坍塌堆积之下。显然，目前克孜尔石窟编年研究的条件还很不成熟，只能做出一些初步判断[1]。在这里我们不是想为克孜尔石窟确立一个崭新的绝对年代，而是想在尽量少受以往研究结论牵制的情况下，就如何在克孜尔石窟寺院研究中使用一套可行的考古学断代方法提出个人看法。

迄今为止，克孜尔石窟的年代序列研究可分为两大阶段。第一阶段可被称作"传统年代学"阶段，从最早的探险活动开始，一直持续到20世纪70年代末，

---

〔1〕　目前我们并不知道克孜尔石窟寺院的整体布局。数世纪以来崖壁表层岩石风化、崩塌，形成数米厚的堆积，掩埋了原来的地貌。而且根据龟兹地区其他佛教石窟寺院遗存推断，克孜尔石窟寺院也应该包含地面建筑。

主要是壁画风格演变研究[1]。第二阶段始于20世纪80年代初期北京大学考古系进行的考古调查。关注重心从壁画转向整个遗址，对四种洞窟类型——中心柱窟、大像窟、方形窟和僧房窟——进行类型学排比，进而依据典型洞窟提出遗址的分期，并使用碳十四测年法确定每个阶段的绝对年代，这在中国石窟断代中是首创。所获研究结论比传统年代学偏早[2]，这一成果得到了世界各国学人的大力支持，并被后来的中国艺术史研究者广泛采纳。

一、相对年代

考古学研究的第一步是将材料按一定的序列组织起来，最具代表性的是地层和类型序列。成功的排序可反映相对年代关系，这是遗址发展历程研究的良好开端，也是进一步探讨绝对年代所不可或缺的前提。一般情况下，相对年代就足以解决遗址中遗物及遗迹的年代早晚关系，而绝对年代在比定不同遗物及遗址的年代时是必需的。

石窟的相对年代极为重要，却常常被忽略。与其他遗址相比，石窟寺院较为特殊，因为石窟开凿的崖面一般都没有层位序列，而且大多数石窟从来不被掩埋于地下。然而，克孜尔的洞窟间仍然存在着判定年代早晚的叠压和打破关系。

克孜尔石窟中最引人注目的打破关系是洞窟由一种类型转变为另一种类型，如34[1]号僧房窟改建成34[2]号中心柱窟（参看图21）；或是洞窟的部分结构被局部改造，如开凿新龛（参看图29）。洞窟的打破关系还有其他一些情况：在某些情形下，一些连续洞窟墙壁的倾角不同，它们之间的隔离岩体变得极薄以至在修建过程中或稍后崩塌，如165和166窟（参看图19）。在克孜尔，这种

---

〔1〕 德国学者对克孜尔的研究主要基于在吐鲁番探险队期间攫取的塑像、壁画、文书、笔记、图片等资料，这些珍贵的一手资料为历代欧洲学者的研究提供了便利条件。格伦威德尔等提出的年代观点参看本书前言部分。

〔2〕 宿白撰写了一篇关于克孜尔石窟最为全面综合的文章，其中提出克孜尔石窟寺院的年代约从公元4世纪初至7世纪中叶，并指出克孜尔石窟寺院的始建年代可能更早，只是目前见不到最早的洞窟。宿白《克孜尔部分洞窟阶段划分与年代等问题的初步探索》，10—23。长期田野工作的目标是编写新疆克孜尔石窟考古报告，但目前只出版第一本，其中收录了克孜尔谷西部分洞窟。北京大学考古学系、克孜尔千佛洞文物保管所编著《新疆克孜尔石窟考古报告》，1997年。

161

区段与组合——龟兹石窟寺院遗址的考古学探索

误算仅出现于不同时期开凿的相邻洞窟中。另外装饰变化也会形成打破关系，常见的例子是对较早壁画窟的重绘，通常是直接在原有壁画上绘制，抑或在已有的壁画表面涂抹新的涂层后再绘[1]。这些打破关系是极为重要的年代指标，可以为类型学序列的建立提供最可靠的证据。经过长期的实地调查，我们先后发现了一百多例打破关系[2]，其中建筑形制改变约占80%，装饰变化占15%，而毗邻洞窟间的打破关系仅有三例。

　　类型学序列首先基于这样一种前提，即同一时段的物品具有类似的风格，并且缓慢发生着有规律可循的变化。将物品按照一定的次序排列，将那些具有大量相似点的物品排放于彼此接近的位置便产生了一个类型学序列。就克孜尔遗址而言，若要获得一个包括建筑、装饰特征在内的有效的类型学序列，需要考虑众多因素。在类型排比过程中，参考洞窟间的打破关系无疑是明智之举。

　　在克孜尔石窟寺的类型学研究中，一般是对每类洞窟进行类型排比，这样可以厘清同一类洞窟的年代早晚。可是如何判定不同类型洞窟之间的年代关系，以往的研究通常会选择不同类型洞窟中具有年代特征的关键因素，如洞窟的叠涩，作为不同类型洞窟年代相近的依据。但论据略显单薄，结论值得商榷。概观整个克孜尔遗址，可以发现大多数洞窟开凿得彼此邻近以便构成一个组合，若把单个洞窟视为组合的一部分，会更容易发现不同类洞窟之间的关系。

　　在克孜尔有多种洞窟组合，根据有无中心柱窟，同时也参照壁画的题材、布局和风格，可将其分为两大类。第一类洞窟组合由一个或多个方形窟和一个或多个僧房窟构成，约含80个洞窟。第二类洞窟组合包括至少一个中心柱窟，方形窟和僧房窟均可有可无，约含一百多个洞窟。洞窟组合的核心部分应该是在始建时被同时规划、开凿和装饰[3]，这提供了不同类型洞窟之间最直接的年代

---

〔1〕 仅有个别洞窟的开凿与壁画的绘制不同时，多与洞窟的改建或修葺有关。新壁画有时绘于新涂层上，有时直接绘于原壁面。开凿之初未绘壁画的礼拜窟极少在以后被增绘。以上这些特殊情形应进行实地考察，不能仅从风格研究中推断。

〔2〕 这些打破关系见本书第二章注释部分，29、30页。

〔3〕 断定组合的核心要结合洞窟的联合平面图和立面分布状况，注意洞窟排布的连续性以及洞窟间是否共用前室或栈道，而相同的组合布局重复出现和后期增建洞窟的分辨都有助于识别洞窟组合。

162

关系。若把洞窟组合视为基本单元，后世增建的洞窟便是一种打破关系，这也为判断同类洞窟相对年代提供了最有力的依据。

一个典型的例子可以帮我们进一步加深理解。2至6窟组合属于第二类洞窟组合，根据谷西区其他类似组合的布局情况，判定其原始核心部分是2、3、4窟（参看图56），分属于三种不同类型。2号窟是位于组合一端的僧房窟，3号窟是凿于组合中心的横长方形窟，4号窟是位于组合另一端的中心柱窟。后来组合扩展，增建了对称分布的5、6号僧房窟。由此可知，该组合开凿于两个阶段：第一阶段是同时建造核心的2、3、4窟，第二阶段是增建5、6窟。这样，我们不仅可以观察到同时代的中心柱窟、方形窟和僧房窟的特点，同时由于2号僧房窟早于5、6号僧房窟，这又使不同时代的僧房窟间的排序成为可能。所以确立相对年代应同时考虑到两个系列的数据，其一是每类洞窟的类型排比，其二是洞窟组合及其反映的共时性和异时性（参看本书插页表1）。

二、绝对年代

克孜尔石窟中缺乏可靠的纪年材料。为了确定其绝对年代，20世纪80年代初首次使用了碳十四测年法，之后这种方法多次用于洞窟及海外保存壁画的测年[1]。但是，近年来的研究过于依赖科技测年获得的数据。使用碳十四测年数据时不能只重测量结果，而应该在考古学理论的指导下使用更为严谨精细的测量程序。

用碳十四数据来推定克孜尔石窟的绝对年代有时存在较为严重的问题。笔者就此曾请教过测年专家，发现用于测年的主要材料是木头和麦草。这些作为测年样品的门、窗框、木楔等存在一些问题，首先木材的砍伐年代与使用年代不一定一致，这无疑会影响测年结果，同时也很难证明这些材料是否曾被更换或修葺过，所以在这类数据的使用上应该更加谨慎，不能简单将木头样品的年代等同于洞窟的绝对年代。洞窟内的草泥涂层中很可能使用了当年的麦草，因而麦草是一种较好的测年样品。但克孜尔的许多洞窟内均有多重涂

---

〔1〕 北京大学考古系和社会科学院考古研究所进行了大量的碳十四测年工作。之后，中国、日本、德国又多次对不同样本进行了碳十四测年。

层,而且属于不同时期,如果无法确知麦草样品来自哪一涂层,也不宜将测年结果视为洞窟的建造年代。已发表的碳十四数据对于克孜尔石窟而言年代跨度过大,根本无法解决绝对年代问题,因为碳十四测年提供的数据的正确率一般为68%,即使这一比率可以调整到95%,其测年结果的波动范围仍然较大,这一年代范围过于模糊,并不会为遗址的绝对年代研究提供有效参考。就克孜尔石窟而言,碳十四测定的绝对年代也未有效推动研究的开展。更科学的方法是,在解决遗址的相对年代和分期问题的基础上,对每一阶段数量众多的典型洞窟进行碳十四测年,再统计分析所测数据便可获得较为准确的绝对年代。

大多数艺术史家往往过度依赖碳十四测年结果,意识不到这种方法存在的问题。例如雅尔迪兹根据德国柏林亚洲艺术博物馆保存壁画的碳十四测年数据对克孜尔壁画的年代提出新看法[1],在文章中她只使用了克孜尔17窟的一小块壁画残片的碳十四测年数据来推定与之风格相似的洞窟的年代。这种论证方法有很大的漏洞,而且流失海外壁画还有其他问题,例如在格伦威德尔笔记中,很多壁画都没有详细的出处,后人将一些属于17窟的壁画归于13窟。这样,即使碳十四测年数据准确,将一块壁画的绝对年代定为某一特定洞窟的年代也是十分危险的。测年样本的收集只能在扎实的田野工作基础上进行,而且需要特别注意打破关系对样本年代的影响。

三、克孜尔的废弃

克孜尔的废止年代如同它的肇始年代一样,目前依旧云山雾罩。因相关的史料稀缺,对于克孜尔弃用的年代和原因,学者们虽各抒己见,但仍然没有定论。克孜尔石窟被废弃后并未被自然或后期的文化堆积掩盖,仍然可能被某些僧侣长时间使用。小规模的修葺工作,如建造小龛、增绘壁画等改建活动还可能会延续很多年[2]。

---

[1] M. Yaldiz, "Once again: the Chronology of the earliest Caves in the Kucha region, Xinjiang", 114-124. 雅尔迪兹并未指明采用德国所测碳十四数据而弃用其他数据的原因。
[2] 古代参观洞窟的游人留下的不同语言的涂鸦和题记提供了重要的年代线索。目前仅有汉文涂鸦和题记被解读,大多属于8世纪前叶后段至9世纪初。

四、小结

迄今为止，涉及克孜尔石窟的研究均被年代问题困扰。影响力持续近一个世纪的传统年代学的支持者越来越少，由北京大学考古系的学者所开创的旨在建立一种更综合的方法的考古学工作也未能继续。过去30年，克孜尔的石窟寺遗址极少进行扎实的田野工作，新疆龟兹研究院发表的可靠的一手材料并不充足。科技测年法所提供的数据对于石窟断代还不够精确，而且也不能代替目前还没有完成的相对年代研究。这些不利的现状无疑大大增加了解决克孜尔石窟年代问题的难度。

目前较为可行的方法是在现有遗存的基础上由不同学科的学者合力建立一个更为可靠的学界认同的相对年代。这项工作首先要收集和整理大量详细、系统的资料。在这一过程中除了考虑洞窟的相对位置、洞窟组合和区段等问题之外，尤其要重视对建立相对年代最有说服力的叠压打破关系。这个任务只能由龟兹石窟研究院与相关研究人员合作完成。这项工作虽然艰苦，但值得力行，因为洞窟可信的相对年代序列一旦确立，它将会成为所有关于克孜尔的研究，包括科技测年研究的基础。

后 记

在研究龟兹石窟寺院的时候，我的眼前时常会浮现出当年孤身一人在新疆实地考察的情景：荒寂的沙漠，朴实的乡民，初遇龟兹石窟的震撼，与古人对话时的欢喜与感动……过往生活中的难忘片段就像一帧帧褪色的旧照片一样纯粹而美好。感谢那段清苦的斯巴达式生活，多年来一直支撑着我在学术之路上继续前行。

这本小书最终能够出版，首先要特别感谢北京大学考古文博学院、新疆维吾尔自治区文物局和新疆龟兹研究院能给我在古龟兹地区开展田野调查的机会，六年间我做了大量文字和图片记录，这也是本书的主要资料来源。2006年新疆田野工作结束之后，我一直致力于龟兹石窟的研究，试图将调查期间的所见所闻所感系统地组织起来，编写这本书恰好让我能够重新审视之前的假设，修改部分观点，同时也增加了一些新的想法。另外，我还要感谢柏林亚洲艺术博物馆为此书提供了许多具有重要研究价值的老照片，这些照片对书中的某些问题的解释至为关键。

编写一本完整的考古报告需要数十年辛苦而系统的工作，在这些可靠的原始资料发表之前，我们的研究基础注定是薄弱的。本书在运用考古学方法研究石窟寺方面进行了一些探索，希望会对龟兹石窟报告的编写和最终出版有所裨益。

中文并不是我的母语，甚至也不是我的第二语言。在文本的翻译和润色方面我要感谢李雨生、王倩、童歆、任婧和吕梦等几位同学的帮助，文字校对方面则要感谢王倩、王芳同学的协助。为了克服语言缺陷并尽量表达清楚，书中还附有我在田野调查期间绘制的实测图，这些图多数是第一次发表，虽然不像预期那么精确，但我仍然希望它们能有助于读者理解本书所讨论的问题。在此也感谢郭峰、刘韬和杨远在绘图方面的慷慨相助。此书的完稿得益于太多

166

后　记

人的帮助、支持和鼓励,限于篇幅,我无法一一列出,借此机会,向你们致以最衷心的谢意!

我无法完全驾驭所书写的语言,虽然已经尽了最大努力,但毫无疑问,我仍然应该对书中所有文意不清以及缺漏不妥之处负全责。

魏正中

2012 年 12 月 3 日于北大中关园

再版后记

《区段与组合：龟兹石窟寺院遗址的考古学探索》首次出版于2013年，10年之后得以再版，令我忐忑的心情颇感欣慰。最近几年不少学生和同事问我要这本书，说是市面上很难再买到，而我自己手中也没有存书。重印再版说明这本书在学术上有若干可取之处，同时也算是对同好们的一个交待。这次重印，我只修改了个别错别字，另在版式上做了一些微调，内容和观点均保持不变。就此而言，这本书仍代表着我那个研究阶段的思路和理念。

过去10年中，我尝试解决一些当时面临的问题，也提出了一些新的想法，这些理念或多或少都萌生于这本书写作时产生的不成熟思考。为了解决这些问题，我多次去新疆重访龟兹石窟寺院遗址，也参观了不少其他佛教遗迹，经常与国内外同仁探讨不同的研究方法，思索佛教考古的未来。尽管如此，我仍将研究领域专注于龟兹佛教考古，因为我相信龟兹地区众多的石窟寺遗址以及庞大的洞窟数量能够为我们不断探索和完善石窟寺考古理论和方法提供坚实的材料支撑和研究基础。

对于龟兹石窟寺的研究，本书提出的"区段与组合"概念现在看来仍无大谬。除此之外，我们还必须考察窟前不同类型的遗迹现象，诸如洞窟所在崖壁之上和洞窟之间崖面上保存的建筑和连通遗迹，亦有必要以多元的视角来研究石窟寺院。从整体性来讲，石窟寺院与地面寺院相似，同样是有边界来界定领地范围的（见拙作《边界与山门：关于龟兹佛教寺院的若干思考》，《大足学刊》（第五辑），2021年）；就空间组织而言，寺院内除实体建筑构成的有形空间之外，那些无形的空间也是寺院的重要组成部分（见拙作 "Solids and Voids in the Rock Monasteries of Kucha"，In: *International Journal of Buddhist Thought and Culture* 33, 1 (2023): 165—192.）；以建筑形式而论，遗址内的不同部分之间存在有连通性结构来保障寺院的良好运转（见拙作《龟兹石窟寺院中的连通建筑》，《敦煌研究》2018年第2期）。尽管近年来部分石窟遗

168

址开展了一些窟前清理工作，但总体来说，窟前遗址有规划、成系统的调查发掘工作并未全面展开。希望在国家文物局颁发的《中国石窟寺考古中长期计划（2021—2035年）》规划周期内，更多相关工作能够落地。窟前遗迹及相关寺院遗址的性质、功能、规模、结构、布局等越多要素被辨识出来，越有利于我们对石窟寺遗址产生全面、深入的认识和理解。

从更宏大的视角来看，对龟兹石窟寺院遗址的研究还应涵盖苏巴什、夏合吐尔、乌什吐尔以及其他尚未被调查的地面佛寺，在更广阔的历史地理背景中考察这些寺院在古龟兹地区的分布位置，以及它们与城市、交通线路、山隘关口等的关系。

就此而言，《区段与组合》已经在朝这个方向努力：书中并未仅关注单体洞窟或洞窟组合，而是从考古学角度研究石窟寺整体，将其视为区域性的文化遗存。过去10年中形成的一些新的思考已经陆续出版(《龟兹寻幽：考古重建与视觉再现》，上海古籍出版社，2017年；《龟兹早期寺院中的说一切有部遗迹探真》，上海古籍出版社，2024年)。我计划将这10年来新刊布的文章和一些与佛教石窟寺考古研究的理念编辑成另一本论文集《虚与实》，以求教于方家。

最后感谢王倩、周思远、戴恬、王凤歌、宋瑞、于清雅等同学在文词校对与勘误方面付出的努力和帮助。感谢上海古籍出版社花费时间和精力重印拙著。希望这本小书能够为龟兹石窟寺研究以及对佛教考古感兴趣的专业人员和社会人士带来更多新的思考。

魏正中

2024年3月5日

参 考 书 目

外文：

Deshpande, M.N., "The rock-cut caves of Pitalkhora in the Deccan", In *Ancient India*, 15, 1959.

Grünwedel, Albert, *Altbuddhistiche Kultstätten in Chinesisch-Turkistan*, Berlin, Druck und Verlag von Georg Reimer, 1912.

Grünwedel, Albert, *Alt-Kutscha. Archäologische und Religionsgeschichtliche Forschungen an Tempera-Gemälden aus Buddhistischen Höhlen der Ersten acht Jahrhunderte nach Christi Geburt*, Berlin, Otto Elsner Verlagsgesellschaft M.B.H., 1920.

Hallade, Madeleine, Simone Gaulier, and Liliane Courtois eds., *Douldour-Aqour et Soubachi: Mission Paul Pelliot IV Texte*, Paris, Recherche sur les civilisations, 1982.

Hambis, Louis, *Douldour-âqour et Soubachi: Mission Paul Pelliot III Planches*, Paris, Collège de France, Centre de recherche sur l'Asie Centrale et la Haute Asie, 1967.

Howard, Angela Falco, "In support of a new chronology for the Kizil mural paintings", In *Archives of Asian Art*, XLIV, 1991, pp. 68–83.

Le Coq, Albert von und E. Waldschmidt, *Die Buddhhistische Spätantike in Mittelasien*, VII. vols. Berlin, Dietrich Reimer, 1922–1933.

Oldenburg, Sergei, *Russkaya Turkestankaya Ekspediciya 1909/1910*, St. Petersburg, 1914.

Pinault, Georges, *Epigraphie Koutchénnee: I. Laissez-passer de caravans; II. Graffites et inscriptions, dans Mission Paul Pelliot. Documents Conservés au*

Musèe Guimet et à la Bibliothèque Natonale. Documents Archéologiques,VIII, Sites Divers de la région de Koutcha. Epigraphie Koutchéene, Paris, Collège de France, Instituts d'Asie, Centre de Recherches sur l'Asie centrale et la haute Asie, 1987, Chapter IV, pp. 84–85.

Rhys Davids, Thomas William and Hermann Oldenberg, trans., *Vinaya Texts Translated from the Pāli, Part II, The Mahavagga, V–X, the Kullavagga I–III*, "Sacred Books of the East" 17, Oxford, Oxford University Press, 1882.

Rhys Davids, Thomas William and Hermann Oldenberg, trans., *Vinaya Texts Translated from the Pāli, Part III, The Kullavagga, IV-XII*, "Sacred Books of the East" 20, Oxford, Oxford University Press, 1885.

Schlingloff, Dieter, *Ein buddhistisches Yogalehrbuch*, Berlin, Akademie-Verlag, 1964.

Vignato, Giuseppe, "Kizil: Characteristics and Development of the Groups of Caves in Western Guxi", In *Annali dell'Università degli studi di Napoli "L'Orientale"* 65, 2005, pp.121-140.

Vignato, Giuseppe, "Archaeological Survey of Kizil — its Groups of Caves, Districts, Chronology and Buddhist Schools", In *East and West* 56/4, 2006, pp.359–416.

Vignato, Giuseppe, "The wooden architecture of the Kizil Caves", In *Journal of Inner Asian Art and Archaeology*, I, 2006, pp.11–27.

Vignato, Giuseppe, "Towards a more reliable chronology for the site of Kizil: a discussion on method", In *MARG*, 2008, pp. 32–39.

Vignato, Giuseppe, "The interrelationship of sites, districts, groups, and individual caves in Kucha",In *Journal of Inner Asian Art and Archaeology*, 5/2010, pp. 129–143.

Waldschmidt, Ernst, *Gandhara, Kutscha, Turfan. Eine Einführung in die frühmittelalterlche Kunst Zentralasiens*, Leipzig, Klinkhartd & Biermann, 1925.

Yaldiz, Marianne, "Once again: the chronology of the earliest Caves in the Kucha region, Xinjiang", Beijing Forum 2004. Cultural Intercourse of Ancient

East Asia organizing committee, ed., Collection of papers and abstracts on Archaeology, unpublished, pp. 114–124.

中文：

北京大学考古学系、克孜尔千佛洞文物保管所编著《新疆克孜尔石窟考古报告》，北京：文物出版社，1997年。

晁华山《克孜尔石窟的洞窟分类与石窟寺院的组成》，载《纪念北京大学考古专业三十周年论文集》，北京：文物出版社，1990年，第341-371页；又载《龟兹佛教文化论集》，乌鲁木齐：新疆美术摄影出版社，1993年，第161-200页。

晁华山《库木吐喇石窟初探》，载《中国石窟·库木吐喇》，北京：文物出版社，1992年，第170-202页。

法显《佛国记》，王云五主编《万有文库》第二集七百种，上海：商务印书馆，1937年。

傅熹年编《中国古代建筑史》二，北京：中国建筑工业出版社，2001年。

何恩之、魏正中著，王倩译《龟兹寻幽：考古重建与视觉再现》，上海古籍出版社，2017年。

甘肃省文物工作队、炳灵寺文物保管所编《中国石窟·永靖炳灵寺》，北京：文物出版社，1989年。

格伦威德尔著，赵崇民、巫新华译《新疆古佛寺：1905—1907年考察成果》，北京：中国人民大学出版社，2001年。

霍旭初、王建林《丹青斑驳　千秋壮观——克孜尔石窟壁画艺术及分期概述》，载《龟兹佛教文化论集》，乌鲁木齐：新疆美术摄影出版社，1993年，第201-228页；又载《龟兹艺术研究》，乌鲁木齐：新疆人民出版社，1994年，第1-30页。

李崇峰《克孜尔中心柱窟主室正壁画塑题材及有关问题》，载《汉唐之间宗教艺术与考古》，北京：文物出版社，2000年，第209-233页。

李崇峰《中印佛教石窟寺比较研究——以塔庙窟为中心》，台湾新竹：觉风佛教艺术文化基金会，2002年。

马世长《库木吐喇的汉风洞窟》,载《中国石窟·库木吐喇》,北京:文物出版
　　社,1992年,第203-224页。

潘玉闪、马世长《莫高窟窟前殿堂遗址》,北京:文物出版社,1985年。

荣新江《关于唐宋时期中原文化对于阗影响的几个问题》,《国学研究》,1993年
　　第1期,第401-424页。

僧祐著,苏晋仁、萧鍊子校《出三藏记集》,北京:中华书局,1995年。

宿白《克孜尔部分洞窟阶段划分与年代等问题的初步探索》,载《中国石窟·克
　　孜尔石窟》一,北京:文物出版社,1989年,第10-23页;又载《中国石窟寺
　　研究》,北京:文物出版社,1996年,以《新疆拜城克孜尔石窟部分洞窟的
　　类型与年代》为题,第21-38页。

宿白《中国石窟寺研究》,北京:文物出版社,1996年。

天水麦积山石窟艺术研究所编《中国石窟·天水麦积山》,北京:文物出版社,
　　1998年。

魏正中《克孜尔洞窟组合调查与研究——对龟兹佛教的新探索》,北京大学
　　2004年博士论文。

魏正中《克孜尔谷西的石窟寺院》,《燕京学报》,2004年新十六期,第197-214页。

魏正中《克孜尔石窟前的木构建筑》,《文物》,2004年第10期,第75-83页。

魏正中、桧山智美 著,王倩译《龟兹早期寺院中的说一切有部遗迹探真》,上
　　海:上海古籍出版社,2024年。

巫鸿主编《汉唐之间的宗教艺术与考古》,北京:文物出版社,2000年。

新疆龟兹石窟研究所编《克孜尔石窟内容总录》,乌鲁木齐:新疆美术摄影出版
　　社,2000年。

新疆龟兹研究所编《库木吐喇石窟内容总录》,北京:文物出版社,2008年。

新疆龟兹石窟研究所编《森木塞姆石窟内容总录》,北京:文物出版社,2008年。

新疆龟兹石窟研究院编《克孜尔尕哈石窟内容总录》,北京:文物出版社,
　　2009年。

新疆龟兹研究院编《库车玛扎伯哈石窟调查简报》,《吐鲁番学研究》,2010年第
　　1期,第21-36页。

新疆维吾尔自治区文物管理委员会等编《中国石窟·克孜尔石窟》一,北京:文
　　物出版社,1989年。

新疆维吾尔自治区文物管理委员会等编《中国石窟·克孜尔石窟》二,北京:文
　　物出版社,1996年。

新疆维吾尔自治区文物管理委员会等编《中国石窟·克孜尔石窟》三,北京:文
　　物出版社,1997年。

新疆文物考古研究所《1990年克孜尔石窟窟前清理报告》,《新疆文物》,1992年
　　第3期,第13-60页。

玄奘、辩机著,季羡林等校《大唐西域记校注》,北京:中华书局,2000年。

姚士宏《克孜尔石窟探秘》,乌鲁木齐:新疆美术摄影出版社,1996年。

义净著,王邦维校《南海寄归内法传校注》,北京:中华书局,1995年。

中国文物报《云冈窟前遗址发掘获重大成果》,《中国文物报》1994年1月16日
　　第4版。

朱英荣、韩翔《龟兹石窟》,乌鲁木齐:新疆大学出版社,1990年。

Abstract

The few decades astride the 19th and the 20th century, when the term Silk Road came in use, saw crowds of 'foreign devils' tramping across mountains and deserts of the Western Regions. To them the merit to have brought back to life peoples of the past and their forgotten stories, unearthed ruins of ancient cities and buried art; the rock monasteries of Kucha were but one chapter of these discoveries.

If one were to choose a starting point of the modern scientific investigation of the rock monasteries of the ancient kingdom of Kucha, the Turfan Expeditions, led by the German scholar-explorer who visited the area between 1905 and 1914, can be taken as a meaningful point of departure: for almost a century overseas research was based on the material collected by them, and it was the nature of the material itself — fieldwork notes, drawings and photographs, fragments of texts and a large amount of paintings and other relics brought back to Germany — to define the field of studies, mostly art history and linguistics.

In China very little fieldwork in the rock monasteries of Kucha was carried out in the first half of the 20th Century, and the short accounts were insufficient for scholarly research. From the 1950's, surveys were carried out with the aim of compiling a census of sites and cultural relics in the Western Regions; academic publications were few. Between 1979 and 1984 the Archaeological Department of Peking University and the Kizil Thousand-Buddha Caves Cultural Relics Administration Office carried out a systematic archaeological survey of a few caves of Kizil, completed with the publication of the archaeological report in 1997. These events were meant to be the starting point of an archaeological investigation to be continued by the local institution, leading to the publication of a series of reports

175

covering all the caves. To date the first volume remains the only one published.

The lack of first hand material has impeded the development of research. Specifically, there is still a lack of an adequate map showing the layout and prospect of each rock monastery, an indispensable tool to assess the relative position of caves and to study the nature of a site. Such a lack coupled with the failure to produce a comprehensive archaeological assessment of each site, has brought to a misinterpretation of the Kucha rock monasteries: most scholars are unaware of the fact that monasteries were the result of detailed planning and included well structured units, that they included decorated and undecorated caves rarely carved in isolation since in most cases they were constituent parts of a group. Without proper mapping illustrating the situation on the ground, the basic units forming the site, groups of caves and districts, have been dismembered in favor of the study of individual caves. This is an evident methodological error accentuated by the fact that in most groups only one or few caves were painted: these are the ones that attracted and continue to attract the attention of most scholars. The situation is further aggravated by the difficulty for outside scholars to visit the sites spread over a large territory and the malpractice of requesting heavy payment for examining the caves. Through the chapters of this book I made it clear that it will never be possible to gain a basic understanding of the rock monasteries of Kucha, and accordingly of the Buddhism practiced in them, without considering the caves in their natural context, the groups they belonged to, and without seeing the groups as functional parts of what I call "districts". Districts are larger units within sites, a concentration of caves and groups of caves of the same type likely solving one same function and, once articulated with other districts, collaborating for the harmonious functioning of the site. The failure to recognize these basic units within a site has impeded the development of research, if not sidetracked it.

The dating of the caves remains the most controversial issue. Dating rock monasteries is complex, especially where there are no dated inscriptions contemporaneous with the carving of the caves and without direct reference in historical sources, as in the case of the rock monasteries of Kucha. There are no

Abstract

shortcuts to the setting up of a chronology but to embark on a painstaking work based on solid methodology. Su Bai proposed a method in an article introducing the findings of the archaeological survey carried out by Peking University: typological classification was carried out on a sample of the main types of caves conducive to a periodization and relative chronology; then an absolute dating for the whole site was offered, regrettably relying too heavily on C14 data. The suggested method could still be used, especially if improved by the addition of indisputable evidence which might emerge by further exploiting the concept of groups of caves correctly understood. Su Bai applied his proposed method on a sample of caves; it needed to be consistently applied to the whole site, but the failure to complete the archaeological investigation and compilation of reports was the main cause which prevented the possibility of elaborating a meaningful chronology. The proposed method was therefore abandoned, and successive dating was based almost exclusively on stylistic comparison and on new sets of C14 tests carried out in China and abroad, originating a growing number of different, at times contrasting, dates. Without a methodology conducive to a reliable relative chronology on which to base scientific chronometrical measurements, no proposed date will become a trusty reference.

To see the rock sites as functional units has been a constant focus in my research, a concern that has brought to my attention the fact that the site was articulated in units, groups of caves and districts. The study of groups has led me to the identification of two main group-types in the Kucha region: the groups differ in their composition — the presence or absence of the central pillar being the discriminating factor — but also in iconography and style, likely a reflection of the fact that different ritual traditions coexisted in the same site. The repercussion of this find challenges the traditional understanding of the sequential development of stylistic analysis of the décor, since the archaeological data indicate that the two styles developed for the most part contemporaneously. This invites for a deeper analysis of the schools of Buddhism practiced in a site.

Although the vicissitudes of life have prevented me from visiting the rock

177

monasteries of Kucha in the past few years, my research has remained focused on them; I have been organizing notes and maps collected during my prolonged fieldwork carried out between 2000 and 2006 and applied the methodology used in my dissertation for the study of Kizil to the other rock monasteries of Kucha, with interesting results. In this modest book are collected some of the papers I have produced over these years: some of the articles were published in English, others in Chinese; there is also some novel material I am planning to publish in English. In all cases the essays have been reviewed, at times rectifying previous assumptions, clarifying some points, adding new thoughts; the texts have been adapted to the needs of Chinese writing and hopefully to the consistency required for a book. This work is intended, above all, as a way of sharing my personal research with Chinese scholars, and as a contribution to the study of the rock monasteries of Kucha by emphasizing some of the issues that might bring about a breakthrough in the study of these sites: a methodology which takes seriously into account groups of caves and districts. The publication of this work wants to be an act of gratitude for the opportunity I was given to carry out fieldwork, in particular to the School of Archaeology and Museology of Peking University, which opened the way and obtained all needed permission, to the Xinjiang Cultural Relics Bureau and to the Kucha Academy of Xinjiang for allowing me prolonged periods of fieldwork, and to all the people that have helped me in a way or another.

The first chapter presents the research method I have developed in these years. By shifting the emphasis from similarities to differences, I analyze three typical rock monasteries, Kizilgaha, Mazabaha and Simsim and show that their layout and content differ not because they developed differently, but especially because they were conceived differently from the beginning. The original concept in the planning of a site can be best seen through a particular angle, which is the articulation of the site into districts. The three districts in the Guxi area of Kizil are a typical case-study. In the easternmost end of Guxi we find a district completely devoted to groups of caves of the first type, that is a group typically composed of square caves

Abstract

and monastic cells, the few decorated caves present a typical first pictorial style of painting — no central pillar caves were contemplated in this district. The middle section was originally an area set apart for storage, without any cave dedicated to worshipping or residence — the caves of these two types presently seen in this area were later additions. The westernmost part of Guxi is a district composed mainly of a characteristic group of caves comprising an undecorated square cave at the centre, with a central pillar cave on one end and a monastic cell at the opposite one. The discussion continues showing that the caves were usually carved in groups which fall into two main categories: groups with a central pillar and groups without. Once the description of the basic concentric structures forming a site has been described — layout of a site, districts and groups of caves — the usual way of looking at the caves is challenged by considering the context in which they were carved: a cave of a given type did not necessarily have the same function when carved in different contexts, a fact which should question the way we establish typological sequences. The final hypothesis, still in its early stages of articulation, invites us to look the sites of Kucha as functional units of a likely highly centralized Buddhist structure. From this perspective, the differences among sites suggest that rock monasteries and surface structures were complementary units of the Buddhist establishment in Kucha. The idea underlying this first chapter is therefore to move the research from the present study of single caves to the all-embracing context in which the caves operated — namely a group, a district, a site, and the overall system of sites in the kingdom of Kucha.

Chapter two is a study of the site at Kizil; it is in fact a synoptic presentation of my doctoral dissertation yet unpublished in Chinese. The first part of the thesis, a technical and tedious typological classification of the four main types of caves, has been omitted out of consideration for the reader; however its results can be gathered from the included periodization table. The main focus of the chapter is the analysis of the two main group types in Kizil and their subgroups, demonstrating that most of the caves belonged to one of the two group types. Then a functional division of the site into seven districts on the basis of their content has been proposed,

179

hopefully a useful concept leading to a better knowledge of the site. A final part is dedicated to the provisional periodization taking into account both the typological sequences of the main types of caves and the data offered by the relationship established by the presence of different types of caves in a group, which were planned and carved at one and the same period. Expansions of groups are also considered as special cases of structural superimposition, therefore giving reliable material for a relative chronology. This chapter remains somewhat technical, with many details, but it may be useful for those interested in understanding how to read a site as a whole and on how to come to an elaboration of a relative chronology.

Chapter three is a presentation of the sites of Kumtura, a large archaeological area comprising surface structures and rock monasteries complementing each other. The chapter deals exclusively with the caves which are grouped in two areas, the Southern (Goukou Qu) and Northern (Kuqun Qu) Monasteries. They are in reality two different rock monasteries, and are therefore described separately. The Southern Monastery was in reality an appendix of Duldur-Aqur surface citadel: it consisted of 33 numbered caves concentrated in two different valleys, the first with a predominance of long tunneled caves used for meditation, the second valley with a predominance of a particular type of square caves topped by a dome ceiling and accessed through a long corridor, painted according to the first pictorial style. The Northern Monastery is a few kilometers north, reached by following the Muzart River upstream. It comprises 80 caves carved on the prime cliff façade facing the river, while living facilities and meditation cells were concentrated in the inner gully, an area that in a later period was further utilized for the carving of worshipping caves. The site has been divided in three districts and some interesting groups of caves have been described, such as that composed of a lecture hall and a central pillar cave, or that formed of a central smaller cave flanked by colossal image caves on its sides. Besides, interesting features for a better understanding of the site, such as the fact that at a certain point both lecture halls were repurposed into worshipping caves, have been analyzed.

Chapter four aims at illustrating the concept of district. Districts are flexible

Abstract

entities developing over time, sometimes difficult to identify because later developments have blurred the original boundaries or because in later periods, for a reason or another, caves of a type not intended for a district intruded in places not intended for them. Despite these difficulties, the concept of district is crucial for the understanding of a rock monastery, since it offers the most direct insight into the ideas at the basis of the planning of a site. The westernmost end of Guxi in Kizil, comprising caves 1 to 43, is analyzed in detail. While the focus rests on the explanation of my suggested district model, the presentation of the material offers also a clear understanding of the way groups of caves are individuated and chronologically related. Three stages of development, and therefore a relative chronology, has been pointed out on the basis of the sequential carving of groups of different types. This chapter is of primary importance for the acquisition of theoretical tools for the analysis of the rock monasteries of Kucha.

Chapter five is a study of the wooden structures set up in front of the caves at Kizil, as well as all the wooden components needed for the finishing of a cave. As a matter of fact it intends to draw attention to different realities. First of all it indicates that in Kizil the basic structure of a cave, besides the main chamber and in some cases the rear areas, also consists of an antechamber, a constitutive part often ignored in academic writing, likely because collapsed or only partially extant in most cases. Wooden structures in front of the caves are one type of antechamber; they have been studied from a functional point of view, as offering a connection among caves and forming an activity area in front of the caves, more than looked at them from the technical perspective of ancient wooden architecture. They are an essential element in the recognition of groups of caves and their development. Since none of the structures is extant, the reconstruction is based on the installation marks remaining on the cliff. Wood has often been neglected in the study of caves, in spite of the fact that, after the rock, it was the second essential element for the construction of caves, and its acquisition and transportation required long planning. Other major wooden elements inside the caves have been taken into consideration: doors and windows, ledges for the setting up of statuary, supporting and structural elements: they are essential for the study of the functioning of the cave and can offer precise chronological information.

Chapter six deals with the largest cave type in Kucha, the monumental image cave. Although often mentioned in earlier works, these caves have escaped thus far a systematic analysis which will be conducive to a set of meaningful data for the understanding of a rock monastery. In this chapter I describe three caves, Kizil Cave 47, Kizilgaha Cave 23 and Kizil Cave 70, three examples emphasizing both structural differences and possibly different ritual usage and function within a site, as it can be inferred from their relative position. A wealth of data can be extracted from these caves in spite of, but also because of, their present dilapidated state. The discussion intends to offer some simple insights in order to stimulate interest and possibly a systematic study of all colossal caves in Kucha, a task worth a monographic study of one of the most original achievements of Buddhism in Kucha. A related issue is the presence in Kucha of colossal images built in clay around a wooden structure, both inside and outside the caves, and the remarkable importance of statuary in Kucha, a detail often ignored in iconographical studies.

Chapter seven deals with the smallest cave type in Kucha. Meditation cells were undoubtedly mentioned by previous scholars, but the scope of meditation in Kucha has escaped close scrutiny. Meditation was one of the essential Buddhist practices and the construction of special places for meditation was a major concern when setting up a rock monastery: in the best preserved rock monasteries it is possible to see that an entire district was devoted to the carving of meditation cells. Since this cave type is crucial for an understanding of the structure of the monasteries as well as to appraise Buddhism in Kucha, all the monastic cells of the sites presently identified have been taken into consideration. They have been classified according to four basic types: these differences, taken together with the different contexts in which they were carved, suggest that different kinds of meditation were carried out in the monasteries of Kucha. This first attempt at organizing the material concerning meditation cells in Kucha tries to complement the scholarly work initiated with the reconstruction of the *Yogalehrbuch*, a yoga manual found in Kizil, by Schlingloff: in addition to the textual evidences we have now individuated the physical place where meditation was carried out in the rock monasteries of Kucha.

The last chapter deals with chronology, possibly the weakest point in the study of Kucha rock monasteries. Since it will take long years before a trustworthy chronology will be elaborated, instead of analyzing data that have become obsolete, I insist on a method which will be conducive to the setting up of a more reliable relative chronology. With a relative chronology at hand, it will be possible to carry out serious research on the caves of Kucha, while at the same time creating a basis for chronometrical dating.

Taken as a whole, this little book can be seen not only as a review of the research I have carried out, but also as an indication of the work that remains to be done. It proposes a method for reading the rock monasteries as a whole (chapter one), the need to carry out in depth study of each individual site (chapters two and three), the need to clearly isolate districts within a site (chapter four), a deeper attention to the essential structure of a cave (chapter five), a case-study of two types of caves (chapter six and seven), and lastly, on the basis of a complete set of data, an approach to the thorny chronological issue.

The chapters, although written over the years as articles for publication in different magazines, all approach one and the same problem from different perspectives: the interpretation of the rock monasteries of Kucha as functional units where monastic communities lived a specific type of Buddhism. To put these articles together in a small book, with some adjustments and additions, has stimulated new ideas and provoked further thoughts. Hopefully the book will be beneficial to other scholars interested in letting the past glory of Buddhism in Kucha shine again.